학교민주주의와 시민 교육 이야기

시민, 학교에 가다

시민, 학교에 가다

학교민주주의와 시민 교육 이야기

초판 1쇄 인쇄 2019년 8월 22일
초판 1쇄 발행 2019년 8월 29일

지은이 최형규
펴낸이 김승희
펴낸곳 도서출판 살림터

기획 정광일
편집 이상연
북디자인 이순민

인쇄.제본 (주)현문
종이 월드페이퍼(주)

주소 서울시 양천구 목동동로 293. 22층 2215-1호
전화 02)3141-6556
팩스 02)3141-6555
출판등록 2008년 3월 18일 제313-1990-12호
이메일 gwang80@hanmail.com
블로그 http//blog.naver.com.dkffk 1020

ISBN 979-11-5930-113-1 03370

이 도서의 국립중앙도서관 출판예정도서목록(CIP)은 서지정보유통지원시스템 홈페이지(http://seoji.nl.go.kr)와
국가자료공동목록시스템(http://www.nl.go.kr/kolisnet)에서 이용하실 수 있습니다. (CIP제어번호: CIP2019031687)

학교민주주의와 시민 교육 이야기

시민, 학교에 가다

최형규 지음

살림터

차 례

막다른
골목에서
바다를
보다

80년대에 대학을 다니고 90년대 교직을 시작했다. 평범한 사회교사로 아이들을 만나다 2000년대를 맞이했고, 2012년 5월에 큰 결심을 했다. 20년 넘게 근무한 도시의 학교[1]를 떠나 연고 하나 없는 시골의 작은 중학교 교장으로 가게 된 것이다. 비교적 젊은 나이에 안정된 정년을 포기하고 4년 임기의 공모교장으로 간다는 것이 쉬운 결정은 아니었다.

교육 경력과 삶에 새로운 전환기가 된 양평 서종중학교에서의 시간은 파도치는 바다 한가운데 있는 것 같았다. 잔잔하고 고요한 바다만 알고 있던 내게 낯선 곳에서, 그것도 전혀 경험이 없는 교장의 직분을 수행해야 한다는 현실은 만만치 않았다. 막다른 골목에서 바다를 보고 싶다는 막연한 환상을 품고 있던 내게 현실은 환상이 아니라는 것을 가르쳐 주었다.

수시로 곤경에 처했고 흔들렸다. 그럴 때마다 아이들이 다가와 주었다. 아이들의 눈에도 교장이 어설프게 보였으리라. 초반에는 너무 긴장한 탓에 다리가 후들거리고는 했다. 눈치 빠른 아이는 알았을 테고, 일부러 다가와 내게 격려의 말을 던졌는지도 모르겠다. 교사로서 이상하다고 할 것도 없지만 아이들과 있다 보면 마음이 편안해졌다. 그 시절 아이들은 위로가 되고 힘이 되었다.

한편 선생님들이 지켜보고 있다는 생각이 들면 더욱 긴장이 되었다. 하지만 시간이 지나면서 선생님들도 '교장이 잘하나 못하나 두고 보자'는 심정이 아니라 학교의 변화를 고대하며 준비 운동을 하고 있었음을 알게 되었다. 보호자는 학교에 대해 관심이 뜨거웠고 적극적으로 참여했다. 게다가 양평의 서종면은 문화와 예술과 자연이 어우러진 마을 공동체로 역동성과 발전 가능성을 품고 있는 지역이었다.

서종중학교는 비록 작은 시골학교지만 강한 학교로 자리잡기 위해 꾸준히 노력해 왔다. 혁신은 거창한 게 아니다. 작은 것부터 하나씩 변화할 때 비로소 혁신의 바람이 감지된다. 다행히 학생 수가 늘어 학급을 증설하고[2] 시설은 개선되었다. 서종중학교를 벤치마킹하고자 찾아오는 외부 기관과 학교가 늘어나는 것을 보면서 감사하다는 생각이 절로 든다. 모두 그동안 부단히 노력하고자 애쓴 선생님들과 보호자, 그리고 주인공인 아이들 덕이다.

서태지와 아이들이 '교실 이데아'[3]에서 이런 교육은 그만이라고 외쳤던 때와 비교해 지금 달라진 것과 변함없는 것은 어떤 것일까? 오히려 더 많은 아이들이 자살하고 학교 폭력은 만연해 있다. 입시 지옥도 변함이 없고 아이들의 공부 시간은 여전히 세계적으로 긴 편에 속한다. 그러나 학생 인권과 교육복지를 강화하고 전국적으로 혁신학교가 늘고 진보 교육감이 다수를 차지하면서 교육 혁신의 바람 또한 거세지고 있다.

이런 상황에서 중요한 것은 혁신의 방향이다. 마을과 함께하는 학교나 수업을 바꾸는 학교, 학생의 인권을 보장하는 학교, 교사의 자율성을 높이는 학교, 학교의 책무성을 강화하는 교육은 모두 긍정적인 변화다. 그러나 이런 변화의 지향점이 서로 다르다면 문제다. 변화의 지향점은 공동체의 시민을 길러 내는 길과 연결되어야 한다. 시민으로 성장하는 일은 교육의 본질이며 목적임은 분명하다.

교육은 공공성과 민주성을 회복하고 강화해야 한다. 최근 교육 혁신을 말하면서 등장하는 혁신학교나 마을학교, 학생 인권과 같은 화두는 결국 시민으로 성장하는 학교의 다른 이름일 뿐이다. 이 책이 '왜 학교에 가는가?'의 근본적인 질문에서 출발해 '학교민주주의'라는 길에서 방향을 찾는 이유이기도 하다.

학교민주주의는 단순하게 자치와 절차나 의사결정만으로 말하기 어려운 복합적이며 광범위한 개념이라고 할 수 있다. 학교민주주의를 교육 3주체의 자치와 의사결정은 물론 공간과 수업, 꿈과 입시, 마을, 혁신, 공공성과 시민성 등 다양한 영역과 주제를 포함해 다루는 까닭도 여기에 있다.

글을 쓰면서 생각이 많았던 부분이 이 책의 독자는 누구인가였다. 누구를 대상으로 글을 쓰는가에 따라 글의 방향과 내용이나 형식이 달라지기 때문이다. 혁신 교육의 활동가처럼 내공이 있는 독자를 대상으로 할 때와 이제 막 교육 현장에 발을 내딛는 새내기 교사를 대상으로 할 때의 글이 같을 수 없다.

가능하다면 교육에 관심 있는 많은 분들과 생각과 고민을 나누고 싶었다. 그래서 과욕이라는 것을 알면서도 교직을 희망하는 대학생부터 학교 현장에서 혁신을 고민하기 시작한 교사, 그리고 교육 정책과 지원을 담당하는 교육부와 교육청의 교육 전문가와 교육에 관심 있는 일반 시민과 학부모까지 대상으로 삼았다.

그러다 보니 누군가에게는 친절하지 못한 글이 될 수도 있고, 다른 누군가에게는 구체적인 사례가 부족한 글일 수도 있음을 인정한다. 특히, 시민 교육과 학교민주주의의 다양한 영역을 한꺼번에 다루다 보니 각 영역을 깊게 파고들지 못한 한계도 분명하다. 아쉽고 부족한 부분은 앞으로 함께 풀어 가야 할 과제로 남겨 두고 싶다.

민주주의를 '뻔뻔함과 겸손함'이라고 표현한 파커 J. 파머의 말처럼 이 책도 그런 뻔뻔함과 겸손함으로 이해해 주기를 바란다.

자동차 뒤 창문에 붙어 있는 '아이가 타고 있어요'라는 스티커 문구를 종종 본다. 스티커 문구는 다른 운전자들에게 특별한 메시지를 전달한다. 아이가 있으니 조심해서 운전하라는 뜻과 함께 혹시 사고가 나면 아이를 먼저 구조해 달라는 절실한 마음이 담긴 것으로 읽히기도 한다. 아이를 사랑하는 부모의 마음과 사회의 책임이 함께 담겨 있다고 볼 수도 있다.

문득 학교에서 스티커를 붙인다면 어떤 내용이 좋을까 하고 생각한 적이 있다. 다양한 문구가 가능하겠지만 이왕이면 시민으로 성장하고 행복한 아이를 위한 보호자와 교사, 학교와 사회의 마음이 담긴 말이었으면 좋겠다. '시민이 살고 있어요'처럼.

이 책이 나오기까지 도움을 주신 분들이 많다. 일일이 열거하지 못함을 너그럽게 받아 주시기를 바라며 특히 서종중학교에서 함께 생활한 아이들과 보호자, 선생님 덕분에 글을 쓸 수 있었음을 밝힌다. 책을 출간하는 데 처음부터 끝까지 세심하게 살펴 준 정광일 대표를 비롯한 살림터 여러분의 노고에 감사드린다.

시작과 마무리까지 항상 곁에서 격려하고 지지해 준 가족이 없었다면 이 책은 나오지 못했을 것이다. 아내와 두 딸에게 고마움을 전한다.

---

1) 경기도 수원시에 위치한 사립학교인 유신고등학교로 한 학년에 15반이 넘는 대규모의 남학교이며 대학입시 성적이 좋아 학생과 보호자 모두 선호하는 학교 중 하나다.

2) 서종중학교가 혁신학교로 자리잡으면서 학생 수는 꾸준히 증가했다. 2012년에 한 학년에 2학급인 총 6학급 160여 명의 학생이었지만 2019년 기준 총 9학급 250여 명으로 늘어났다. 농촌학교에서는 보기 드문 현상인데 중학교의 노력도 있지만 서종면의 3개 초등학교가 모두 혁신학교인 점이 크게 작용한 것으로 보인다.

3) 10대의 대통령으로 불렸던 서태지와 아이들은 1992년에 등장한다. '교실 이데아'는 통일과 교육 등 사회 문제를 담은 3집에 수록된 곡이다. 정치적인 민주화의 흐름에서도 꿈쩍하지 않는 우리 교육 현실을 꼬집는 가사가 인상적이다.
됐어(됐어) 이젠 됐어(됐어) 이제 // 그런 가르침은 됐어 // 그걸로 족해(족해) 이젠 족해(족해) //
내 사투리로 내가 늘어 놓을래 // 매일 아침 일곱 시 삼십 분까지 // 우릴 조그만 교실로 몰아넣고 //
전국 구백만의 아이들의 머릿속에 // 모두 똑같은 것만 집어넣고 있어 //막힌 꽉 막힌 사방이 막힌 //
널 그리곤 답석 모두를 먹어 삼킨 // 이 시커먼 교실에서만 // 내 젊음을 보내기는 너무 아까워. (하략)

1부

학교 교육의
공공성

이 책은 학교민주주의와 교육 혁신에 대해 이야기하는 데 목적이 있다. 그런데 나는 다소 생소하다고 할 수 있는 '공공성'을 통해 수업과 공간을 들여다보려고 한다. 그 이유는 학교 현장에서 공공성의 가치가 매우 소중한데도 불구하고 공공성을 체감하는 정도가 극히 낮기 때문이다.

공공성이란 특정 개인이나 단체에 국한된 것이 아니라 공동체 구성원 모두에게 영향을 미치는 공적 영역의 성질을 말한다. 공적 영역에서의 교육은 사회 발전과 더불어 국민의 보편적이고 인간적인 삶을 추구한다. 그래서 교육도 공공성이 매우 중요시된다. 그런 연유로 국가는 교육에 대해 책무를 지는 것이다.

국가가 책임지는 공교육은 근대 이후 산업화의 요구와 민주주의의 발전이라는 양대 축과 함께 성립되었다. 우리나라도 이런 역사적 흐름에 따라 국민의 교육받을 권리와 국가의 책무를 「헌법」에 명시하고 있다.[1] 사립유치원과 사립학교의 비리를 막아 투명한 운영을 유도하고 지원을 강화하는 정부의 정책도 교육의 공공성 안에 포함된다.

이따금 공공성을 잘못 이해하는 경우가 있다. 공동체의 공적인 가치나 공동의 노력보다는 국가나 정부가 주도하는 국가만의 문제라는 생각이다. 이렇게 생각하는 순간 국가의 지시에 잘 따르는 행동이 공공성이며 공적인 행동이라고 오인하기 쉽다. 공공성(公共性)의 공(公)은 국가보다는 '공적인 가치'로, 공(共)은 '함께하는 과정'으로 보는 시각이 타당하다.[2]

학교에서의 공공성이란 교육이 추구하는 공적인 가치를 학교 구성원이 자유롭게 토론하고 실천하는 전반적인 과정까지 포함한다. 그래서 학교 수업은 물론 학교 공간까지도 공적인 관계와 공공성의 시선으로 바라보아야 한다. 지금껏 우리는 교육을 통한 개인적인 성공과 국가 발전에 대해 이야기했지만 공적 가치나 이웃과 어떻게 살 것인가에 대한 고민은 적었다.

장애인의 권리를 옹호하다가도 자신이 사는 동네에 장애인 복지시설이 들어온다고 하면 온몸으로 반대하는 모습을 종종 접하고는 한다. 사적이익을 위해 팻말을 들고 목소리를 높일 줄은 알지만 이웃과 어떻게 잘 살 것인가에 대한 고민과 배려는 찾기 쉽지 않다. 이게 현실인 이상 공적인 관계와 가치를 근간으로 삼고 있는 공공성의 교육을 심각하게 고려하지 않을 수가 없다. 학교민주주의와 교육 혁신을 논의하는 실타래를 공공성에서 찾으려 하는 이유가 바로 여기에 있다.

1장 공공성의 수업을 열다

* 박수받는 수업

수업의 공공성에 대한 이야기를 본격적으로 하기 전에 수업과 평가에 대한 나의 경험과 생각을 먼저 말하고 싶다. 1990년대 언젠가 학원에서 스카우트 제의가 들어와 잠시 고민했던 적이 있다. 당시에는 낯설었던 온라인 사교육 사업 제안에 '평범한 교사이고 싶다'며 당당하게 거절했다. 지금 생각하면 경제적인 촉도 없었고 변화에도 둔감한 교사였지만, 분명한 것은 의식 있고 수업 잘하는 교사가 되고 싶은 욕심이 있었던 것 같다. 아이들이 집중하고 수능시험에 최고의 결과를 낼 수 있는 수업이 목표였고 명쾌하게 잘 가르친다는 말도 제법 들었다.

교사가 가르치는 내용에 대해서 잘 알고 있는지는 교사의 눈빛과 설명의 명쾌함을 보면 금방 알 수 있다. 교사가 설명을 장황할 정도로 길게 하면 잘 모른다는 증거다. 학생들은 오컴의 면도날³⁾처럼 명쾌한 수업을 원한다. 이런 수업은 정답을 찾는 데 수월하기 때문에 입시가 모든 것을 결정하는 현실에서 환영받는 수업이다. 그래서 최대한 단순하고 명확하게 핵심만 찔러 주는 수업을 추구했다.

그러나 그런 수업이 꼭 좋은 것만은 아니라는 점을 나중에야 깨달았다. 명쾌한 설명과 정답 찾기는 학생의 활발한 사고와 상상력에 방해가 될 수 있기 때문이다. 좋은 수업은 생각을 많이 하고 상상력의 날개와 창의적인 사고가 펼쳐지는 수업이어야 한다. 그래서 소통이 중요하고 문제의식과 호기심이 생기는, 생각하는 수업이어야 한다.

생각하기 위해서는 학생 스스로 의문을 가져야 하기 때문에 동기 유발이 중요하고 생각을 키우는 자극과 대화가 필요하다. 교사는 학생 내면의 힘을 믿고 그 잠재력을 극대화하는 수업 디자인을 고민한다. 그 고민은 철저하게 학생이 가진 힘을 발휘하게 만드는 것이어야 한다. 그렇지 않고 교사가 자기가 알고 있는 내용을 친절하게 학생의 머리에 집어넣어 주려고 할 때 생각의 힘은 말라 버린다.

'생각'에 대해 더 살펴보자. 수능시험의 맹점 중에 하나가 너무 많이 생각하면 틀리기 쉽다는 점이다. 답이 애매한 경우 이런저런 생각을 할 시간도 없지만 적당히 고민해야 정답을 찾을 확률이 높다. 국어 영역의 경우 긴 지문을 속독으로 단숨에 읽어 나가야만 정해진 시간 내에 문제를 풀 수 있다. 수학의 경우에는 더 심각하다. 문제를 보는 순간 어떻게 풀어야 할지 결정하고 공식이 바로 나와야 문제를 풀 수 있다. 차분하게 두세 번 들여다보고 다양한 방식의 풀이를 검토하면 원하는 대학에 가지 못한다.

이처럼 수능시험은 제한된 시간에 빨리 해결해야 하는 속도 테스트로 전락했다. 충분한 시간을 주고 마음껏 고민하고 천천히 자신의 생각을 풀어내거나 답을 찾아가는 과정이 없다. 짧은 시간 내에 빡빡한 문제를 풀어야 하기 때문에 극도로 긴장하는 시간이다. 그러나 수업을 통해 성취해야 하는 핵심 역량 중 하나인 창의성이나 사고력은 충분한 시간과 여유에서 생긴다.

이런 측면에서 수능시험은 중고등학교의 수업 혁신에 큰 도움이 되지 못한다. 수능시험에 대비하는 고등학교 수업이 어떻게 진행되는가를 생각하면 금방 그 이유를 알 수 있다. 기출 문제를 분석하고 자주 출제되는 주요 개념을 중심으로 암기하고 이해하는 수업이 대부분이다. 그리고 교육방송(EBS) 연계에 대비한 문제집 풀이나 문항 유형에 익숙해질 정도로 반복적인 문제풀이 수업이 효과적인 수업으로 인정받고 있다.

최근 학교 수업은 많이 달라지고 있다. 이제 문제풀이에 매달리는 교사 중심의 일방적인 수업은 점차 힘을 잃고 있다. 수업은 학생의 사고력과 창의성[4], 의사소통 능력, 문제해결력, 시민성 등과 같은 핵심 역량을 키우는 방향으로 변화하고 있다. 이는 정답만을 위한 공식 암기와 유형 중심의 반복 학습이 아니라 주제를 중심으로 서로 분석하고 토론하며 해결하는 수업으로의 변화다.

수원에서 사회교사로 근무하던 시절 시민사회단체가 주관하는「헌법」공부를 위해 교육장을 찾은 적이 있다. 우리「헌법」에 대한 알찬 지식과 멋진 강의를 기대하고 참석했는데, 교수는 강의는 하지 않고 처음부터 질문을 퍼붓기 시작했다. 쏟아지는 질문에 답하느라 진땀을 빼면서 '강의를 날로 먹는구나'라고 생각했다. 그러나 두 시간 동안 질문과 이야기를 나누는 토론 과정을 통해 정말 많이 생각하고 배웠던 것 같다.

유명세를 타는 강사를 만난 적도 있다. 명쾌한 논리와 재미있는 강의 전개, 그리고 분명한 메시지 등 강의 내내 지루할 틈이 없을 정도로 박수와 웃음이 끊이지 않는다. 나도 가끔 강의를 나가는 처지라서 그런 강사를 만나면 일단 부럽다. 강사가 가진 위트와 언변 능력을 배우기 위해 메모도 꼼꼼히 한다. 화려하고 깨끗한 마무리까지 듣고 나면 '흠잡을 데 없는 강의구나' 하며 나름 평가를 한다.

그러나 그 여운이 그리 오래 가지 않았다. 나중에 어렴풋이 떠오르는 것은 메시지가 아니라 웃음 코드를 섞은 사소한 몇 장면뿐이었다. 좋은 강의는 들을 때만 만족하고 감동으로 끝나 버리는 것이 아니라 전달하고자 하는 핵심을 오랫동안 생각하게 만드는 강의다. 그래서 때로는 수강자를 불편하게 하고 고민하게 만드는 강의가 더 좋은 강의일 수 있다. 그 후로 '좋은 수업은 과연 어떤 것일까' 하고 더 고민스러웠다.

예전에 수업이 끝나고 가끔 박수를 받은 경험이 있다. 교사에게 수업이 끝나고 학생한테 박수를 받는 일은 최고의 찬사일 것이다. 박수에 인색한 우리 문화에서는 더욱 그렇다. 그런데 그런 수업은 화려한 기술과 언변술을 선보인 수업이 아니라 상상력을 촉진하고 소통하고 생각하는 수업이었다. 박수는 순간의 화려함과 재미로도 가능하겠지만 아이들 생각에 자극을 주는 수업에 더 큰 감동과 박수 소리를 기대할 수 있다.

* 질문이 사라진 수업

수업 장면 하나 _ 어느 혁신학교의 공개 수업 날, 모둠수업으로 진행되는 시간이었다. 나를 당황스럽게 한 것은 한 아이가 발표하는데, 제대로 들는 아이가 없고 당연히 질문하는 아이도 없는 광경이었다. 걱정스런 눈으로 교사를 쳐다보는데 수업을 담당하는 교사는 아무렇지도 않은 것처럼 다른 모둠의 학생에게 이어서 발표를 하게 했다. 더군다나 그 선생님은 매우 흡족한 표정을 짓고 있었다.

수업 장면 둘 _ 학생 중심의 활기찬 수업이라고 해서 들여다보니 학생들이 자유롭게 떠든다. 게임 형식의 수업이다. 그런데 그 게임은 교사가 문제를 내면 학생들이 개별적으로 맞추는 방식이다. 교사가 내는 문제는 지난 시간에 배운 내용 중 단순 지식에 해당하는 것을 묻는 수준으로 물론 정답은 하나다. 이어진 정리 시간에는 모둠으로 나누어진 아이들이 열심히 개인별 워크북의 빈칸을 채운다. 그런데 이 수업은 게임을 활용한 협동 수업이라는 이름이 붙여졌다.

수업 장면 셋 _ 교사는 수업 시작부터 교실 앞 모니터에 수업 목표부터 잘 정리되어 있는 화면을 띄어 놓는다. 이어서 동기유발을 위한 재미있는 동영상이 틀어진다. 교과 내용은 잘 정리된 슬라이드로 설명되기 때문에 아이들은 힘들여 필기할 필요가 없다. 교사가 만든 영상 자료는 수업을 정리하는 마지막 순간까지 화려하게 이어진다. 시청각 기자재를 잘 활용한 수업이다. 지금도 우리 교실에서는 빔 프로젝트나 대형 모니터를 활용한 이런 수업이 성행하고 있다.

수업 장면 넷 _ 교사는 수업 시간에 개별적으로 구입한 마이크를 사용하고 있다. 마이크를 사용하는 이유는 아이들의 집중을 높여 수업 내용을 잘 전달하기 위해서다. 교사가 마이크를 잡고 주도적으로 설명하는 수업은 확실히 효과가 있다. 이렇게 편한데 그동안 왜 마이크를 사용하지 않았는지 후회가 든다. 그러나 수업 중 아이들의 반응은 교사의 기대와는 거리가 멀게 느껴진다.

　좀 장황할 정도로 여러 수업 장면의 예를 든 이유는 소통에 대한 이야기를 위해서다. 위 수업에서 내가 찾은 공통점은 질문이 없다는 것이다. 질문은 가장 좋은 교육학이라는 말처럼 배움을 끌어내는 효과적인 교육 방법 중 하나다. 교사 중심의 수업에서 학생 중심의 수업으로 변화하는 요즘 수업에서 더 중요한 위치를 차지하는 것이 질문과 이를 통한 소통이다. 그런데 왜 우리 교실에서 질문이 사라지는 것일까?

　위 수업 사례를 놓고 생각해 보자. 우선 첫 번째 수업에서 모둠으로 나눈다고 다 학생 중심 수업이고, 협동 수업인 것은 아니다. 학생들의 개별적인 발표로만 끝나 버리는 수업은 결국 형식만 학생 중심의 수업인 경우가 많다. 핵심은 교사의 피드백이기 때문에 반드시 교사와 소통하는 시간이 필요하다. 피드백은 질문과 대화다. 그래서 강의식 수업보다 이런 수업을 준비하는 교사가 더 힘들다. 쉽게 보이지만 피드백을 포함해 꼼꼼하게 수업을 디자인해야 하기 때문이다.

　두 번째 수업 장면이다. 활기 있는 수업은 교실에 있는 구성원의 풍부한 상상과 역동적인 사고를 의미한다. 아이들이 수업 시간에 활동적이라고 활기 있는 수업이 되는 것은 아니다. 중요한 것은 서로 생각을 나누는 소통의 시간이다. 그래서 잔잔하고 진지하게 토론하는 수업이 오히려 활발한 수업이고 살아 있는 수업일 수 있다. 시끌벅적하고 큰소리로 혼자 이야기한다고 죽은 수업이 살아나지는 않는다.

　이 수업에서 질문이 없는 이유는 정답만 찾는 교육과 관련 있다. 질문은 단순하게 답을 물어보는 게 아니다. 질문은 답변과 또 다른 질문으로 이어진다. 그래서 질문은 의사소통의 시작이다. 질문은 생각하고 있음을 말해 주고 있으며 궁금해하고 있음을 드러낸다. 마치 위기에 처한 청소년이 자신의 문제를 특별한 행동으로 드러내듯이 질문은 그렇게 배움을 위해 속을 드러내는 첫걸음이다.

정답이 분명한 문제풀이 수업에서 질문은 무의미해진다. 답이 정해져 있기 때문에 질문은 정답인가 아닌가에만 관심을 갖는다. 그러나 정답이 없는 수업은 답을 찾아가는 과정이기 때문에 다양한 길이 열릴 수 있다. 예를 들어 토론 수업의 경우 끊임없이 생각을 나누고 비판과 논쟁이 이어진다. 프로젝트 수업의 경우도 마찬가지다. 발표하는 모둠에 대한 질문은 정답을 찾는 것이 아니라 생각을 나누는 과정이다.

세 번째 수업 장면이다. 학생들은 유치원 때부터 다양한 시청각 자료에 익숙해져 있다. 그러다 보니 대학생이 되어서도 강의를 알아듣지 못하고 교수에게 잘 정리된 PPT 자료를 요구하는 학생들이 많다고 한다. 학생들이 말로만 하는 수업을 견디기 힘들어하니 교사는 무언가 자극이 되는 더 흥미 있는 자료를 만들어 보여 준다. 자연스럽게 아이들과의 소통은 뒷전이다.

다양한 시청각 기자재를 활용한 수업은 얼핏 보기에는 혁신적 수업 같지만 매우 획일적이고 단순한 길에 빠질 수 있는 위험성을 안고 있다. 아이들은 교사가 아닌 모니터에 집중한다. 교사는 그 모니터의 생생하고 다채로운 화면을 이용해 아이들의 눈과 귀를 모은다. 그런데 모두 화면만 보면서 교사의 말을 흘려듣는다.

좋은 수업은 교사와 학생이 서로 눈을 맞추고, 또는 학생들이 서로 눈을 맞추고 이야기를 나누는 소통의 과정에서 만들어진다. 시청각 자료를 일방적으로 이용한다면 교사 중심으로만 수업을 하던 시대와 무슨 차이가 있겠는가. 시청각 자료를 이용하더라도 학생과 소통하기 위한 교사의 적절한 수업 디자인이 무엇보다 중요하다.

네 번째 장면에서 마이크 사용은 많은 교사의 고민거리다. 점점 아이들을 집중시키기 어려운 교실에서 소리를 증폭시키는 마이크는 효과가 크다고 믿는다. 그러나 교사가 마이크를 쓰는 순간, 오히려 학생들의 집중도는 떨어지기 쉽다. 교사의 말소리가 커지면 덩달아 아이들의 목소리도 커지기 때문이다. 그리고 더 큰 문제는 마이크를 사용하면서 수업이 마이크를 잡은 교사 중심으로 흘러간다는 점이다. 마이크는 곧 발언권과 같다. 그래서 교사의 말에 아이들이 쉽게 호응하고 소통하는 데 마이크는 불편한 존재다.

그렇다면 질문과 소통하는 수업을 위해 어떤 점에 주목해야 할까? 바로 수업은 공적인 시간이며 그 장에서 만나는 교사와 학생 역시 '공적이며 수평적인 관계'라는 확고한 신념을 잊으면 안 된다. 수업은 교사와 학생의 만남으로 시작되며 질문은 교사와 학생의 그 만남을 공적 관계로 확장한다.

수업 시간에 교사와 학생은 서로 자유롭게 질문을 주고받을 권리와 책임이 따른다. 질문을 노골적으로 싫어하는 교사는 대개 수업에 자신감이 없는 교사라고 한다. 자신의 부족함이 드러날까 두려워 서둘러 질문을 막는다. 그런데 더 근본적인 문제는 수업을 공적으로 생각하지 않는다는 것이다. 학생과의 관계를 사적으로 인식하거나 교육적 책무성을 가볍게 여기기에 벌어지는 현상이다.

교사와 학생의 수평적 관계도 매우 중요하다. 교사 중심의 일방적인 수업, 교과서 중심의 주입식 수업에서 질문은 어떤 의미를 가질까? 교사와 학생의 관계를 사적이며 권위적인 울타리에 가두는 수업에서 학생은 객체가 되고 질문도 허락이 필요하다. 교사의 눈치를 봐야 하고 교사가 싫어한다고 판단하면 질문을 거둔다.

반면에 학생 중심 수업이나 배움 중심 수업에서는 상호작용을 매우 중요시한다. 배움을 자각하고 만들어 가는 과정이기 때문에 끊임없이 찾아가는 수업을 해야 한다. 그래서 배움과 소통을 위한 질문은 선택이 아니라 필수가 되고 질문을 쉽게 던질 수 있는 개방적인 수업 분위기가 만들어진다. 물론 열린 수업 문화는 교사 중심의 일방적 관계가 아니라 수평적인 관계에서 가능하다. 수평적인 관계에서 소통이 가능한 법이다.

어느 선생님의 일화다. 학생 중심의 수업을 하고 싶어서 연수도 받고 시도하는데, 계속 실패한다고 고민이다. 내가 보기에 그 선생님의 가장 큰 문제는 학생과의 관계였다. 교사의 권위를 강조하는 평소의 모습에 변화가 없다면 학생 중심 수업도 불가능하다. 학생들은 모둠별로 활발하게 이야기를 나누는데 조용히 활동하라고 고함치는 것과 같다. 이처럼 수직적인 상하관계에서는 민주적이고 활발한 소통은 기대하기 힘들다. 관계를 바꾸지 않고 수업만 바꾸기 때문에 실패한다.[5]

결론적으로 수업에서 질문과 소통이 사라지는 이유는 다양하지만 공통분모는 존재한다. 바로 수업에 참여하는 구성원 간의 만남과 관계다. 특히 교육의 인격적인 만남은 양방향의 열린 소통을 전제한다. 이런 면에서 교사와 학생, 또는 학생과 학생이 소통하지 않는 수업은 진정한 배움이 아니다. 여기서 말하는 수업의 소통은 결국 교사와 학생의 공적이며 수평적인 관계를 토대로 한다.

몇 년 간 수능시험 문제를 출제한 적이 있다. 모처에 차려지는 출제 본부의 분위기는 대개 즐겁다. 한 달 동안 갇혀 생활을 하기는 하지만 적지 않은 수당도 있고 무엇보다 질 높은⑺ 문항을 제작하는 성취감이 매력적이다. 그러나 힘든 기억으로 남는 두 가지가 있다. 하나는 EBS 교재를 반영[6] 하라는 지침이었다. EBS 강의를 '공신력 있고 표준화된 교실 수업'으로 인정한다는 점 때문에 교사로서 자존심 상하는 일이라고 여겼던 것 같다.

또 하나 불편했던 기억은 변별력을 높이기 위한 난이도 싸움이었다. 수능은 절대평가가 아니기 때문에 변별력이 중요하다. 거칠게 표현하면 40만 수험생을 아홉 개 등급으로 나누고 점수 순으로 줄 세우기 위한 강제 조치다. 반드시 난이도가 높은 문항을 만들어야 하는데 그 문항은 변별력이 좋은 문항을 의미한다.

최고 난이도의 문항은 사실 평가 문제로 적절하지 않다. 왜냐하면 아이들의 학업 능력을 정당하게 측정하기보다는 더 많은 아이들이 정답을 찾지 못하게 만들어야 하기 때문이다. 그래서 대개 이런 문항은 아주 낯설고 어려운 개념을 지문으로 활용하거나 문제를 해결하는 데 많은 시간이 소요되도록 비비꼬는 형태를 취한다. 그러다 보니 정답률이 10%대에 머무는 문항이 매년 나오게 된다.

우리나라에서 수능시험은 가장 공정하고 객관적인 평가라는 말을 한다. 누구도 이를 부정하지는 않는다. 또한 수능시험은 국가의 중요한 행사이기 때문에 수험생의 원활한 이동을 위해 직장인의 출근 시간도 변경되고 특정 지역에 지진과 같은 자연재해가 우려된다면 시험 일자가 늦춰지기도 한다. 모두 공정함을 위해서다.

그러나 수능시험은 공정하지 않은 측면이 많다. 수능시험을 준비하는 과정에서 발생하는 사교육의 불평등을 차치하더라도 전국의 모든 학생들이 거의 같은 내용을 배운다는 전제 자체가 성립할 수 없기 때문이다. 전국에 있는 2,360여 개의 고등학교에서 각각 다른 교사가 수업을 진행한다. 선택한 교과서도 어느 정도 유사하기는 하지만 다 같지는 않다. 학교별 특성도 다르다. 심지어 한 학교의 같은 교과도 담당교사에 따라 가르치는 내용이 다르고 방식이 다르다.

모든 평가의 본질은 배움을 측정하고 그 다음 대안을 모색하기 위함이다. 평가는 자연스럽게 수업 과정의 하나다. 그런데 수능의 문제는 각 교실에서 이루어지는 수업의 장면과 상관없이 표준화된 평가를 실시한다는 점이다. 수업 시간에 배운 내용을 토대로 평가하는 이유는 학생들이 그 시간에 제대로 배웠는가를 측정하는 것이 중요하기 때문이다.

원칙적으로 각 교사는 자기가 가르치고 아이들이 배운 것을 기준으로 평가해야 한다. 즉 교사별 평가다. 하지만 현실은 공동 출제라는 명목으로 교사별 평가가 불가능한 상황이다. 공동 출제는 같은 학년 수업에 참여하는 교사가 모여 평가 계획을 수립하고 시험 문제를 같이 출제하는 방식이다. 그러다 보니 자신이 가르친 내용이 아닌 다른 교사의 수업 내용까지 고려해 출제한다. 교사 간의 의견 차이나 성향의 차이, 수업 방식의 차이에 의해 좋은 문항이 아닌 '문제 없는 문제'가 만들어질 확률이 높다.

공동 출제의 가장 심각한 문제는 수업에 미치는 악영향이다. 교사들은 평가의 공정성에 대한 부담 때문에 가능하다면 서로 같은 방식과 내용을 다루고, 그렇게 되면 획일적인 수업으로 흐를 가능성이 높다. 이의 제기의 소지를 없애기 위해서다. 이게 지금 학교 현장 평가에서 말하는 공정함이다. 수능시험도 별반 다르지 않다. 시험이 끝난 후 제기되는 수험생의 이의 신청에 시끄럽지 않은 문항을 만들어야 한다는 강박은 출제자의 또 다른 고통이다.

치열한 입시 전쟁에서 수능시험이 지금까지 살아남은 이유는 공정함과 객관성 때문일 것이다. 그러나 수능은 결국 공정성과 객관성으로 포장된 가장 관료적이고 단순하며 표준화된 평가 방식일 뿐이다. 학생들의 사고력과 문제해결 능력을 제대로 평가하겠다는 도입 초기의 취지와는 다르게 책임과 탈 없는 평가, 문제는 복잡해도 채점이 쉬운 평가, 등급과 서열로 나뉘어져야 하는 평가에서 벗어나지 못하고 있는 실정이다.

수능이 안고 있는 이런 문제 때문에 학교 교육은 더욱 어려운 상황에 빠지게 된다. 예를 들어 평가의 객관성과 편의성 때문에 교실 수업은 문제 풀이 중심으로 획일화되기 쉽다. 사실 토론이나 프로젝트 수업은 수능을 대비하는 데 비효율적인 수업 방법이다. 그리고 한 줄로 세우는 평가가 가능한 이유도 교실에서 일어나는 생생한 수업의 다양성을 의도적으로 무시하기 때문이다. 그러나 수업은 평가에 영향을 미치고 평가는 수업에 영향을 미친다. 그래서 수업과 평가는 한 과정이고 자연스럽게 수업의 혁신은 평가의 혁신으로 이어져야 한다.

90년대 초 학교 중간고사에서 논술 평가를 한 적이 있다. 그 당시는 지금처럼 논술 평가가 권장되던 시대가 아니었기에 당장 논란이 됐다. 한 문항에 50점인 두 문제를 출제했는데 출제하는 과정부터 힘들었다. 관련 부장교사와 교장과 교감을 설득해야 했다. 결국 모든 책임을 내가 진다는 약속을 하고 문제를 냈다. 그때는 그런 무모한 행동이 통했다는 기억에 쓴웃음이 나기도 한다.

내가 그 당시 논술 문제를 낼 수 있었던 이유는 수업을 그렇게 했기 때문이다. 교과의 내용을 재구성하고 주제별 토론을 진행했다. 토론은 특정 현상에 대한 관점과 논리적 사고의 수업이기 때문에 서술형 평가가 적합하다. 물론 고등학교에서 매시간 그렇게 한 것은 아니다. 수능시험에 대비하기 위해서는 개념 중심의 강의식 수업이 필요하다. 그래서 한 학기 두 번의 시험 중 한 번은 객관식 수능 형태의 시험으로 다른 한 번은 서술형 두 문항으로 평가했다.

문제풀이 수업과 논술형 평가는 몸에 맞지 않는 옷과 같다. 배운 대로 평가해야 한다. 수업 방식이 평가 척도를 좌우한다. 학년 초 교사는 수업을 디자인하면서 반드시 평가를 함께 고민한다. 수업 따로 평가 따로 작성하지 않는다. 과정 평가나 수행 평가의 도입이나, 절대 평가의 실시, 서술형·논술형 평가,[7] 교사별 평가의 실시는 필연적으로 수업의 변화를 끌어낸다.

지금의 평가 시스템은 불신에 바탕을 두고 있다. 객관성을 신봉하는 이유도 그 때문이다. 교사별 평가를 믿지 못하기 때문에 공동 출제를 하고, 주관식 채점을 못미더워 객관식 정답 찾기 평가가 된다. 평가의 주체인 교사를 믿지 못하는 평가 시스템에 막막할 뿐이다. 아이러니한 것은 그런 불신의 대상인 교사가 수업을 한다는 점이다. 그렇게 믿지 못한다면 수업도 맡기지 말아야 한다. 수업을 맡겼다면 평가도 교사에게 온전히 맡겨야 한다.

평가를 어떻게 혁신할 것인가는 각 교과의 영역인 것 같지만 학교 전체적으로 고민하지 않을 수 없는 문제다. 수업은 어느 정도 교사 개인의 자율적인 디자인이 가능하지만 평가는 그렇지 않다. 평가는 입시와 직결되기 때문에 교사의 자율적 판단에 의해 유연하게 움직일 수 있는 성질이 아니다. 그래서 평가와 수업 혁신을 연결하기 위해서는 학교 차원에서 일관성 있는 움직임이 요구된다.

어찌 보면 학교에서 가장 변화하기 어려운 게 평가 영역이다. 객관성과 공정성의 신화는 불신을 강화하고 학교의 평가를 깨기 어려운 콘크리트처럼 만들었는지 모른다. 교사와 학생, 학부모의 불신의 벽을 부수고 수업의 공적 가치를 살리기 위해서도 신뢰에 기초한 평가혁신이 필요하다. 평가에 대한 신뢰는 공적 관계를 인정하고 실천하는 지속적이며 일관성 있는 교육 활동을 통해서만 가능한 게 분명하다.

* 왜 수업을 열지 않을까?

전체는 여러 요소가 아주 밀접하게 연결되어 있어서 한 부분의 변화가 다른 영역에 영향을 미친다. 그런데 그 영향에 차이가 있다. 우선 하나의 요소라도 작동되지 않으면 전체가 무의미해지는 상황이 있다. 예를 들어 자동차의 경우 엔진이 고장 나면 작동하지 않는다. 타이어나 기름이 없어도 그렇다. 반면에 어느 한 부분이 없어도 전체에 결정적인 영향을 주지 않는 경우가 있다. 룸미러나 에어컨은 없어도 움직이는 데는 문제가 없다.

이처럼 요소들 중에는 전체의 생명을 좌우하는 본질적인 요소가 있고 그렇지 않은 부가적인 요소가 있다. 그럼 수업에서 본질적인 요소는 무엇일까? 없으면 배움이 일어나지 않는 요소는 학생과 교사다. 배움은 결국 학생의 몫이고 교사와의 만남을 통해 이루어진다. 교사의 역할이 단지 넛지 이론[8]처럼 슬쩍 툭하고 건드릴 뿐이어도 둘의 관계는 매우 소중하다. 그래서 '교사와 학생'은 배움의 본질적 요소이며 주체다.

교사와 학생을 뺀 교과서[9]나 교실, 칠판, 빔, 책상과 같은 나머지 것들은 모두 본질적 요소가 아니다. 그런데 최근 본질은 소홀하게 여기고 부차적인 것들을 너무 화려하게 꾸미는 데 몰두하는 것 같아 걱정이다. 교사와 학생의 신뢰 회복과 공적 관계를 중심으로 교육이 나아가야 하는데 현실은 그렇지 못하다. 몰라서일 수도 있고 알면서 일부러 그럴 수도 있다. 모르면 알게 하면 되지만 일부러 회피한다면 문제는 심각하다.

보통 당장 눈앞의 결실에만 방점을 찍다 보니 오랜 시간이 필요하거나 눈에 잘 띄지 않는 영역은 뒷전으로 밀린다. 그 영역 중 하나가 바로 동료 교사와의 관계와 협력을 통한 수업의 질적 변화이다. 학교의 핵심은 교육 과정이고 교육 과정의 핵심은 수업이다. 교사는 수업으로 말한다. 그런데 그 수업을 바꾸는 게 결코 쉽지 않다. 결국 교사의 전문성과 책무성을 높이기 위한 끊임없는 연수와 공부가 필요하다.

교사의 노력 중 하나가 '수업 공개'다. 예나 지금이나 학교에서 수업 공개는 매우 중요한 위치를 차지한다. 그런데 요즈음 조금씩 수업 공개를 바라보는 관점에 변화가 생기고 있다. 예전 수업 공개는 특정 교사의 연구 수업과 같은 보여 주는 수업 기술에 초점을 맞추었다. 참관한 교사는 수업하는 교사의 일거수일투족을 관찰하고 이를 토대로 평가한다. 대개 교사의 수업 방법과 과정에 대한 칭찬과 비판이 어우러진 평가가 주가 되었다. 이런 수업 공개의 가장 큰 문제는 배우고 있는 아이들을 바라보지 않았다는 점이다.

그러나 최근의 수업 공유는 교사의 수업 디자인을 포함한 학생들의 움직임 하나하나에 관심을 갖고 관찰한다. 수업이 이루어지는 공간에서 교사와 학생의 상호작용이 매우 중요하기 때문이다. 동료 교사의 수업을 참관한 교사들은 한자리에 모여 수업에 대한 이야기를 나눈다. 그 자리는 교사를 평가하는 자리가 아니다. 자기 수업에 대한 이야기도 하고 아이들의 반응과 행동을 이야기하고 수업에 대한 대안을 같이 찾는 열린 공공성의 장으로 확장된다.

디에고 벨라스케스의 대표작인 「시녀들」이란 그림이 있다. 이 그림은 언뜻 마르가리타 공주를 그린 것 같지만 많은 인물이 등장한다. 시녀와 시녀장, 수행원 그리고 난쟁이, 마리아나 왕비와 국왕 펠리페 4세의 모습도 거울에 비친다. 그림을 그리고 있는 벨라스케스의 모습도 보인다. 왕실 목록에 「시녀들 및 여자 난쟁이와 함께 있는 마르가리타 공주의 초상화」로 기록된 것을 보면 공주가 주인공 같다.

그러나 조금만 시선을 돌리면 공주가 주인공이 아니라 화가 자신의 초상화로 볼 수도 있다. 굳이 넣지 않아도 되는 화가 자신의 모습을 당당하게 그린 것 때문에 벨라스케스의 자화상이라고 주장하는 평론가도 있다. 그밖에도 이 그림은 의도적으로 수많은 시선이 교차하는 장면을 연출한다. 화가가 거울이나 문과 같은 여러 장치를 통해 캔버스의 공간을 확장했기 때문이다.

그림에서 내가 누구를 보는가가 매우 중요한 것처럼 교실이란 캔버스도 마찬가지다. 특히 수업을 공유할 때는 두 개의 관점이 중요하다. 하나는 학생 중심인 배움의 관점이다. 최근 바라보는 시선의 대상이 교사에서

디에고 벨라스케스, 「시녀들」[10]

학생까지 확대된 것이 이에 해당한다. 교육은 가르치는 것이라는 관점에서 배우는 것이라는 관점으로의 변화다. 교사가 아무리 잘 가르친다고 자부하더라도 배우는 아이가 받아들이지 못하고 성장하지 않는다면 의미가 없다. 그럼에도 배움을 확인하지 않고 가르침에 멈추는 경우가 많다.

두 번째 관점은 수업을 공적 책임의 시간으로 보는 것이다. 수업 공유[11]가 가능하기 위해서는 수업을 전적으로 특정 교사의 사적 소유물처럼 여기는 관행에서 벗어나야 한다. 예전에는 내 것이기 때문에 다른 교사가 관여하는 것을 불편하게 여겼다. 심지어 방송 강의를 그대로 틀어 주는 수업을 해도, 온라인에 보급된 특정 프로그램을 클릭만 하는 수업을 해도 관여하지 못하는 분위기였다. 이런 일이 가능했던 이유는 수업을 사적이며 내 것이라고 여긴 배타적인 생각 때문이다.

수업은 교사가 자기 마음대로 해도 되는 시간이 아니라 사회와 학교, 학생과 보호자 간에 맺어진 약속과 그에 따른 책임을 다하는 공적인 영역이다. 아이들이 개인적으로 행복한 삶을 영위하고 우리 사회의 공적 시민으로 성장하기 위해서는 공적인 가치를 학습하고 시민성을 포함한 다양한 역량을 키워야 한다. 그 책무가 사회와 학교에 있고 교사는 이를 실천하는 역할을 담당한다.

공적이기 때문에 수업은 사적이고 배타적인 영역이 아닌 공유의 영역이 된다. 교사에게 주어진 책무성은 교사 개인의 책임으로 한정되는 것이 아니라 학교 전체의 책무성으로 확산된다. 그래서 교사가 동료와 보호자에게 수업을 열고 공유하는 행위는 전문성과 책임을 다하기 위한 노력으로 선택이 아닌 필수에 해당한다.

보통 수업이 바뀌어야 학교가 바뀌고 교육이 바뀐다고 한다. 혁신학

교를 추진하면서 가장 어려운 변화도 수업 공유를 통한 수업의 질적 개선
이다. 무늬만 혁신인 학교는 수업이 아닌 잡다한 프로그램에 집중하는 반
면에 좋은 혁신학교는 수업을 통해 학교의 교육 책무성을 다하려고 노력
한다. 그래서 앞서 말한 수업이 바뀐다는 말은 수업이 공적 시간임을 확
인하는 과정이기도 하다.

* 동료와 함께 전문성을

앞 장에서 서술한 것처럼 학교의 책무성을 다하기 위한 수업은 교사 개인
의 것이 아니라 학교 전체의 과정이고 결과다. 교장에게 수업 장학의 권한
이 있다면 그것은 교장의 독단적 횡포가 아니라 학교의 공적 책무성[12]을
높이기 위한 의무에 해당한다. 동료 교사의 역할도 마찬가지다. 동료의 수
업에 대해 자문하고 고민을 나누는 일은 선택의 문제가 아니다. 마찬가지
로 내가 수업을 여는 것도 의무가 된다.

　수업에 대한 자신감이 부족해 어려움을 겪고 있는 교사를 만난 적이
있다. 부끄러운 마음에 남들에게 말도 못하고 혼자만 끙끙 앓고 있는 선
생님을 위해 수업을 참관하고 문제점을 찾아 이야기를 나누었다. 다양한
수업 방식을 시도해 보고 교과 관련 연수도 받고 같이 수업을 디자인했
다. 이런 과정을 통해 조금씩 개선되었고 어느 정도 자신감도 찾았지만 여
전히 수업을 두려워했다.

　그런데 결정적으로 그 선생님이 발전하게 된 계기는 동료 교사와의

협력 과정을 통해서였다. 수업의 책임을 학교 책무성이란 관점에서 바라보기 시작하면서 그 학교도 교사도 변화하기 시작한 것이다. 수업은 교사 개인의 영역이 아니라 학교 전체의 문제라고 인식하고 대안도 그런 관점에서 찾았다. 적극적인 학교 분위기에서 그 선생님은 동료 교사와 함께 융합 수업[13]을 설계하고 수업에 대한 고민을 나누면서 자신감을 갖게 된 것이다.

보통 학교에서 일어나는 이런 과정을 전문적 학습공동체라 부른다. 이처럼 전문적 학습공동체는 교사의 전문성을 강화하기 위해 서로 협력하는 과정을 의미한다. 교사 개인별로 진행되는 교사 연수의 한계를 극복하기 위해 공동으로 팀을 만들어 함께 공부하는 방식이다. 대개 수업이나 생활 교육과 관련된 주제를 가지고 함께 머리를 맞댄다. 개별 학교 단위를 넘어 인근 다른 학교 교사까지 참여하는 학교 밖 학습공동체도 가능하다.

사실 전문적 학습공동체는 새로운 것이 아니다. 그동안 학교에서 쭉 진행된 일이다. 학교별로 독서모임도 있었고, 학교를 벗어나 같은 교과 교사들이 모여 수업 연구를 하고 자료집을 만들기도 했다. 다만 번듯한 이름이 붙지 않았고, 지금처럼 정책으로 드러나지 않았다는 차이가 있을 뿐이다. 몇몇의 교사가 모여 수업에 대해 이야기하고, 학생 생활 교육에 대해 학습하는 시간이 바로 전문적 학습공동체의 시작이다.

나아가 전문적 학습공동체는 개별 교사의 역량에 의존하는 학교 시스템을 공공성의 가치로 무장하기 위한 것이다. 공공성은 공적인 가치를 함께 모여 논의하고 실천하는 것을 뜻한다. 그동안 교사의 전문성 신장은 개인적 차원에 머물렀다. 그래서 학교는 교사 개인의 역량에 의존할 수밖에 없었다. 그러나 지금은 학교의 교육력을 교사 개인의 역량만으로 보지 않는다. 아이들을 가르치고 배움을 경험하는 과정은 공적이며 협력의 과정이기 때문이다.

교육의 목적은 아이들이 우리 사회의 건강한 시민으로 성장하는 것이다. 그 막중한 책임을 부여받은 학교에서 아이들은 친구들과 만나고 교사와 만난다. 시민으로 성장하는 과정은 이런 인격적인 만남을 통해 이루어지는데 그 만남은 일대일의 만남을 넘어 학교 공동체의 삶을 통한 만남이다. 아이들은 어느 한 교사와의 특별한 만남을 통해 성장하기도 하지만 학교의 교육 과정과 문화의 영향을 받아 성장하기 때문이다.

이런 측면에서 교사의 전문성은 개별적인 것이 아니라 집단적인 것이다. 교사는 의사나 변호사와 같은 직업에 비해 전문직으로서의 대접을 제대로 받지 못하는 게 현실이다. 의사나 변호사는 나이가 들수록 경력과 능력을 갖춘 전문가로 선망의 대상이 되는 반면에 교사는 나이가 들면서 급속도로 찬밥 신세로 전락한다. 나이 먹은 교사보다 젊은 교사가 담임이 되기를 바라는 태도는 교사의 전문성을 경력과 경험이 쌓이는 것으로 보지 않기 때문이다. 나이가 들수록 매너리즘에 빠지고 열의가 떨어진다고 생각하는 경향이 서글프지만 지배적이다.

앞서 말한 것처럼 교육이 다른 전문직 분야와 다른 점은 개인적 노력보다는 협력적 문화를 중시한다는 사실이다. 물론 교사 개인의 노력은 필요하다. 그런데 학교는 개별 구성원의 역량에 크게 의존하는 병원이나 법원과 달리 집단적 문화, 팀 역량으로 움직일 때보다 더 효과적으로 교육적 목적을 달성할 수 있다.

이제 전문적 학습공동체를 수업의 고민으로만 한정짓지 말자. 전문적 학습공동체의 추진은 수업의 질적 변화를 넘어 삶과 성장이 있는 학교 전체의 변화를 말한다. 수업 연구도 궁극적으로 학교의 공공성과 책무성을 높이기 위한 것이다. 그래서 수업과 생활 교육 전반 즉, 교육 과정을 고민하는 모든 활동이 필요하며 이것이 전문적 학습공동체의 일이다.

이런 면에서 전문적 학습공동체는 교사와 교사의 관계, 즉 동료성을 높이는 과정이기도 하다. 아이들의 성장을 돕는 일은 교사 개인이 고민해서 해결할 차원이 아니다. 축구에 비유하자면 뛰어난 개인기를 가진 스타 선수 한 명보다는 선수들의 조직력과 협력에 의존하는 팀이 학교에 어울린다. 동료성은 관계 맺기의 결과이고 동료성이 높은 학교일수록 아이들이 만족할 가능성이 높다.

동료성을 높이는 가장 좋은 방법은 술을 같이 먹는 것이 아니라 공적인 교사의 직분을 함께 실천하는 것이다. 교사 간의 사적 친목에 머무는 학교는 교사가 생활하기 좋은 곳일지는 몰라도 아이들이나 보호자에게 좋은 학교는 아니다. 담임이 누구인가에 따라 희비가 교차하는 풍경이 매해 벌어지는 학교가 아니라 누가 담임을 맡아도 걱정 없는 학교가 좋은 학교다.

결국 좋은 학교는 교사의 본업이 동료성이란 가치를 통해 달성되는 학교다. 이런 측면에서 '교사가 바뀌어야 교육이 바뀐다'라는 말은 '교사들이 바뀌어야 교육이 바뀐다'로 수정해야 한다. 물론 여기서 '교사들'은 교사의 협력과 존중의 학교 문화와 동료성을 의미한다. 그래서 동료성은 교육 혁신의 핵심 축이며 행복한 학교를 위한 공적 연대의 또 다른 이름이다.

* 수업은 공적인 과정이다

사람들은 흔히 게으르고 성실하지 못한 생활 태도 때문에 가난하게 산다고 쉽게 얘기한다. 하지만 그런 태도와 생활 때문에 빈곤해진 것이 아니라 지금 가난하기 때문에 그렇게 보이는 것은 아닐까. 보여지는 모습이 빈곤의 원인이 아니라 결과일 수 있다는 말이다. 세상살이는 너무 복잡하고 미묘해 어떤 현상의 원인과 결과를 과학 실험처럼 명확하게 구분해 내기 힘들다.

학교 생활도 마찬가지다. 공부 못하는 아이들을 대개 '무기력하거나 산만하다' 또는 '성실하지 못하다' 등으로 표현한다. 수업에 집중하지 못하는 아이들이 공부를 못한다고 성급히 단정한다. 그런데 가만히 뒤집어 생각해 보면 무기력할 수밖에 없는 이유는 공부를 못하기 때문이기도 하다. 수업에 집중하지 않아 무기력하고 산만하고 불성실한 것이 아니라, 공부를 잘하지 못해 그런 모습을 보이는 것은 아닐까.

원인을 어떻게 분석하는가에 따라 해결책은 달라진다. 아이의 태도가 문제라면 성실하고 집중하는 자세를 갖도록 '개인적'으로 노력하면 된다. 그러나 개인적으로 성실하게 수업에 집중할 수 있도록 환경을 만드는 것도 중요하다. 아이의 잠재력을 믿는다면 아이가 공부를 좋아하고 즐겁게 수업을 받도록 학교는 수업 환경을 개선하는 노력을 해야 한다. 학교의 공적 책무를 다하고 난 후 아이에게 개인적인 책임을 물어도 늦지 않는다.

사실 개인의 탓으로 보는 돌리는 것에 사회적 책임이 숨어 있는 경우가 많다. 자신감을 가지라고 외치지만, 사회 불평등 구조가 심화되는 현실에서 자신감만 갖고 이룰 수 있는 일은 그리 많지 않다. 자존감이나 성취감, 창의성 등 흔히 개인적인 역량이라고 평가하는 것들도 온전히 개인에게 맡겨서 달성되는 것은 아니다. 사회적 기반이 갖추어져 있을 때 개인적 역량도 높아진다.

이처럼 개인적 차원을 뛰어넘는 사회적 책임 때문에도 수업은 교과 내용과 지식보다 대인관계 능력이나 공감 능력과 같은 정의적 측면이나 의사소통 능력이 더 중요하다. 공동체의 시민으로 살아가는 힘은 수업을 통해 길러야 하기 때문이다. 개인의 성공과 함께 시민으로의 성장에 기여하는 수업이 되어야 하는 이유도 같다. 이런 방향에 맞는 길을 가기 위해서는 수업이 갖는 공공성을 놓치지 말아야 한다.

수업은 매우 공적인 영역이며 공공성의 가치도 크다. 그래서 학교는 교육에 대한 공적인 책무성을 지는 것이다. 그 책무성은 시민을 성장하게 한다는 교육 목표와 연결되며 자연스럽게 수업의 목표도 시민성 함양으로 이어진다.[14] 국어, 영어, 수학, 체육 등 각 교과는 서로 가르치고 배우는 내용은 비록 다르지만 시민의 기본 덕성과 자질을 키우는 시간이라는 점에서는 같다.

이제 수업을 사적인 영역으로만 보는 시각에서 탈피해 공적 관계와 개념의 시각으로 보자. 토지나 도로, 공원처럼 교육은 공적 영역에 해당한다. 그래서 국가가 교육을 책임지고 지원한다. 기초 학력이나 기본 학력[15]과 함께 시민성에 대한 학교의 책무성 또한 그렇다. 학교가 폐쇄적이지 않고 개방적이어야 하는 이유도 여기에 있다. 보호자에 수업을 공개하고 지역과 연계한 프로그램을 운영하고 국가가 교육 과정에 관여하고 교육 활동에 최대한 지원을 하고 책무를 부과하는 이유가 바로 공공성에 있다.

수업의 공공성을 강화하기 위해서는 가르치고 배우는 내용이 공적 가치와 부합해야 하며 열린 수업의 장이 되어야 한다. 수업이 교사 마음대로 할 수 있는 시간이 아닌 것은 교육 주체의 열띤 토론을 통해 만들어진 교육 과정을 무시해서는 안 되기 때문이다. 수업이 공적인 성격을 띠지 않으면 수업을 참관할 수 있는 근거는 물론 동료 교사나 보호자의 수업 참관 자체가 어려워진다.

수업에 참여하는 학생의 입장도 마찬가지다. 수업은 교사의 일방적 지시와 명령으로 되는 것이 아니라 공적 관계와 상호작용에 의해 만들어진다. 상호작용의 한 주체인 학생도 책무성을 갖는다. 수업에 참여한 순간 공적인 공간에서 자신에게 주어진 권리와 의무를 생각해야 한다. 수업 시간에 학생 마음대로 할 수 없고 자신에게 주어진 역할을 수행해야 하는 이유와 학생에게 말할 권리와 때로는 수업 내용을 결정할 권리를 주어야 하는 근거도 여기에 있다.

학교 교육 과정은 수업을 통해 구현된다. 교육 과정[16]을 통해 기르고자 하는 역량은 단순한 지식이 아니다. 창조하고 상상하는 지적 능력과 함께 따뜻한 마음으로 공감하고 안아 주는 정의적 역량, 공공성을 중시하는 시민성을 기르는 교육에 집중해야 한다. 공공(公共)성이란 말 그대로 공(公)적인 가치를 함께(共) 풀어 가는 것이다. 결국 수업을 포함한 교육 과정은 공동체의 공적인 가치를 함께 실현하는 과정이어야 한다.

---

1) 「헌법 31조」는 교육에 대한 권리와 책무를 명시하고 있다. 31조의 각 항은 다음과 같다.
   ① 모든 국민은 능력에 따라 균등하게 교육을 받을 권리를 가진다.
   ② 모든 국민은 그 보호하는 자녀에게 적어도 초등교육과 법률이 정하는 교육을 받게 할 의무를 진다.
   ③ 의무교육은 무상으로 한다.
   ④ 교육의 자주성·전문성·정치적 중립성 및 대학의 자율성은 법률이 정하는 바에 의해 보장된다.
   ⑤ 국가는 평생 교육을 진흥해야 한다.
   ⑥ 학교 교육 및 평생 교육을 포함한 교육 제도와 그 운영, 교육 재정 및 교원의 지위에 관한 기본적인 사항은 법률로 정한다.

2) 이 글에서 다루는 공공성의 개념은 『공공성』(책세상, 2014)에 담긴 하승우의 생각과 주장을 참고했음을 밝힌다.

3) 어떤 현상을 설명할 때 논리적으로 가장 단순할수록 참일 확률이 높다는 원칙을 말한다.

4) 기본이 없는 엉뚱함을 마치 창의성인 것처럼 착각하는 경우가 많다. 창의성은 엉뚱함이 아니며 기본이 매우 중요하다. 기본 개념이 정립되지 않는 상태에서 창의성을 기대하는 것은 망상에 가깝다. 논리적인 사고를 하지 못하는데 창의적 사고를 기대할 수 없다. 관성에서 벗어난 획기적이고 기발한 사고도 기본이 충실한 자에게서 나온다.

5) 수업과 생활 교육은 별개가 아니다. 학생 중심의 수업을 하면서 학생을 체벌하는 일이 동시에 일어나서는 안 된다. 그런 학교가 많다. 이런 학교의 수업은 거짓이다. 관계가 바뀌고 관점이 바뀌면 두 가지 영역이 동시에 한몸처럼 움직인다. 교과 수업 따로, 생활 교육 따로 움직이는 학교는 문제가 있다. 학교장의 독단이 지배하고 인권을 침해하는 강압적인 교칙이 시행되는 비민주적인 학교에서 수업 혁신은 불가능하다.

6) EBS 방송과 수능을 연계하는 정책은 찬반이 팽팽하게 맞서고 있는 논란의 대상이다. 수학능력시험을 총괄하는 교육과정평가원도 고민이 깊은 것 같다. 2022 수능개편안을 보면 수능을 중심으로 하는 정시전형을 확대하고 일부 선택 과목의 변경과 절대평가에 한문과 제2외국어를 포함하는 것으로 되어 있다. 그런데 여기에도 EBS 반영 문제가 빠지지 않는다. EBS 연계 비율을 70%에서 50%로 줄이고 직접 연계에서 간접 연계로 변경하는 방안이 포함되어 있다.

7) 모든 평가가 그렇듯이 특히 서술형, 논술형 평가의 핵심은 피드백이다. 학생의 답안을 채점하고 점수를 매기는 것에서 끝난다면 진정한 평가가 아니다. 평가는 교육 과정에서 시작하고 수업으로 이어지며 피드백의 과정을 거쳐 기록으로 남는다. 특히 서술형의 경우 학생과 답안에 대한 이야기를 나누는 과정이 들어가야 평가의 의미를 살릴 수 있다. 몇 점인가만 알려 주는 평가는 소통 없는 평가다. 평가도 수업과 같이 서로 숨쉬는 항아리와 같아야 한다.

8) 강압적인 명령이나 금지 없이도 유연하고 단순한 설계를 통해 자연스럽게 행동이 변화하도록 하는 조치를 말한다.

9) 교과서란, 학교에서 사용하는 학생용 교재와 교사용 지도서를 말한다. 교사는 교과서 외 다양한 수업 자료를 수집하고 준비한다. 교육 과정의 큰 틀을 국가가 짜지만 교실에서 이루어지는 수업은 교사가 담당한다. 배움은 끝이 없는 길이다. 진리를 찾고 상상력을 더하는 수업에서 교재는 무한대에 가깝다. 모든 것이 교재다. 모든 것이 교과서라는 발상의 전환이 필요하다. 그런 의미에서 교과서는 부차적인 것이며 동시에 핵심적 요소가 되기도 한다.

10) 디에고 벨라스케스, 「시녀들」, 캔버스에 유채, 1656년, 318×276cm, 스페인 마드리드 프라도 미술관

11) 학교에서 가장 중요한 시간이 수업이다. 아이들과 교사가 만나는 시간의 대부분이 수업이고, 배움이 일어나는 주된 시간이다. 그러나 수업을 변화하는 일은 매우 힘들다. 수업의 변화는 교사 개인의 노력으로는 곧 한계에 부딪힌다. 혁신적인 마인드를 가진 아주 열심인 교사가 아무리 자기 수업 시간에 변화를 일으켜도 그 변화는 그 시간에만 소용돌이칠 뿐이다. 그 소용돌이가 다른 교사와 다른 시간으로 확산되어야 한다. 그러기 위해서는 교사 간 협의와 노력이 절실하다. 수업 공유가 그 한 예이다.

12) 이제 교육은 교사 개인의 책임에서 학교 책임으로 패러다임이 바뀌고 있다. 수업과 생활 교육을 위한 팀별 노력은 단지 그 단위에서 끝나는 것이 아니다. 그런 노력이 교사 문화가 되고 학교 차원의 역량이 된다. 교사는 학교의 가치와 비전을 공유한다. 이를 토대로 논쟁하기도 하고 협력하기도 한다. 아이들이 성장을 위한 이런 노력은 결국 학교 차원의 전문성과 책무성으로 이어진다. 그래서 학교는 그 자체로 전문적 학습공동체다.

13) 어쩌면 핀란드의 경우 우리처럼 교사들이 모여 교과 간 융합을 위해 고민하는 번거로움이 불필요할지 모른다. 교과서가 잘 만들어져 있기 때문이다. 교과 간 융합을 하는 이유는 다양하지만 그중 하나는 교과서가 단절되어 있기 때문이다. 교과 영역 간 단절되어 있고 현실과 단절되어 있다. 핀란드의 경우 교과서가 현실과 밀접하게 연결되어 있는 것 같다. 수학 교과서에 사회 교과의 내용이 나오고 과학이 등장한다. 그리고 핀란드의 지리와 정치, 경제, 사회 문화의 현실이 담겨 있다. 그래서 아이들은 자연스럽게 수학 문제를 풀면서 정치, 경제, 사회에 관심을 갖게 되고 참여의 기반을 마련한다. 공동체에 대한 애정과 지식이 생기는 기반이다.

14) 「교육 기본법 제2조」(교육 이념)
교육은 홍익인간(弘益人間)의 이념 아래 모든 국민으로 하여금 인격을 도야(陶冶)하고 자주적 생활 능력과 민주시민으로서 필요한 자질을 갖추게 함으로써 인간다운 삶을 영위하게 하고 민주국가의 발전과 인류공영(人類共榮)의 이상을 실현하는 데에 이바지하게 함을 목적으로 한다.

15) 기초 학력이나 기본 학력이 부족한 학생을 파악하고 가르치는 것은 학교의 책무 중 하나다. 그런데 기초 학력이나 기본 학력을 단순하게 교과 점수로 판단하고 점수를 올리는 방향에서 원인과 대안을 마련하기 쉽다. 그러나 중학교에서 기본 학력이 부족하다는 의미는 시민으로 성장하는 데 필요한 역량의 일부가 부족하다는 것으로 봐야 한다. 그래서 교과 점수와 성적 위주의 기초 학력 테스트나 점수를 높이는 대책 마련에서 벗어나야 한다.

16) 교육 과정은 학교의 수업을 비롯한 거의 모든 활동을 결정하기 때문에 신중하게 접근하고 장기적인 관점에서 개발되어야 한다. 사회 변화를 반영하기 때문에 주기적으로 개정될 수밖에 없지만 거기에는 긴 호흡의 교육 철학이 담겨 있어야 한다. 그래서 교육은 백년대계다. 그럼에도 우리 교육 과정은 너무 자주 수정되는 현실이다. 게다가 교과이기주의는 매우 심각한 병폐가 아닐 수 없다. 특정 영역을 두고 치고받는 교과의 모습은 부끄럽다. 이제 교육 과정의 원칙과 방향, 그리고 구체적 개편을 위한 공론화 과정이 더 강화되어야 할 때다.

2장 사교육과 다른 공교육의 길

* 아이들의 꿈

우리 영화 시장은 세계적으로 꽤 규모가 큰 편에 속한다고 한다. 천만 영화가 자주 기록되는 것을 보면 규모를 짐작할 수 있다. 할리우드 영화가 개봉 전 우리나라를 먼저 찾는 일도 이제 낯설지 않다. 그러나 천만 영화의 등장이 꼭 유쾌한 것만은 아니다. 천만 영화 시장 이면에는 스크린을 독점하는 배급사와 영화 취향(?)이 유사한 관객이 있기 때문이다.

여태껏 개인의 몫이라고 여겼던 취향은 사실 영화 산업의 생산이나 배급 구조가 만들어 낸 것으로 봐야 한다는 시각이 있다. 전국 상영관을 일부 영화가 독점하는 현실에서 관객 개인의 취향에 따른 선택은 불가능하다. 그저 독점 배급되고 상영되는 영화를 볼 수밖에 없다. 어쩌면 어릴 적 자주 먹었던 어머니의 된장찌개에 입맛이 길들여지듯이 그렇게 관객들의 영화 취향은 만들어지기도 한다. 그래서 관객의 입맛이 획일화되는 책임을 개인에게만 물을 수 없다.

천만 영화 이야기를 꺼낸 이유는 아이들의 꿈에 대해 말하기 위해서다. 최근 공무원이나 건물 주인이 꿈이라는 아이들이 늘어나고 있다고 한다. 공무원이나 임대사업자가 되고 싶다는 것도 아이들의 희망과 진로임은 분명하지만 그런 아이들이 제법 많다는 현실은 막막하고 안타깝기 짝이 없다. 불안한 우리 사회를 반영한 단면이 아이들의 꿈을 통해 고스란히 드러났을 것이다. 그때그때 아이들의 꿈은 사회의 현실을 그대로 투영한다.

아이들의 꿈은 사적 영역이면서 동시에 공적 영역이기도 하다. 꿈과 현실에서 갈등을 하다 진짜 원하는 꿈은 유보한 채 결국 안정된 직업을 찾는 현상을 두고 왜 그렇게 꿈을 꾸느냐고, 하고 싶은 것을 포기하지 말라고 추궁할 수도, 책임을 물을 수도 없다. 아이들이 꿈을 꾸지 못하게 만드는 것은 사회와 학교에 더 큰 책임이 있기 때문이다. 아이들이 안정된 직업만 찾는 현실은 그만큼 우리 사회가 위태롭다는 반증이기도 하다. 사회 안전망이 잘 갖추어지지 못한 사회에서 언제 낙오될지 모른다는 불안과 공포를 극복하기는 쉽지 않다.

물론, 뜬구름 잡는 얘기 같지만 이런 때일수록 학교는 아이들의 꿈을 찾아 주고 아이들의 꿈에 대해 더 고민해야 한다. 그렇다고 모든 아이들을 상대로 장래 희망이나 꿈에 대해서 억압해서는 안 된다. 반드시 꿈이 있어야 한다는 강박은 부작용을 가져올 수 있다.

"너는 왜 꿈이 없니?"
"어떻게 하고 싶은 게 없을 수 있니?"

흔히 어른들은 아이들에게 이렇게 압박하며 추궁한다. 지금 당장 하고 싶은 게 없을 수도 있고 선택의 기로에 놓인 상황일 수도 있다. 아이들의 꿈은 꾸고 싶을 때, 꿈을 가질 만한 상황과 환경이 딱 조성됐을 때 타인에게 자신의 꿈을 얘기할 수 있다는 것을 잊지 않았으면 좋겠다.

모든 학교에 진로 교사를 배치하고 생활기록부에 진로 상황을 기록한다고 해서 아이들이 꿈을 펼칠 수 있는 것이 아니다. 오히려 아이들의 꿈을 더 획일화시키고 유행처럼 한쪽으로 쏠리게 만들 여지도 있다.

현재 사회적으로 이슈화되는 문제는 대부분 학교로 들어온다. 이런저런 교육을 강화하는 식으로 법이 만들어지면서 학교의 책임으로 귀결되곤 한다. 안전 사고가 발생하면 안전 교육을 의무화하고, 학생 인성에 문제가 있다고 인성 교육을 의무화하고, 장애 이해 교육을 의무화하고, 성교육을 의무화하고, 아동학대 관련 교육을 의무화하고 학교 폭력 예방 교육을 의무화하고…, 매번 이런 식이다.

그러다 보니 학교 현장에서 의무적으로 해야 하는 시간이 1년에 200시간이 넘는다. 이것을 제대로 다 실천한다면 수업을 그만큼 줄이거나 주말을 반납해야 하는 실정이다. 현실이 이러니 대개 형식적으로 흐르게 된다. 아이들의 꿈을 찾는 진로 교육도 마찬가지다. 진로 교육이 필요 없다는 말이 아니다. 위와 같은 식으로 추진되는 일은 대개 획일화되고 형식화되기 쉽다. 적어도 아이들의 꿈을 찾는 과정은 그런 식이어서는 안 된다.

몇 년 전 도입된 자유학기제는 아이들의 꿈을 찾는 데 도움을 주고자 실시한 정책이다. 학생들의 '꿈과 끼를 찾는 교육'이란 슬로건으로 시작한 자유학기제는 일단 긍정적이다. 학교에서 잠시 숨을 쉴 수 있는 여유를 주기 때문이다. 아이들에게는 시험에서 일단 벗어나는 것 자체가 행복이다.

그러나 이 정책의 모티브가 된 북유럽의 정책과는 많은 차이를 지닌다. 예를 들어 덴마크의 방과 후 학교와 같은 경우, 전환기에 자신의 길을 고민하는 학생들의 독립적인 삶을 강조한다. 공동체의 공공성을 중시하는 시민으로서의 삶과 자기 인생을 설계하는 실질적인 고민의 시간을 갖는다. 반면에 우리나라 자유학년 교육 과정은 독립적이기보다는 기존 교육 과정의 일부를 변형한 한시적이고 보완적인 수준에 머문다.

이런 차이와 한계는 학교 교육만의 책임이 아니다. 사회가 너무 다르기 때문에 같은 정책이라도 그 결과는 천지차이다. 그래서 좋은 교육 정책의 벤치마킹은 좋은 사회의 벤치마킹과 같이 이루어져야 한다. 즉 핀란드나 덴마크의 교육 제도를 벤치마킹하기 위해서는 먼저 그 사회의 철학이나 역사, 사회복지와 안전망 시스템을 찾아보고 분석해야 한다.

북유럽의 경우 사회복지 시스템이 잘 갖추어진 나라가 많다. 핀란드의 경우 우리와 같이 실업이나 질병 또는 노후에 대비한 복지 시스템은 기본이며 특히 대학교육까지 무상인 공교육 시스템을 갖추고 있다. 물론 이런 사회 안전망과 복지는 국내총생산 대비 40%가 넘는 조세 부담을 흔쾌히 받아들이는 국민들과 문화가 있기에 가능한 일이다.

이런 측면에서 자유학기제가 본래의 의미를 찾기 위해서는 우리 사회를 먼저 돌아봐야 한다. 대졸자와 고졸자의 임금 격차가 크고, 대기업과 중소기업, 정규직과 비정규직의 노동 조건이 너무 다른 우리 현실에서 입시에 매달리는 문제를 극복하기 힘들다. 장시간 노동과 잦은 산업재해의 열악한 노동 환경 또한 장시간 학습과 입시 경쟁에 신음하는 아이들과 무관하지 않다.

더불어 공부와 입시를 바라보는 우리 사회의 관점도 변화되어야 한다. 예를 들어 자유학기는 공부하지 않고 노는 시간이라는 인식이 많다. 아마 시험을 보지 않고 동아리나 스포츠 등 다양한 교육 활동을 하기 때문인 것 같다. 그러나 분명한 사실은 자유학기제의 핵심은 수업의 변화에 있다는 점이다. 단지 지필평가를 실시하지 않고 수치화하거나 서열화하지 않는다는 말이지 평가 자체가 없는 것은 아니다.

시험을 안 보면 공부를 안 한다는 오해는 공부나 학력에 대한 편견과 잘못된 관행 때문이다. 시험에서 높은 점수를 획득하는 것이 공부 잘하는 것이고, 학력은 시험 점수로 대치된다. 그러나 시험을 잘 보는 것과 공부 역량, 학력은 다른 차원의 문제다. 시민의 핵심 역량은 의사소통 능력, 감성과 공감 능력, 비판적 사고력, 자기결정 능력 등 문제풀이와 수치로 측정하기 어려운 것이 대부분이다. 진정한 학력은 이런 역량의 강화가 맞다. 교육을 바라보는 시각이 많이 변화하고 있음에도 공부에 대한 우리의 고정된 생각은 쉽게 바뀌지 않고 있다.

자유학기제는 수업의 혁신을 통해 어떻게 살 것인가를 고민하고 자신을 찾아가는 과정과 다르지 않다. 그래서 자유학기제는 공부에 대한 우리의 고정관념을 깨고 공교육의 방향을 다시 고민하게 하는 계기가 되어야 한다. 물론 한 학기나 한 학년으로 만족스런 결과를 얻기는 힘들다. 현실적으로 많은 문제를 안고 있는 것도 인정한다. 그럼에도 불구하고 변화하는 사회와 교육의 큰 흐름에서 옳은 방향임은 분명하다.

무언가 시작하는 것보다 그 일을 유지하는 길이 백배 천배 어려운 법이다. 이제는 자유학기의 구체적인 내용이 그 방향을 왜곡하지 않도록 노력하는 게 중요하다. 오랜 기간 누적된 편견과 관행을 깨는 작업은 결코 쉽지 않다. 자유학기제와 같은 시도가 그 편견과 관행을 깨고 아이들이 공적 가치를 존중하는 공동체에서 행복한 시민으로 성장하는 계기가 되기를 기대한다.

* 입시를 뒤집어 보자

울산시교육청과 EBS가 공동 주관하는 대학입시 설명회가 오는 29일 오후 2시 시교육청 대강당에서 중학생과 학부모를 대상으로 열린다. EBS 대표 강사들은 2022학년도 대입제도 개편에 맞춰 입시를 준비해야 하는 중학생들에게 내신 관리와 과목별 학습법을 알려 준다. 첫 번째 강의에서는 중학생이 알기 쉽게 대입을 준비할 수 있도록 선택과목 이해와 과목별 예비학습 전략에 대해 소개한다. 두 번째 강의에서는 2015 개정교육 과정과 학교 내신 관리를 위한 과목별 학습 전략에 대해 구체적으로 안내한다. 시교육청 관계자는 "이번 입시 설명회 참석자들에게는 '2022학년도 대입 성공 전략' 자료집을 제공한다."며 "학생이 희망하는 진로 맞춤형 진학 전략을 체계적으로 준비하는 데 도움이 될 것으로 기대한다."고 말했다.[1]

위 보도처럼 중학생을 대상으로 대학입시 설명회를 갖는 이유는 어디에 있을까? 보통 입시와 관련된 뉴스는 수능시험과 수시와 정시의 변화를 소개하고, 이로 인해 학생들이 겪을 혼란을 이야기한다. 그리고 우리 입시제도는 수험생의 혼란과 민원을 방지하기 위해 고등학교가 아닌 중학교 3학년을 기준으로 큰 틀을 변화시킨다.

거꾸로 말하면 중학생 시기부터 대학입시를 준비하라는 뜻이며 결국 고등학교를 선택하는 기준으로 대입을 먼저 생각하는 현실이 되었다. 예를 들어 정시보다 수시의 비중이 높아지면 특목고나 자사고보다 내신에 유리한 일반 고등학교를 선택하는 경향이 늘어난다. 이처럼 대입제도의 영향이 중학생에게까지 직결되는 상황에서 고등학교의 사정은 두말할 필요가 없다.

거의 모든 고등학교의 교육 과정이 대학입시에 맞춰 작동한다. 대입에서 학생부 종합의 비중이 커지면 고등학교 교육은 그것에 맞춰 다양한 학교 활동을 전개한다. 만약 수능으로 100% 전형을 한다면 고등학교 교육 과정은 EBS를 중심으로 하는 수능준비 교육 과정이 될 것이다. 수능에 필요하지 않은 과목은 자습시간이 될 것이 뻔하고 수능이 끝나면 고등학교 교육도 사실상 끝난다.

이처럼 대학입시가 중등교육에 절대적인 영향을 미치는 상황에서 원하는 대학에 들어가기 위한 입시 전쟁은 초등학교까지 그 여파가 미치고 있다. 초등학생을 대상으로 하는 사교육 시장을 살펴보면 그 심각성을 확인할 수 있다. 초등학교 고학년 학생을 대상으로 특목고반이 개설되고 영어와 수학의 선행학습이 중학교를 넘어 고등학교 과정을 다루는 게 딱히 어제오늘의 일이 아니다.

그런데 지금의 입시 지옥은 대학의 수가 적어서가 아니라 일부 특정 대학에 학생들이 몰리기 때문에 나타나는 문제다. 현 입시제도는 의대와 서울 소재 대학을 중심으로 움직이고 나머지 90% 대학은 들러리에 불과하다. 이런 상황에서 입시 문제를 수시나 정시의 비율을 조정하는 정책을 통해 해결할 수 있을지는 의문이다. 이와 같이 소수의 대학 중심으로 왜곡된 대학입시의 문제는 이제 완전히 새로운 관점에서 들여다볼 필요가 있다.

한 예를 살펴보자. 핵발전소를 놓고 찬반 논쟁이 뜨겁다. 원자력 발전 문제를 해결하기 위해서 여러 에너지원이 대안으로 검토되기도 한다. 일반적으로 풍력이나 태양광 같은 대체 에너지가 대안으로 떠오르지만 여기에는 반론이 만만치 않다. 아직은 원자력이나 석유에 비해 효율이 떨어지기 때문에 지금 당장은 원자력에 의존할 수밖에 없다는 논리가 설득력을 갖는다. 결국 이런 한계 때문에 원자력 발전소는 위험 부담에도 불구하고 계속 지어진다.

이런 논쟁은 에너지의 '생산'이라는 프레임에 갇혀 있다. 만약 생산의 관점을 소비로 바꾸면 어떻게 될까? 원자력 발전에 의존하는 이유는 많은 전력 소비 때문이다. 제번스의 역설처럼 에너지 기술의 발달은 에너지 소비를 증가시킨다. 에너지 관련 기술이 발달하면 에너지 효율이 좋아지게 되고 에너지 효율이 높아지면 에너지 가격이 하락하고 그럼 사람들은 이전보다 더 많은 에너지를 소비하게 된다. 결국 에너지는 과잉 소비되고 그로 인한 낭비와 환경 문제는 더 심각해진다.

이렇다면 원자력 발전의 문제도 생산 차원이 아닌 소비를 줄이는 방향에서 대안을 찾을 수 있다. 지금 우리 사회는 전력을 과잉 소비하는 생활을 한다. 도시는 24시간 불이 켜져 있고 더운 여름, 상가는 문을 열어놓은 채 냉방을 한다. 이런 생활 방식과 문화에서는 해결이 어렵다. 시선을 돌려 전력을 소비하는 삶의 방식이 전환될 때 비로소 원자력에 의존하는 비중도 줄어들게 된다. 즉 원자력 발전의 문제를 전력 생산의 차원이 아닌 전력 소비의 차원에서 풀어 가는 방식이 유효하다.

관점의 변화는 대학입시에도 적용할 수 있다. 대학입시는 우리 교육의 블랙홀과 같다. 교육의 모든 문제가 입시로 연결되는 환원주의에서 벗어나려면 입시의 기존 프레임에서 탈출해야 한다. 대학입시도 소수의 몇몇 대학이라는 기존의 시각에서 벗어나 대다수를 차지하고 있는 중고등학교의 시각에서 살펴봐야 한다. 결국 입시를 해결하는 방법은 역설적이게도 '입시라는 틀'을 버리는 길이다.

그중에 하나가 대학입시를 중고등학교 교육의 정상화와 공공성으로 연결하는 관점이다. 만약 고등학교에서 교사별로 가르치는 내용이 다르기 때문에 평가도 각각 다르게 한다면 어떻게 될까? 그렇게 되면 대학은 획일적이고 표준화된 도구로 학생들의 역량을 평가하기 힘들어진다. 따라서 고등학교에서 작성한 학생생활기록부와 교사의 평가 내용을 믿고 판단해야 한다. 대학마다 우수한 학생을 선발하기 위해 훨씬 더 많은 투자를 하고 효과적이며 다양한 전략을 모색하게 될 것이다.

그래서 이와 같은 고등학교 중심의 입시 변화는 대학의 입장에서 보면 매우 불편하다. 지금과 같이 전국적으로 동일한 잣대를 들이대는 수능이 있고, 거의 표준화된 내신 시스템을 기반으로 하는 고교 교육 과정은 대학에 편리한 조건이다. 특히 서울의 일부 대학에 들어가기 위해 전쟁을 치르다시피하는 상황에서 대학은 항상 '갑'이고 고등학교는 '을'에 해당한다.

대학은 우수한 학생을 유치하기 위해 서로 경쟁하는 게 맞다면 그런 대학에 학생을 보내 주는⑦ 고등학교가 '을'이 될 이유는 없다. 지금 지방의 일부 대학에서 학생을 유치하기 위해 각 고등학교를 찾아가 홍보하는 방식이 오히려 상식에 가깝다. 물론 교육에서 '갑'과 '을'이 존재해서는 안 된다.

무가 있는데 아이들은 통나무에 올라가 놀았다. 중간에 안전 장치가 있을 법도 한데 찾을 수가 없었다. 우리 부모나 선생님들의 입장에서 보면 그 나라의 안전 의식이 부족하다고 비판할 수 있겠다는 생각이 들었다.

그러나 놀이터가 재미있는 공간이 되기 위해서도 '약간의 위험'은 안고 가야 한다. 어느 초등학교에서 아이들을 위한 놀이 공간을 고민하다 작은 움막을 떠올렸고 나무에 오두막을 설치하기로 했다. 과연 실행에 옮길 수 있을까? 우선 교육청에서 여러 이유를 들어 반대할 가능성이 높다. 시설 관련 규정이나 관리의 어려움, 안전과 사고, 책임의 문제 등을 먼저 거론할 것이다. 제도적으로 그런 공간은 허가의 대상이기 때문에 지자체의 허가 여부도 따져 봐야 한다.

「테드(ted)」에서 일본의 킨더가든(후지유치원)을 본 적이 있다. 이곳은 건물과 정원이 열린 구조로 이루어져 있었다. 내게는 아이들이 마음껏 뛰어놀 수 있는 공간이 매우 인상적이었다. 건물 안과 건물 밖의 구분이 명확하지 않아 다소 산만하고 위험해 보여 걱정이 앞서기도 했다. 아이들은 걸어야 할 때도 기꺼이 다다다, 즐겨 뛰어다니지 않던가. 그러나 어느 정도의 위험은 안전에 대한 의식과 태도를 높이는 데 기여한다고 한다. 어렸을 때 청결한 환경이 오히려 A형 간염 바이러스에 취약한 상태를 만든다고 하지 않던가. 열린 공간으로의 설계 이유는 명쾌했다.

모든 것을 안전하게 만들려는 생각은 일종의 제로 리스크 편향과 관련된다. 펠츠만 효과에 의하면 사람은 안전하다고 느낄수록 위험하게 행동하는 경향을 보인다고 한다. 펠츠만은 안전벨트나 에어백 같은 자동차 안전 기술이나 조치를 강화한다고 사고가 감소하는 것은 아니라고 주장한다. 비록 안전 장치 때문에 사고 사망률은 낮아졌지만 사고 자체는 증가한다고 한다.[3] 위험한 도로에 횡단보도를 설치하고 난 후 더 많은 사고가 난다면 이는 안전하다는 생각이 지배적인 상황에서 방심하기 때문이라는 것이다.

복도에서 뛰는 아이들이 많다. 특히 '중2병'[4]이라 불리는 시기의 아이들은 뛰어다니는 수준을 넘어 거의 날아다니는 경지를 선보일 때가 많다. 사실 굽은 곳 없이 길게 탁 트인 복도는 달리기 좋은 트랙과 같다. 달리 말하면 학생들을 통제하기 쉬운 구조이기도 하다. 마치 군대에서 점호하듯이 복도에 서면 교실에서 나오는 아이들이 한눈에 들어온다. 고등학교 자율학습을 감독할 때 교사가 복도에만 나와 있어도 아이들의 움직임을 한눈에 파악할 수 있는 것과 같은 이치다.

그리고 냉난방 시설은 교실에 한정되어 있다. 교실이나 복도나 아이들이 생활하는 공간임은 같은데 교실이 아닌 복도는 여름에는 찜통이 되고 겨울에는 동태가 되는 곳이다. 복도는 그저 지나다니는 통로로 인식될 뿐이다. 만약 복도에도 냉난방이 되고 교실과 같은 사물함이나 게시판이 있다면 풍경이 달라질 것이다. 곳곳에 앉아 쉴 수 있는 의자가 있거나 일자식 복도가 아니라 부드럽게 꺾이는 부분이 있는 복도라면 중2의 아이들도 더는 날거나 뛰지 않으려 할지도 모르겠다.

몇 년 전 교실에 있던 사물함을 과감하게 복도에 내놓았다. 교실 뒤편에 게시판을 설치하기 위해서였지만 한편으로는 복도를 단순한 통로로써의 공간에서 탈피시키고자 하는 의도도 있었다. 오래된 건물이라 복도는 비좁았고 무엇보다 아이들의 안전이 걱정이었다. 하지만 신기하게도 복도에서 뛰는 아이들이 줄어들었다. 그 이유는 간단했다. 사물함 때문에 복도에서 뛰기 불편한 구조가 되었기 때문이다.

사물함을 교실에서 내어놓은 복도의 일부

'위험한 게 안전하다'라는 말이 있다. 위험하다는 것을 알기 때문에 더 조심하게 되고 각종 위험한 환경에 현명하게 대처할 노력을 기울인다는 것이다. 이불 밖이 위험하다고 밖에 나가지 말고 집 안에만 있으라고 할 수는 없다. 안전을 빌미로 아이들의 다양한 경험의 기회를 차단하고 박탈하는 것은 아닌지, 혹은 책임 회피만 하려는 것은 아닌지 뒤돌아볼 일이다.

* 피아노가 있는 구령대

'구령대'란 구조물을 놓고 아이들의 삶과 배움에 대한 이야기를 시작해 보고자 한다. 학교마다 운동장과 건물 사이에는 운동장보다 높은 자리에 구령대가 위치해 있다. 전체 조회나 체육대회 또는 운동회 같은 학교 행사에 전교생을 대상으로 학교장이 훈화하던 곳으로 많은 이들이 기억한다. 내가 학창 시절인 1980년 초까지 교련 사열을 위해 교장을 비롯한 교사들이 근엄한 표정으로 거수경례를 받던 곳이기도 했다.

군부대 연병장 가운데에도 학교와 같은 형태의 구령대가 있다. 부대장을 비롯한 지휘관이 군대를 지휘 통솔하는 공간이다. 군대에 있는 공간이 학교에 만들어진 이유는 의심의 여지없이 학생을 지휘하고 통솔하기 위해서다. 매주 월요일 아침, 운동장에서 열린 애국조회의 역사는 통제와 훈시와 계몽의 기억으로 점철되는 구령대에서 씌어졌다. 최근 학교 건물은 새로운 디자인으로 세련되게 변신하고 있지만 그럼에도 불구하고 아직 구령대는 건재하다.

몇 해 전, 구령대 그늘에서 놀고 있는 아이들을 보다 구령대는 원래 아이들 것이라는 생각이 들었다. 별 기대 없이 의자 몇 개를 갖다 놓았다. 그랬더니 아이들의 반응이 좋았다. 선생님들과 의논해 피아노도 갖다 놓고 악보대도 설치했다. 구령대는 대개 본관 중심에 위치하기 때문에 중앙 현관과 연결되는 구조로 이루어져 있다. 내가 있는 학교는 이미 현관을 전시 공간으로 바꾼 상태였기 때문에 구령대와 현관이 자연스럽게 이어지며 미술과 음악이 만나는 효과를 가져왔다.

구령대가 학생을 통제하는 관점에서 출발한 공간이라면 피아노가 있고 의자가 있는 구령대는 학생들의 감성을 키우는 장소로 재탄생했다. 구령대의 탈바꿈은 학생들의 생활에 많은 변화를 가져다 주었다. 쉬는 시간과 점심시간 학교에는 항상 피아노 선율이 흐른다. 자연스럽게 피아노 앞에 앉아 연주하고 박수를 보내기도 한다. 피아노 앞에서는 피아노를 잘 치는 애, 못 치는 애 차별이 없다. 그래도 여전히 운동장에는 뛰는 애가 있고 또 여전히 날아다니기를 갈망하는 아이들도 있다. 실컷 뛰고 실컷 날기를 소원하던 아이들도 지치면 구령대를 찾는다.

언제부터인가 몇몇 아이들이 모여 함께 연주를 하기 시작했다. 피아노, 기타, 플루트가 모여 만든 작은 음악회가 열려 점심시간을 감미롭게 했다. 세월호 희생자를 추모하는 공연이 열리고 때로는 음악 수행 평가를 준비하는 아이들의 연습장이 되기도 한다. 집에 피아노가 없는 아이들도 있다. 마음만 먹으면 얼마든지 연습을 할 수 있을 테니 '참 잘했다'는 생각도 든다. 주말에도 삼삼오오 학교에 모여 피아노를 친다. 실내에서 울리는 피아노 소리와 운동장에 퍼져 나가는 피아노 소리는 다르다. 등교하는 아

구령대에서 열린 작은 음악회 모습

이들을 정문에서 맞이하다 아침부터 듣는 피아노 소리에 귀가 호강일 때가 많다.

음악실에만 있는 피아노가 아니라 야외에 피아노를 놓는 발상의 전환에서 학생들이 즐거워한다. 학기 초 학급 사진을 찍기 위해 책상과 의자를 들고 운동장으로 나온 아이들의 모습처럼 일상의 틀을 깰 때 우리는 새로운 느낌과 감동을 받는다. 교육이 그런 것 아닐까? 학생들이 교사가 가르친 교과서 내용에 한정된다면 진정한 배움이 아니다.

이제 구령대는 본래 통제하고 지시하는 공간에서 아이들의 예술적 감수성을 키우는 공간으로 진화했다. 아이들이 주인으로 자리하는 공간이 되었기에 기쁨을 주는 곳이기도 하다. 이런 변신은 관점의 이동과 함께 학교 구성원이 시민으로 성장하는 과정이기도 하다. 이처럼 아이들이 생활하는 공간은 삶과 배움의 장소가 된다. 그래서 공간을 고민할 때는 교육적 관점이 있어야 한다.

최근 교육과 공간을 보는 관점에 조금씩 변화가 생기고 있다. 특히 교육 과정을 재구성하고 배움 중심의 수업을 실천하는 학교는 자연스럽게 학생들이 생활하는 공간에 대해 관심을 가질 수밖에 없다. 배움은 수업 시간뿐 아니라 타인과 만나고 관계 맺는 시간과 공간을 통해서도 이루어지기 때문이다.

따라서 공부도 하고 친구들과 놀기도 하며 밥도 먹는 삶의 공간으로써 학교는 매우 중요하다. 교실은 단순하게 공부만 하는 곳이 아니라 놀고 떠들고 쉬며, 때로는 잠깐 꿀잠을 자는 공간이 되기도 한다. 화장실은 급한 볼일만 보는 곳이 아니다. 만남과 수다가 공존하며, 개인의 비밀이 확보되는 지극히 사적이 공간이기도 하다. 교무실은 교사가 업무만 보는 곳이 아니다. 아이들이 찾아오고 동료 교사와 협의와 공감을 나누는 장소이기도 하다.

학교 공간에 변화가 필요한 지점에 와 있다. 열고 닫을 수 있는 가림막으로 서로 연결되는 가변형 교실도 있어야 하고, 한 켠에 다락방과 누워책을 볼 수 있는 도서관, 학교 곳곳에 혼자 시간을 보낼 수 있는 비밀의 공간, 시선이 열려 있으며 천장이 답답하지 않은 로비, 꺾임이 있는 옛 골목길 같은 복도, 훤하게 빛이 들어오는 넓은 창으로 된 식당과 휴게 공간, 칸막이가 사라지고 카페와 같은 분위기의 교무실, 스토리가 있는 그림으로 아이들의 시선을 사로잡는 벽면과 교과에 맞는 빛깔로 개성 있게 꾸며진 특별실, 작지만 예쁜 그림이나 사진이 전시된 상설 전시 공간, 운동장 곳곳에 산책할 수 있는 구불구불한 길과 정원, 재미있는 놀이 공간[5]을 바라는 것은 진정 사치인가?

학교는 공부만 하는 곳이라는 생각은 학교를 따분한 공간으로 인식하게 하는 일등공신일 것이다. 교실이 배움의 공간인 동시에 놀이터가 된다면 더할 나위 없을 것 같다. 괴로운 학창 시절만 참고 견디면 다 된다고 할 수도 없는 노릇이다. 현재의 행복이 미래의 행복을 담보할 수 있다는 것을 알고 있듯, 학교 공간의 변화가 아이들에게 자존감을 높이고 행복한 감정이 스며들게 하는 곳이 된다면 기꺼이 변신을 시도해야 한다.

큰 아이가 중학교 3학년 때는 교실에 있던 거울을 치웠다고 했다. 쉬는 시간에 여자 아이들이 거울 앞에만 있고 화장을 한다는 이유로 담임 선생님이 없앴다는 것이다. 선생님은 교실에서 아이들이 로봇처럼 공부 시간과 쉬는 시간을 엄수해서 차렷 자세로 의자에 앉아 공부만 해야 직성이 풀렸나 보다. 아이들이 중3이 됐으니 공부에 방해되는 물건을 싹 치움으로 선생님 속이 시원했는지 모르지만 아이들한테는 최악의 시간과 공간이 됐을 것이다.

교실은 수업만 하는 곳이라는 관점 때문에 교실에는 공부에 불필요한 물건을 두지 않는다. 게시판도 학급을 운영하는 데 도움을 주는 수단이다. 교실 정리를 위한 청소 도구와 쓰레기통 정도, 그리고 화분 몇 개 정도가 전부이다. 만약 교실이 각 가정의 방과 같다면 어떤 물건이 필요할까?

학생들의 의견을 들어보면 쉬고 싶을 때 누울 수 있는 공간을 가장 많이 원한다. 그래서 편안한 의자, 소파와 카펫, 다락 등도 자주 등장한다. 그밖에 학생이 원하는 것으로는 세면대와 냉장고, 장난감(게임), 옷장이나 옷걸이 등이다. 한마디로 압축해 보면 아이들은 휴게 공간을 원한다. 그러나 지금 교실에 공부 외의 여유를 느낄 수 있는 공간은 전혀 없다. 피곤한 아이들은 그저 책상에 엎드릴 뿐이다. 공부에 지친 아이들이 잠시 쉴 수 있는 공간이 사치는 아닐 텐데, 그저 잠을 참으라고 한다. 대한민국의 미래를 책임질 아이들이라고 떠들면서 손바닥만한 책상에 엎드려 자라고 한다.

교사는 교실을 자기 방처럼 생각하라고 말한다. 하지만 사실 청소 지도가 가장 어려운 일일 정도로 아이들은 교실을 엉망으로 관리한다. 만약 교실에 누워 쉴 수 있는 공간이 있고 다락과 세면대나 냉장고가 있다면 학생들의 행동은 백팔십도로 바뀔 것이다. 교실을 수업하는 공간으로만 보지 않고 삶이 있는 공간으로 볼 때 교실 모습이 변할 것이라는 생각을 한다.

학교는 배우는 곳이기 이전에 사는 곳이기 때문에 그 삶은 즐거워야 한다. 학교마다 내세우는 비전 중 가장 많이 쓰는 문구가 아마 '즐겁고 행복한 학교'일 것이다. 이 슬로건이 말로만 끝나지 않기 위해서는 학생 시각에서 다양한 시도가 있어야 한다. 공간이 달라지면 그곳에서 생활하는 교사나 학생의 생각과 행동도 변화가 있을 것이라고 분명히 확신한다.

* 교실의 변신은 무죄다

2012년 서종중학교에 처음 부임했을 때 교실의 책상 배치를 보고 깜짝 놀랐다. 모든 교실의 책상이 시험 보는 형태로 배치되어 있었기 때문이다. 학생들이 수업에 집중하기 위해서는 친구들과 잡담하지 못하게 해야 한다는 전임 교장의 교육 철학이 반영된 까닭이다. 사실 이 문제로 많은 고민을 했다. 책상 배치 문제를 안건으로 제시할 수도 있었지만 그 대신 선생님들과 수업의 변화와 혁신을 이야기하고 함께 연수를 받고 실천했다.

각각 떨어져 있는 책상이 서로 붙고 짝꿍이 생길 때 수업의 형태에 따라 다시 몇 개의 책상이 붙었다 떨어지는 변화가 생길 때 혁신도 가능하다고 생각했다. 1년이 채 되지 않아 교실의 모든 책상이 시험 대형에서 벗어났다. 교실에 따라 두 개, 또는 네다섯 개씩 책상이 모아졌다. 물론 책상의 형태는 교과 수업에 따라 다양한 형태로 변신을 거듭한다.

공간의 측면에서 시험 대형의 책상 배치는 교사 중심의 강의식 수업에 적합한 구조다. 결코 강의식 수업이 나쁘다는 말이 아니다. 그런 방식의 수업 방법만 고집해서는 안 된다는 점을 강조하고 싶다. 마찬가지로 토론 수업이나 프로젝트 수업이나 ㄷ자 수업이 어디에서나 통용되는 절대적인 수업 방식은 아니다. 아무리 좋은 수업 방법이라고 해도 모든 교과와 모든 차시에서 같은 방식만을 고집할 수 없지 않은가.

토론을 위해서는 서로의 얼굴을 마주보는 형태의 책상 배치가 필요하다. 그리고 모둠 수업에는 조별 활동을 하기 편한 넓은 책상과 벽면을 칠판으로 쓸 수 있는 교실이 적합하다. 물론 강의식 수업은 교사의 설명에 집중할 수 있는 일자형 책상 배치가 효과적이다. 이처럼 토론 수업과 모둠 수업 등 수업 방법에 따라 다양한 교실 형태가 필요하다.

모든 교실을 똑같은 모습으로 꾸밀 이유는 없다. 어떤 교실은 토론에 맞춤인 원형 테이블이 있으면 좋을 테고 프로젝트 수업에 편리한 특별교실은 토론과 발표에 필요한 형태와 교육 자재를 구비해야 한다. 특히 가변형의 교실은 수업의 방식과 형태에 따라 매우 유용하게 활용될 수 있는 교실이다. 그러나 우리 학교의 교실은 거의 같은 생김새다. 대부분의 교실에는 교탁과 교단, 일렬로 칠판을 향해 나열된 책상과 의자, 뒤에는 사물함이나 게시판이 있다. 그리고 시청각 수업에 필요한 빔이나 대형 모니터가 설치되어 있다.

이런 현실에는 특정 시선이 반영되어 있다. 학교 공간을 보는 기존의 관점은 배움보다는 가르침에, 학생보다는 교사를 중심에 두었다. 교사가 지식을 일방적으로 전달하는 수업이 대부분이었고, 교실은 자연스럽게 시선이 교사에게 모아지는 공간으로 만들어졌다. 특히 교단은 교사가 학생들보다 위에 선다는 것을 의미하기도 한다. 어찌 보면 군림의 이미지로 오해할 소지도 있다. 물론 뒤에 앉은 학생들을 배려한 조치라고 말할 수도 있다. 그러나 근대 학교의 교단이 신도와 성직자의 다른 위치를 상징하는 교회의 단상에서 유래했다는 점에서 교단이 교사 중심의 관점을 상징적으로 보여 준다는 해석이 더 설득력이 있다.

교단과 교탁을 치운 교실

교탁도 학생과 거리를 두고 교사에 시선을 집중시키는 기능을 담당한다. 만약 교탁을 없애거나 교탁을 창가 쪽으로 옮기면 교사는 학생들과 장애물 없이 온몸으로 소통할 수 있다. 교탁이나 교단이 이 선을 넘어오면 안 된다는 암묵적인 원칙 하에 '교사는 학생과 다르다'는 것을 은연 중에 세뇌한 것은 아닌지 생각해 볼 일이다.

아무것도 아닌 것 같지만 구조와 공간의 분할이 미치는 영향은 막강하다. 같은 위치에 서 있다면 수월한 소통이 이루어질지도 모른다. 교탁이라는 차단막이 없을 때 교사와 학생이 친밀감을 느낄 수 있으며 인간 대 인간이라는 공감대가 형성되어 서로에게 귀기울일 수 있지 않을까. 이미 우리는 교사의 권위가 교단이나 교탁에서 세워지지 않는다는 것을 잘 알고 있다.

서종중학교는 선생님들과 협의를 거쳐 모든 교단과 교탁을 치웠다. 그 대신 창가에 교사 책상과 의자를 배치했다. 이유는 분명하다. 수업의 변화를 위해서 학생과 교사를 가로막고 있는 장애물을 없앤 것이다. 그러자 조금씩 수업은 변화했다. 교사는 수업 중 자연스럽게 움직이게 되었고 움직임도 커졌다. 교탁이 가로막고 있어 교사의 상체만 바라보던 아이들은 교사의 손짓발짓에도 반응하며 집중했다. 교사 중심의 수업보다는 학생이 참여하고 모둠 형태로 하는 수업이 늘어났다. 전적으로 공간의 변화 때문이라고는 할 수 없지만 적지 않은 영향을 미친 것은 틀림없다.

이처럼 교실의 변화는 수업과 생활을 바꿀 수 있는 힘이 있다. 교육 혁신을 위해 거창한 계획을 짜고 막대한 예산을 투입하는 것도 중요하지만, 교실에서 일어나는 작고 미세한 변화에도 관심을 가져 보자. 교육 혁신도 결국 학생과 교사가 함께 생활하는 공간인 교실에서 일어난다는 점을 명심하자.

얼마 전까지도 서종중학교는 독립조리학교가 아니라 인근 초등학교에서 급식을 배달해 먹었다. 마을에 초등학교가 셋, 중학교가 하나인데 모두 규모가 작아 공동조리학교 방식으로 운영되고 있었다. 이웃 초등학교에서 배달되는 점심을 먹는 데다 식당까지 비좁았다. 재빨리 먹고 자리를 내주지 않으면 다른 학생이 점심을 제대로 먹지 못하는 상황에서 품격 있는 식사를 운운하는 것은 어불성설이었다. 게다가 초등학생 기준으로 짠 영양과 메뉴를 중학생이 먹는 것은 영양소의 불균형을 가져오는 문제도 초래했고 배달해야 하는 어려움으로 다양한 메뉴를 기대하기도 어려웠다.

이런 난관을 극복하기 위해 수차례 교육청과 협의를 했고 마침내 조리실과 식당을 짓기 시작했다. 학교 식당의 기본 콘셉트는 최대한 편안하고 넉넉하며 쾌적하게 꾸미는 데 초점을 맞추었다. 식당을 새로 짓는 방법이 수월하고 깔끔하지만 형편상 구 강당을 개조해야 했다. 다행히 천장이 높은 구 강당의 조건은 매력적이었다. 천장이 높은 식당은 개방감을 주어 답답한 교실에서 느끼지 못하는 자유로움을 주었다. 작은 디테일에도 신경을 썼다. 천장에는 예쁜 조명을 설치해 레스토랑의 느낌이 들도록 꾸몄다. 테이블과 의자는 원목 스타일로, 의자와 테이블이 붙어 있는 기존의 고정식을 탈피해 각각 떨어진 형태로 주문 제작했다.

그리고 강당의 운동장 쪽 -북한강과 건너 남양주 방향- 벽은 모두 밖을 내다보며 식사할 수 있고 때에 따라 완전히 개방할 수 있는 유리문(폴딩 도어)을 설치했다. 유리문 밖 위쪽에는 주황색의 햇빛 가리개인 어닝을 달았고 아래쪽은 나무 발코니를 만들어 편안한 느낌이 나는 공간으로 꾸몄다.

점심시간의 식당

현관에 설치한 작은 전시장 '길목'

식당 공간을 고민하면서 가장 주안점을 둔 것은 한끼를 먹더라도 품격 있고 즐겁게 먹자는 것이었다. 하루 일과 중 아이들이 제일 좋아하고 기다리는 시간이 점심시간이 되었다. 천장이 높아 개방감이 있으며 그곳에 은은한 조명과 음악이 흐른다면 그다지 좋아하지 않는 메뉴라도 점심시간을 고대할 것이다. 폴딩 도어를 통해 바깥 풍경이 막힘없이 들어오며 햇볕이 따사롭게 비추는 곳이 학교 식당이라면 기꺼이 학교 가기를 즐거워할 것이라는 생각을 했다. 점심을 먹는 아이들은 느긋하다. 밥을 다 먹어도 식당을 나가지 않는다. 친구들과 모여 앉아 수다 삼매경에 빠지기도 한다.

'학교는 배움의 기쁨과 삶의 즐거움을 경험하는 곳'이어야 한다는 생각에 다시 밑줄을 친다. 사실 학교(school)의 어원을 따져 보면 여가(skhole)라는 의미를 담고 있다. 여가는 여백이며 즐거움이다. 그런데 과연 지금 학교가 쉼이 있고 행복한 공간인지 의문이 든다. 학교는 즐겁게 뛰어 놀고 마음껏 상상할 수 있는 테마파크가 되어야 한다.

지금까지 먹는 기쁨과 즐거움에 대해 이야기했으니 이제 보는 기쁨과 감동에 대해 이야기해 보자. 대부분의 학교 중앙 현관은 각종 트로피가 전시되어 있거나 교육 비전과 학교 소개로 꾸며져 있다. 하지만 매일 지나다니는 아이들은 쳐다보지도 않고 가끔 학교에 들르는 외부인이나 한번씩 쳐다볼 뿐이었다. 서종중학교도 마찬가지였다. 어느 날 문득 그 공간이 너무 아깝다는 생각이 들었다. 정작 아이들은 눈길 한 번 주지 않으니 죽어 있는 공간이나 다를 바 없기 때문이다.

그래서 학생들의 문화 예술적 감수성을 높이기 위한 자그마한 전시장을 만드는 시도를 했다. 문화예술인이 많이 거주하는 지역적 장점을 살리고 마을과 학교를 자연스럽게 잇는 다리 역할을 할 거라는 기대도 한몫

했다. 미술 선생님과 협의를 통해 현관 양 벽을 화이트 계열의 전시 공간으로 꾸몄다. 기존의 게시판과 각종 트로피는 모두 치우고 액자를 걸 수 있는 선과 조명을 설치해 갤러리 느낌이 나게 했다.

그리고 마을에 거주하는 예술인을 찾아 전시를 부탁했다. 염치없는 부탁임에도 많은 분들이 호응해 주어 전시가 가능했다. 일 년 내내 번갈아 가며 여러 작가의 작품이 걸리는 작은 문화 공간을 유지하는 것을 목표로 삼았다. 외부 작가의 전시가 없을 때는 아이들의 작품전이나 수업 결과물을 전시했다. 지금까지도 변함없이 지속되고 있어 소기의 성과는 거둔 것 같다.

학교 현관에 설치한 전시 작품은 특정한 날에 시간 내서 찾아가야 하는 것이 아니라 언제든지 만날 수 있다는 장점을 갖는다. 아이들은 지나다니다 가끔 멈춰 서서 작품을 감상하고 친구들과 품평을 한다. 예술적 감동도 배워야 한다. 저절로 감동을 받지는 않는다. 그리고 아이들에게 예술적 감성을 키우는 좋은 방법은 일상생활에서 그림이나 사진과 같은 작품을 자주 접하게 하는 것이다.

시골에서 그림이나 사진 전시장을 찾기는 쉽지 않다. 어쩌다 한두 번 전시장을 찾아서 느끼는 감동도 있을 수 있겠지만, 일상생활에서 자연스럽게 작품을 접할 수 있다면 예술적 감수성이 자연스럽게 녹아들 거라는 생각이다. 학교 곳곳에 그림과 사진, 조각 등 작품이 전시되어야 한다. 욕심 같아서는 현관이 아닌 학교 전체를 미술관으로 꾸미고 싶다.

몇 년 전 핀란드 학교를 방문한 적이 있다. 낮게 설계된 학교 건물 여러 동이 미로처럼 연결된 구조여서 북촌 골목길 같은 느낌을 받았다. 계단 아래나 로비 가장자리 학교 곳곳에 자리한 아이들만의 작은 공간이 눈에 들어왔다. 특히 시선이 자유롭게 열려 있는 넓은 로비는 인상적이었다. 체육관은 다용도로 사용 가능하게 설계되어 있었고 각기 다른 색상의 페인트로 칠해진 건물과 다양한 형태의 교실 모습이 부러운 기억으로 남아 있다. 한마디로 검소한 공간이면서도 매우 재미있고 실용적이었으며 아이들에게 맞추어져 있다는 생각이 들었다.

'사람이 공간을 만들지만 공간이 사람을 만든다'는 말이 있다. 핀란드를 비롯한 북유럽의 학교가 공간 설계에 유독 공을 들이는 이유는 바로 공간을 통해 배움이 실현되기 때문이라고 한다. 학교는 배움의 장소다. 그동안 우리는 배움과 공간을 연결해 생각하지 않았다. 배움이란 단지 교과서 안의 지식만으로 국한했기 때문일지도 모른다. 이제 배움이 교과 수업만을 통해 이루어지는 것이 아님은 분명하다.

* 추억과 삶을 담아내다

나이가 들어 어릴 때 다녔던 초등학교에 가보면 왜 그리 운동장이 작은지 놀란 경험을 한 적이 있을 것이다. 변함없는 물리적인 공간과 그곳에서 생활했던 옛 기억이 충돌하기 때문이다. 내 또래는 대개 학교를 쾌적한 곳과는 먼 공간으로 기억하기 일쑤다. 열악한 시설의 화장실, 몽둥이가 걸려 있는 무시무시한 학생부실, 아이들이 바글거려 뽀얀 먼지가 일던 운동장, 남학교라면 담배 연기 자욱한 건물 뒤편[6] 등.

청소년 시기 많은 시간을 학교에서 보내야 했던 이들이 학교를 부정적인 공간으로 떠올린다면 문제다. 적어도 나한테는 학교에서의 기억이 유쾌하지 못했다. 친구들을 만났고 그 친구들과 그때의 기억을 공유하는 인연으로 만남을 지속하지만 그때로 되돌아가고 싶은 생각은 별로 없다.

획일적인 주입식 교육이 지배하던 수업은 매 과목마다 천편일률적이었고 강압적인 지시와 체벌이 횡행하곤 했다. 그러나 학교를 부정적으로 인식하는 것은 치열했던 입시 경쟁 때문만은 아니다. 그 시절 학교 건물의 색감이 주는 칙칙한 이미지는 통제와 숨 막힘의 또 다른 모습이기도 했다. 그렇게 학교 공간은 우리의 삶과 직결되었지만 어느 누구도 학교 공간의 문제를 심각하게 받아들이지 못했던 것 같다. 많이 늦었지만 지금부터라도 우리는 학교 공간이 아이들에게 어떤 영향을 줄지에 대해 고민해야 한다.

학창 시절 겨울이면 교실 한가운데 난로가 놓였다. 갈탄 난로 위에는 어김없이 도시락이 쌓였고 난로 바로 뒤에 앉은 친구들의 역할은 수시로 도시락을 뒤집어 주는 것이었다. 이처럼 그 시절 난로는 중요한 소통 창구가 되었고 아이들을 하나로 만드는 매개체가 되었다. 교사도 학생도 난로를 중심으로 관계도가 만들어지다 보니 색다른 풍경이 연출될 때도 있었다. 날이 추울수록 교사는 책을 들고 난롯가에 머무는 시간이 많았다. 교사가 일방통행식의 수업에서 벗어날 때가 있었다면 아마 그때였을 것이다. 아이들도 쉬는 시간이면 난로 주변에 모여 이야기꽃을 피우고는 했다. 사방에서 외풍이 심한 교실이어도 난롯가의 풍광은 따뜻했고 훈훈한 기억으로 남아 있듯이 학교의 작은 공간에서 만들어진 관계가 현재의 삶으로 이어지고 다시 추억으로 쌓인다.

운동장에 덩그러니 놓인 의자 하나가 어떻게 아이들의 추억 속에 깃

운동장 잔디 위 벤치

드는지는 아무도 모른다. 학창 시절 아름다운 추억은 큰 규모의 공간이나 번듯한 시설에서 만들어지는 것만이 아니다. 학교 건물 모퉁이의 숨은 공간, 운동장 뒤편의 색 바랜 벤치, 복도 끝 후미진 계단 구석 등에서 학창 시절의 추억이 만들어진다.

어느 학교를 가더라도 벤치는 운동장 가장자리에 놓여 있다. 어느 날 2학년 아이 몇 명이 벤치를 들더니 운동장 잔디밭 한가운데로 옮겨 놓는 게 아닌가. 잔디밭 가운데 놓인 벤치는 다소 생뚱맞아 보였다. 운동장 가장자리에 놓여야 할 벤치라고 생각했던 내 고정관념으로는 눈에 거슬리기까지 했지만 며칠 두고 보았다. 그런데 벤치 주변으로 아이들이 모여들기 시작했다. 아이들은 따스한 햇볕이 내려쬐는 벤치에 앉아 수다를 떨기도 하고, 세상에서 가장 편한 자세로 누워 하늘을 감상하기도 했다. 원래 의도와 상관없이 잔디밭 한가운데로 자리를 이동한 벤치는 그렇게 아이들의 쉼터가 되고 놀이터가 되었다.

본관 건물 뒤 구석에는 토끼 세 마리가 살고 있다. 학교에서 동물을 키우는 것은 손이 많이 가고 정성을 쏟아야 하는 일임에는 틀림없다. 그래서 분양해 주고 그만두어야지 하면서도 그러지 못하는 것은 한 아이 때문이다. 유난히 토끼를 좋아하는 아이가 있다. 쉬는 시간이나 점심시간이면 잊지 않고 친구들과 토끼가 좋아하는 것을 들고 토끼장을 찾는다. 건물 뒤편 토끼 장 주변 역시 그 아이의 이야깃거리가 되고 추억이 될 거라는 생각을 하면 분양해야지 마음먹었다가도 생각을 접는다.

이처럼 공간이 곧 교육의 장이고 삶인 이유는 그곳에 사람이 있고 이야기가 있기 때문이다. 사람이 찾지 않는 공간은 죽은 공간이다. 아무리 멋지게 만들어 놓아도 아이들이 찾을 만한 매력을 발산하지 못한다면 허

튼 짓을 한 것이다. 학교 공간은 어른들이 만들지만 그 공간을 자기 것으로 만드는 힘은 아이들의 몫이다. 공간을 디자인할 때 그곳에 머무는 사람을 중심에 놓고 설계하는 것은 기본이다. 아파트를 분양할 때 주방은 살림하는 이의 동선과 관점을 최우선에 놓고 설계하지 않던가.

말 나온 김에 학교의 벤치에 대한 사례를 하나 더 소개하고자 한다. 아이들이 앉아 쉴 만한 벤치가 부족해 몇 개 구입하려다 생각을 바꾸었다. '문호리 리버마켓'에 가면 각양각색의 의자를 볼 수 있다. 북한강변에서 열리는 마켓에서는 판매자와 손님이 쉴 수 있는 의자를 군데군데 놓았는데 강변의 풍경과 잘 어울려 인상적이었던 기억이 떠올랐다. 학교에도 그런 의자를 만들어 보는 게 어떨까 했다. 아이들은 리버마켓과 마을 화가들의 도움을 받아 학교 창고에 쌓여 있는 의자에 새 생명을 불어넣는 작업을 했다.

이렇게 탄생한 70여 개의 의자를 학교 곳곳에 배치했다. 아이들은 수시로 의자에 앉아 쉬기도 하고 이야기를 나눈다. 아이들이 혼을 불어넣어 그림을 그리고 색칠한 의자는 세상에 하나뿐인 아이들의 의자가 되었다. 하마터면 창고에서 폐기처분될 뻔했던 의자가 아이들에게 작은 추억을 선물한 것이다.

* 공간의 힘

몇 년 전 학교 이사장실을 없애고 그곳을 협의회실로 바꾸었다. 협의 공간을 따로 만든 것은 상징성이 컸다. 학교민주주의를 위해 교사협의 공간을 마련하는 것은 당연했지만 당연한 것을 하는 데는 고민이 따랐다. 사립학교에서 멀쩡히 있는 이사장실이라는 공간을 없애는 데는 무엇인가를 잃을 각오를 해야 하는 경우도 생각해 봄직하기 때문이다. 어쨌든 정신없는 교무실에서 열리는 회의와 협의회실에서 열리는 회의에 임하는 교사의 태도와 생각이 같을 수가 없을 것이다.

공간은 특정 목적과 방향에 맞게 만들어진다. 회의실에서 제일 똑똑한 것은 사람이 아니라 방 자체라는 말이 있다. 회의실에 모인 교사들이 동료애와 집단 지성을 발휘한다면 그 공간의 역할은 성공적이라고 말할 수 있다. 공간은 관계를 만들어 내고 사람들의 생각과 행동을 변화시킨다. 그래서 공간이 가장 똑똑하다고 할 수 있다.

학교민주주의의 한 축인 학생자치를 활성화하기 위해서 학생회 회의실을 만드는 것도 우선순위에 두었다. 학생회는 학생자치의 구심적 역할을 한다. 학교 안이나 밖이나 청소년을 위한 공간이 부족한 현실에서 학생 회의실을 갖추는 것은 학생자치를 활성화하는 마중물이 된다. 민주주의는 일단 모여야 한다. 모여서 함께 머리를 맞대고 이야기하는 과정에 민주주의가 있다.[7]

학생이 모이기 위해 공간이 필요하고 그 공간은 전적으로 학생들에 의해 운영되어야 한다. 공간을 꾸미는 것도 아이들의 몫이다. 아이들은 학교 예산으로 페인트도 칠하고 액자도 걸고 작은 칠판과 게시판도 걸었다. 학생회가 사용할 컴퓨터도 들여놓고 각종 소품도 갖추어 놓으니 꽤 괜찮은 공간으로 탄생했다.

그리고 공간의 변화를 시도하면서 더 큰 성과를 내는 방법이 있다. 바

아이들이 참여해 만든 여자 화장실의 일부 모습

로 공간의 변화 과정에 아이들이 참여하는 것이다. 몇 년 전 화장실이 없어 불편했던 아이들을 위해 본관 건물 2층에 화장실을 만들었다. 아이들이 사용할 공간이기 때문에 수차례 아이들과 화장실에 필요한 시설이나 설계에 대해 이야기를 나누었다. 여학생들은 거울이 여러 개 설치된 파우더룸을 강력하게 요구했고 화장실은 아이들의 의견을 존중해 만들어졌다.

화장실이 더는 냄새가 나서 재빨리 볼일만 보고 나오는 곳이 아니라 친구들과 거울을 보며 수다를 떨고 화장을 고치며 머리를 매만지는 곳으로 거듭나야 했다. 그래서 파벽돌로 따뜻한 느낌이 나게 했고 밝은 색 페인트로 칠했다. 학년이 바뀌어서 다른 층의 화장실을 사용해야 하지만 화장실을 만들 때 참여했던 아이들은 여전히 그 화장실을 찾을 정도로 애착을 갖는다. 아마 먼 후일 아이들은 화장실에서 도란도란 나눈 대화를 추억으로 삼을지도 모르겠다.

한편, 학교 교실 벽이나 복도는 흰색이나 노란색 계열의 안정적이며 무난한 색이 대부분을 차지한다. 최근에 새로 짓는 학교 건물은 이런 관행에서 과감하게 벗어나는 것 같아 일단 긍정적이다. 그런데 하나 아쉬운 점은 그 과정에 공간의 주체인 학생과 교사의 참여가 제한적이라는 현실이다. 교실과 건물 외벽의 색상을 선택하는 데 전문가의 눈과 학교 구성원의 눈이 함께한다면 더 빛날 것이다.[8] 공간 재구조화를 위해서 학교의 주인인 학생, 보호자, 교사가 전문가와 함께 참여하는 위원회를 만들어 보자. 시간이 더 걸리고 조금은 번거롭더라도 공간의 공공성과 민주화를 위해 필요한 과정이다.

대개 이런 과정을 거치지 않는 이유는 두 가지다. 첫 번째로는 절차를 지키는 게 번거롭기만 하지 효과가 크지 않다는 이유를 든다. 사실 교육 주체의 의견을 모으는 과정에 많은 시간과 노력이 불가피한 경우가 흔하다. 이런 생각 때문에 대부분의 학교에서 학생이나 보호자의 참여를 형식적으로 만들거나 무력화시킨다.

두 번째로 기껏 참여를 보장해도 학생들의 참여율이 낮다는 이유를 든다. 그렇다면 오히려 학생의 참여를 유도할 방안을 고민해야 한다. 학생이 적극적이지 않은 것은 경험이 없어서이기도 하다. 연습을 통해 권리와 책임을 하나씩 배우다 보면 주인의식도 갖게 될 것이다. 한 번의 기회를 주고 섣불리 단정해서는 안 된다. 진정한 주인의 삶은 시민이 되는 것이며 부단한 연습을 통해 적극적이고 자발적인 학생의 참여가 가능하리라고 믿는다.

학교 공간을 학생에게 돌려주는 것은 광장을 시민에게 돌려주는 것과 같다. 차벽으로 길을 막고 공간을 폐쇄하는 것은 스스로 얼마 못 간다. 누구나 참여할 수 있는 공간의 확장이 민주주의다. 광장은 지리적인 공간 범주를 뛰어넘어 참여와 표현의 자유를 상징하는 공간이다. 결국 공간은 주인인 구성원이 지배해야 하며 그 안에서 인권이 보장될 때 비로소 감시와 통제의 굴레에서 벗어날 수 있다. 학교 공간도 마찬가지다.

* 인권과 공공성의 공간

군대 식당에 사병의 자리가 있고 장교의 자리가 따로 있는 것처럼 학교 식당에 교직원 자리가 따로 마련된 학교가 있다. 외부 손님의 접대나 편의,

효율적 공간 운영 등의 여러 이유를 나열하면서 말이다. 이런 분리는 일종의 권위주의적 발상이며 차별일 수 있다. 일부 학교에서는 교직원 화장실을 사용하는 학생을 처벌하기까지 한다.

1955년까지도 미국에서는 흑인이 버스를 타면 흑인 전용좌석이나 혼용좌석에 앉아야 했다. 백인좌석에 흑인이 앉는 행위는 법으로 금지되어 있었다. 바로 「짐 크로 법」[9] 때문이다. 이 법은 학교, 식당, 버스, 극장 등 공공장소에서 흑인과 백인의 생활을 분리하는 법률이다. 노예제는 폐지되었지만 흑인을 차별하고 분리하는 정책은 여전히 남아 있었다.

그러던 어느 날 하루의 일과를 마치고 집으로 가는 버스에 탄 로자 파크스는 경찰에 체포된다. 혼용좌석에 앉아 있다 백인에게 자리를 양보하지 않았기 때문이라는 이유였다. 이 사건을 계기로 몽고메리의 흑인들은 버스 승차거부 운동을 전개한다. 오랜 싸움 끝에 대법원은 시 당국의 조치가 위헌이라는 판결을 내린다. 그 이후 「짐 크로 법」은 사실상 효력을 상실하게 된다.

이처럼 공간의 분리는 인권의 문제이기도 하다. 학교 공간이 변화해야 하는 까닭에는 교육과 더불어 인권이라는 가치가 포함되기 때문이다. 공간은 가구를 배치하는 곳이 아니라 사람이 사는 곳이다. 공간에 있는 가구는 사람을 위해 존재한다. 그런데 공간이 그곳에 사는 사람을 통제하는 수단이 되는 경우가 있다. 교도소 구조가 그 대표적인 예이다.

교도소는 그곳에 수용된 수형인의 행복한 삶을 위해 만든 곳이 아니다. 수형인을 감시하고 통제하는 데 유리한 공간 구조로 설계되었다. 밖에서 안을 들여다볼 수 있으며 단단한 잠금 장치가 이중 삼중으로 되어 있다. 자유로운 사고와 행동을 제한하는 공간 구조와 도색이 특징이다. 이처럼 감옥은 수형인의 시각이 아닌 교도관의 시각에서 만들어진 공간이다.

자유는 인간다움의 특징이며 인간은 끊임없이 자유를 갈망하는 존재다. 자유에 대한 갈망은 영화 「쇼생크 탈출」에도 잘 드러난다. 감옥은 세상과 단절된 공간이고 자유가 제한되는 비인간적인 공간이지만 그곳에서 사람의 소중한 관계와 자유와 희망을 이야기한다. 특히 주인공인 앤디가 교도소의 규칙을 깨고 오페라 「피가로의 결혼」 이중창 아리아 '저녁 바람이 부드럽게'를 틀자 그것을 듣는 제소자들의 표정은 잊을 수가 없다. 교도소 광장에 퍼지는 아름다운 선율은 자유를 갈망하는 희망의 목소리이기도 했다.

학교와 교육을 이야기하면서 감옥을 언급하는 것은 바로 자유를 포함하는 '인권'이라는 소중한 가치를 말하기 위해서다. 공간을 이해하기 위해서는 그 공간이 어떤 가치와 관점에 의해 만들어졌고, 사람들이 어떻게 살고 있는가를 면밀하게 따져 봐야 한다. 과연 공간의 주인이 누구인지, 주인다운 삶을 누리는지, 인권은 보장받고 있는지 등 공간과 인권의 문제는 학교에서도 매우 중요하다.

그래서 학교 공간을 인권의 시각으로 접근할 필요가 있다. 교실은 학생의 시각에서, 교무실은 교사의 시각에서 만들어진 공간인지 돌아보자. 집에서 방의 주인은 따로 있게 마련이고 방주인은 자기 입맛에 맞게 방을 꾸민다. 그렇다면 교실도 학생들의 입맛에 맞게 재구성되어야 한다. 그런데 학생의 입맛이라면 걱정부터 앞서는 게 기성세대다.

사실 어른들의 걱정과 불신은 불평등한 권력 구조에서 나오는 불편함이기도 하다. 현실적으로 공간이나 인권은 권력의 문제이다. 이미 가진 것을 내려놓는 것은 불편하며 권력 구조를 무너뜨리는 시도에 대해서는 우려를 보내는 게 사실이다. 학교에서 학생 인권 문제가 심도 깊게 논의되지 못하는 하는 이유 중 하나가 권위주의적인 공간의 분할이나 배치로 기인한 것이라 해도 억지는 아닐 것이다. 학교 공간을 인권 친화적으로 바꾸는 것도 권력의 역학 구조에서 접근해야 하지만 인정하기가 쉽지 않다. 그래서 공간은 인권을 담는 그릇이며 인권 보장을 측정하는 기준이 된다.

세계적인 IT 기업의 경우 휴식 공간과 일터의 벽을 허무는 공간 설계로 유명하다. 서로 다른 부서의 직원과 쉽게 소통할 수 있는 구조에서 창의성이 발현되며 획기적인 제안이 나온다고 한다. 종교 시설은 신과 인간의 만남이 이루어지는 공간인 만큼 최대한 성스럽게 만들고 백화점은 고급스런 이미지를 연출해 고객의 지갑을 열게끔 공간을 꾸민다. 이처럼 세상의 모든 공간이 그곳에서 생활하는 사람들의 관계에 주목하고 그에 맞게 디자인되고 있다.

그렇다면 학교는 어디에 초점을 두고 공간을 만들어야 할까? 디자인에 멋을 더한 심미적인 공간인가? 학생의 인권을 존중하고 배움에 초점을 두고 있는 공간인가? 정서적인 안정과 공감의 장소를 추구하는 공간인가? 교육 과정과 연계된 배움의 공간인가? 그동안 우리는 학교 공간에 대한 고민이 많지 않았다. 이제라도 학교 공간의 의미와 공적 관계에 방점을 찍어 보자.

칸막이로 된 가옥 구조와 개방된 형태의 가옥은 단순한 집 모양의 차이만이 아니다. 그렇게 집이 만들어진 이유는 자연 환경과 문화의 차이에서 기인한다. 예를 들어 개인주의적 관계나 가치관이 강조되는 사회와 문화에서는 방마다 칸막이가 설치되고 공간이 서로 분리된 가옥 형태를 취할 것이다. 반대로 이웃과의 관계나 공동체의 가치를 우선시하는 문화에서는 보다 개방된 가옥 형태를 취할 가능성이 높다. 그렇게 만들어진 집의 형태는 구성원의 관계와 사회의 가치를 더욱 강화하는 기능을 수행할 것이다. 그래서 폐쇄적인 가옥 구조보다 개방적인 구조에서 공동체 정신과 연대의 관계가 더 공고해질 것은 불을 보듯 뻔하다.

공간의 변화가 구성원의 삶과 관계에 영향을 크게 미치기 때문에 학교 공간의 변화도 중요하다. 혁신학교에서는 그동안 주로 수업의 질 개선과 학생의 생활 영역에 초점을 두고 고민을 했다. 그 고민은 학교에서의 공적인 관계로 이어졌고 시간이 갈수록 학교 공간이 중요하다는 인식이 높아지고 있다.[10] 공간의 변화 없이 수업의 질 개선과 학생 생활의 혁신에는 한계가 따르게 마련이다.

아이들을 시민으로 성장시키는 적합한 공간으로 학교만한 곳이 없다. 학교가 민주주의와 공공성의 가치에 충실한 공간으로 꾸며져야 하는 까닭이다. 기능적인 관점, 관리라는 관점, 경제성이란 관점 등 공간을 바라보는 시각은 다양하다. 그러나 어떤 시각이든 공공성과 공적 관계의 가치를 중심에 두어야 한다. 학교가 갖는 공교육의 성격과 공공성의 가치를 따로 생각할 수 없다.

그래서 아테네의 아고라 같은 광장이 학교에 있었으면 좋겠다. 아이들이 모여 학교 안팎의 여러 주제를 놓고 토론하고 논쟁하는 공간이 있다면 아이들은 시민성을 체득하고 올곧은 시민으로 성장할 것이다. 이런 공간을 만들지 못하는 이유는 예산이 없어서가 아니라 학생을 학교의 주인이나 공적인 시민으로 보지 않는 시각이 지배적이기 때문이다.

권위적인 학교 문화에서 민주적인 공간을 기대하기 어려운 것처럼 학교의 철학과 비전은 그대로 공간에 반영된다. 학교가 단순한 시설이 아닌 공간이 되기 위해서도 더불어 사는 삶과 배움이 녹아 있어야 한다. 그래서 공간의 민주성과 공공성은 교육의 공공성, 학교의 민주성과 함께 움직인다. 교육 혁신과 어우러진 공간에서 공적 가치를 함께 풀어 가는 시민의 학교를 꿈꾸자.

---

1) 산업사회 학교에 대해서는 7장에서 자세하게 다루고 있다.

2) 간혹 교장이 교무실을 같이 사용하는 학교도 있지만 대부분의 학교에는 교장실이 별도로 있다. 학교에서 혼자 사용하는 공간으로는 상담실, 보건실, 그리고 교과 교실 등이 있다. 그러나 대부분 학생교육 활동이나 생활과 연관된 공간이기 때문에 드나듦이 많다. 그러나 교장실은 혼자 사용하는 공간의 성격이 강하다. 대부분 교실 한 칸, 심한 경우 교실 두 칸을 교장실로 사용한다. 혼자 있지만 외부 손님 접대와 회의를 위해 테이블과 소파 등이 갖추어져 있고, 생활에 필요한 냉장고, 옷장, 책상과 책장 등의 집기가 마련되어 있다.
교장실은 학교 공간 중 권위적인 위치를 차지한다. 교장실의 위치도 그렇고 혼자 사용한다는 점, 그리고 집기와 가구가 다른 공간에 비해 비교적 호화롭다는 점, 교장이 사용하지만 청소는 다른 이가 한다는 점, 함부로 들어가기 어려운 공간이라는 점 등. 일부 교장은 교장실을 골방으로 표현하기도 한다. 이처럼 스스로 학생과 교사와 울타리를 치다 보니 자연스럽게 골방처럼 변한 학교도 많다.

3) 김민주가 쓴 『시장의 흐름이 보이는 경제 법칙 101』(2011, 위즈덤하우스)에서 정리함.

4) 사실 '중2병'이란 말은 조심스럽다. 신체적으로 정신적으로 폭풍 성장하는 아름다운 사춘기, 봄 같은 중학생 시기를 너무 쉽게 '병'(?)으로 단정하고 있기 때문이다. 중학생은 어른들의 눈으로 보면 정말 망나니 같은 존재일지 모른다. 그러나 지금 '중2병'은 자의식이 한창 성장하는 아이들을 나대는 존재로 싸잡아 버린다. 여기에는 어느 정도 비하의 의미가 담겨 있다.
중학생 시기는 인생에서 가장 예민하고 세심하게 살펴봐야 할 시기이기도 하다. 그런데 이런 아이들의 성장 과정에 나타나는 특정한 모습을 단지 '병'으로 치부할 수 있을까? 아이들의 성장 특성을 '병'으로 부르는 순간, 통제와 처벌 같은 처방이 내려지기 쉽고 아이들과의 공감과 소통은 단절된다.

5) 사실 학교에 놀이 공간이 많이 부족한 현실이다. 중고등학교는 말할 것도 없고, 초등학교에도 운동장의 놀이 시설 몇 가지를 빼면 변변한 기구를 찾아보기 힘들다. 학교에 놀이 공간이나 시설이 부족한 원인에는 놀이를 단순한 오락이나 유희로만 보는 인식이 작동한다. 그러나 놀이는 아이나 어른이나 살아 가는 삶의 중요한 부분이고 생활 자체다. 특히 놀이를 공부의 반대로 바라본 학교는 기존의 시선을 거두고 아이들의 놀 권리 보장을 위해 고민해야 한다.

6) 셉테드(CPTED)는 범죄를 예방하는 디자인으로 도시를 설계하는 기법을 말한다. 범죄가 빈번하게 발생하는 공간은 대개 어둡고 음침하고 사람들이 잘 가지 않는 곳이다. 이런 공간을 밝게 바꾸는 것만으로도 범죄를 예방하는 효과를 거둘 수 있다. 학교에도 적용 가능하다. 구석진 어두운 공간에 예쁜 벽화를 그리고 밝고 재미있는 곳으로 바꾸는 과정은 그 자체로도 즐겁다.

7) 이런 면에서 학교에 아고라와 같은 공간이 중요하다. 아테네의 민주주의는 아고라에서 시작했다. 아고라는 시민들이 모여 공동체의 일을 논의하던 열린 장이다. 이처럼 민주주의는 사람들이 모일 수 있는 열린 장이 우선 마련되어야 한다. 그래서 실내 학생회의실 공간은 물론 야외에 원형 계단과 같은 집회의 장소가 필요하다. 일단 모이면 일은 벌어지게 마련이다.
그리고 학생들의 의견을 언제든지 자유롭게 들어낼 수 있는 게시판의 확보 또한 필수다. 대학가 민주화의 열풍이 대자보를 통한 소통으로 이어진 것처럼 학교도 표현의 자유를 허해야 한다. 그러나 아직도 학교 게시판에 유인물을 부착하기 위해서는 학생부의 검인을 받아야 하는 학교가 있다. 자유로운 게시가 허용되지 않고 그런 공간을 확보하지 않은 학교에서 민주주의는 헛구호에 불과하다.

8) 이소영이 쓴 『엄마도 행복한 놀이터, 생태도시 프라이부르크로 떠난 놀이터 여행』 (오마이북)에 보면 아이들의 의견을 반영하고 함께 만들어 간 놀이터 사례가 잘 묘사되어 있다.

9) 미국 남북전쟁(1861년~1865년)에서 노예 해방을 내건 북군에 패한 미국 남부 주(州)에서 흑인을 지속적으로 차별하기 위해 만든 법으로, 미국 남부 11개 주에서 1876년~1965년까지 시행됐다. 「짐 크로 법」은 '공공시설에서 백인과 유색 인종 분리'를 골자로 한 법으로, 법의 명칭인 짐 크로(Jim Crow)는 1830년대 미국 코미디 뮤지컬에서 백인 배우가 연기해 유명해진 바보 흑인 캐릭터 이름에서 따온 것으로, 흑인을 경멸하는 의미로 사용되어 왔다. 특히 이 법은 1896년 미국 연방법원이 '분리되었지만 평등하다(separate but equal)'며 합헌 판결을 내린 것으로 잘 알려져 있다.
출처 「네이버 지식백과」, 「짐 크로 법」 (시사상식사전, 박문각)

10) 최근 교육부와 일부 교육청에서 학교 공간을 재구성하는 정책 추진은 긍정적이다. 아무래도 학교 공간의 재구성에는 많은 예산이 필요하기 때문에 단위 학교 차원에서 실천하기 어려운 점이 있다. 그러나 막대한 예산과 일방적인 정책 집행만으로는 소기의 성과를 거두기 어렵다. 학교마다 처한 특성이 다르고 더욱 문제인 것은 학교 공간을 보는 시각과 철학이 얼마나 변화했는가가 중요하기 때문이다.
그래서 예산을 수립하고 투입하기 전에 공간을 바라보는 아니, 교육을 바라보는 관점을 바꾸는 노력이 우선되어야 한다. 더디기는 하겠지만, 교사를 비롯한 교육 주체를 대상으로 하는 공간 관련 프로그램을 개발하고, 특히 교육청 관료나 학교 관리자를 대상으로 하는 교육이 필요하다. 나아가 교대나 사범대학의 커리큘럼에 포함하는 방법도 추진할 필요가 있다. 사실 돈보다 교육적이고 인권 친화적이고 민주적인 눈으로 학교 공간을 들여다보는 관점의 변화가 우선이다.

2부

교육 주체의
시민성

이야기를 시작하기 전에 서종중학교의 교훈을 살펴보자. 학교 구성원의 토론 과정을 거쳐 만들어진 교훈은 '열린 지성, 따뜻한 감성, 함께하는 성장'[1]이다. 서종중학교의 교훈은 자신만의 행복이 아닌 타인을 이해하고 배려하며 소통할 줄 아는, 스스로 삶을 기획하고 사고하며 자유와 평등 같은 공동체의 공적 가치를 위해 고민하고 실천하는, 마음이 따뜻한 '공적 시민'으로 성장하는 데 초점을 맞추고 있다.

교사는 보통 수업을 잘하려고만 하지 왜 하는지에 대해서는 깊게 고민하지 않는다. 어떻게 하면 아이들에게 책을 많이 읽게 할까는 걱정하는데, '왜 책을 읽어야 하는지'는 충분히 생각하지 않는다. 융합 수업을 어떻게 하면 효과적으로 할 것인가는 함께 논의하지만, 왜 융합 수업이 필요한가에 대해서는 함께 공부하지 않는다.

우리는 매일 학교에서 수업도 하고 놀기도 하고 밥도 먹고 운동도 하고 여행도 하고 다투기도 하지만, '왜 학교에 나와야 하는지, 왜 많은 시간을 학교에서 보내야 하는지, 왜 학생과 교사는 만나야 하는지'에 대한 근본적인 이야기를 나누지 않는다. 이제부터라도 교육에 대한 근본 질문을 해야 한다.

서종중학교 교훈이 새겨져 있는 상징물

학교는 교육 3주체의 고민이 강처럼 흘러 모여드는 바다 같은 곳이 되어야 한다. 교육에 대한 근본적인 고민은 학교의 비전과 철학을 공유하는 것에서 출발한다. 그리고 구체적으로 실천해 가는 과정에서 중요한 것이 주인의 마음과 행동이다. 여기서 주인의 삶은 스스로 결정하고 행동하며 책임지는 '자기 결정권자'로서 시민의 삶과 같다.

특히 공공성의 가치가 국가에 의한 하향식의 지시와 통제가 아니라 구성원 스스로 문제를 찾아 해결해 가는 상향식 과정에 중점을 두기에 더욱 그렇다. 현실이 그러지 못하더라도 학교 구성원 모두에게 시민의 권리는 보장되어야 한다. 하지만 여러 이유로 그 권리와 참여가 제한된다. 교육 혁신은 교육 주체의 자발적인 참여와 연대 없이는 불가능하기 때문에 주인과 시민으로 살아가는 삶은 혁신의 뿌리와 같다.

학교의 모습은 많이 달라졌다. 학생 인권을 강조하고 학교민주주의가 화두로 등장한다. 무상 급식[2]과 9시 등교, 체벌 금지와 야간자율학습 제한 등의 변화는 결코 작은 변화가 아니다. 이제 학교가 가야 할 길을 제대로 찾아야 한다. 그 길은 바로 이전부터 그랬듯이 시민을 키우는 길이다.

....

1) 열린 지성은 비판적이며 창의적인 사고로 공적 가치를 함께 고민하고 소통하는 것을 의미한다. '따뜻한 감성'은 감성과 감수성을 바탕으로 타인의 입장을 이해하고 배려하는 공감 능력을 높이는 교육을 뜻한다. '함께하는 성장'은 사회에서 타인과 함께 연대하고 협력하며 개인의 성공을 넘어 공동체의 건강한 시민으로 성장하는 교육을 지향하고 있음을 보여 준다.

2) 학교에서 먹는 밥을 학교 급식이라고 한다. 사전에서 급식을 찾아보면, '식사를 공급하는 것 또는 그 식사'라고 적혀 있다. 따라서 학교 급식은 '학교에서 제공하는 식사'다. 보편적 복지와 선별적 복지 논쟁을 일으켰던 '무상 급식'은 학교 급식에 드는 비용을 세금으로 충당하는 방식이다. 즉, 학생이나 보호자에게 급식비를 별도로 요구하지 않고 정부나 교육 기관에서 부담한다. 그래서 '무상'은 '특정 행위에 대해 보상이나 대가가 없는' 것으로 '공짜'라고 생각하기 쉽다.
그러나 급식에 드는 비용을 개별적으로 직접 내든, 세금 형태로 내든 결국 국민들이 부담하기 때문에 엄밀하게 '공짜'는 아니다. 학교 생활은 공적인 영역이기 때문에 '무상 급식'이란 말보다는 '공공 급식' 또는 '책임 급식'이란 단어를 사용하는 게 좋다. 불필요한 오해의 소지를 없애고 의미를 분명하게 전달할 수 있기 때문이다. 사회에서 급식은 복지지만 학교에서 급식은 교육이기도 하다. 교육 공공성의 눈으로 아이들 밥을 바라보면 좋겠다.

4장 학생은 당당한 시민이다

* '학생답다'와 착한 아이

우리는 착하다는 말을 자주 한다. '착한 아이 콤플렉스'가 있다. 다른 사람으로부터 착하다는 평을 받기 위해 자신의 욕구를 억압하는 행동을 하게 되는 현상을 말한다. '착하다'가 말을 잘 듣는 것으로 내면화되면 자신의 생각보다 타인의 판단을 신봉하게 된다. 그러면 그럴수록 자신감을 잃고 우울하게 될 가능성이 높다. 심할 경우 어른이 되어서도 변하지 않는다.

교사나 부모 또는 어른으로부터 사랑받기 위해서는 모범적인 학생이 되어야 한다는 강박은 종종 순종하는 행동으로 나타나기도 한다. 모범적이란 단어는 어른들의 말을 잘 듣는 학생, 자기에게 주어진 역할을 성실하게 수행하는 학생을 말한다. 공부를 잘하는 학생이 대개 모범생으로 평가받는다.

그런데 착한 아이로 키워야 한다는 주장 이전에 아이를 착하다 모범적이다, 반대로 불량[1]하거나 문제아라고 나누는 것은 바람직하지 않다.

몇 가지 특정한 행동만으로 아이를 이렇다저렇다 이분법적으로 단정하는 것은 피부색이나 재산, 나이, 성별, 외모 등 특정한 기준으로 구분하는 것과 같다. 그리고 이런 구분은 인간다움과 인권을 훼손하는 편견이나 차별로 이어진다.

한편 이런 잘못된 기준과 섣부른 판단은 학생들의 자유로운 사고와 행동을 위축시킨다. 고정된 역할 기대는 학생을 일정한 틀에 가두기 때문이다. '착하다'라는 범주에서 벗어나지 않으려는 자기 검열로 생각과 행동은 위축되기 쉽다. 아이들이 스스로 어른들에 의해 쌓여진 고정관념의 담장을 넘어 날아가기는 결코 쉬운 일이 아니다.

인권 관련 학술대회에 참석했다가 일본의 학생 인권 실태보다 급격하게 보수화되는 일본 사회에 더 놀란 적이 있다. 일본 사회의 보수화는 아베 정권 이후 더욱 노골화되는데, 아베 정권은 2006년 「교육기본법」 개정을 통해 그동안 교육기본법에 의해 '부당한 지배'였던 일본 국가 기미카요를 강제할 수 있는 근거를 마련했다. 그리고 최근에는 군국주의에 이용당했다는 비판 때문에 사라졌던 '도덕'이 다시 교과의 지위를 회복하는 등 그 영향이 교육 전반에 미치고 있다.

우리의 사정은 어떤가? 박근혜 정부 때 시도했다 무산된 몇 가지 정책은 정권의 뒤바뀜에 따라 언제든지 다시 등장할 수 있다. 국기 게양식 부활의 움직임이나, 학교 현장의 안보 교육 강화, 역사 국정 교과서 문제 등이다. 게다가 일본군 성노예 문제를 무마하려는 지난 정부의 움직임까지 그 흐름이 일본과 너무나 유사하고 언제든지 다시 거론될 수 있다는 점을 명심해야 한다.

이 가운데 학교에 직접적으로 영향을 끼친 부분이 「인성교육진흥법」

이다. 이 법은 세월호 사고 이후 제정이 논의되었다고 한다. 세월호 사고의 원인을 잘못된 인성의 문제로 보는 시각에서 불거졌다. 승객들에게 가만히 있으라고 방송한 후 먼저 도망친 선장과 선원들의 인성 때문에 그 죄 없는 생명이 바다에 버려졌다는 발상은 진실을 은폐하고 호도할 수 있다.

이에 대한 의문을 뒤로하고 이 법을 자세히 들여다보자. 이 법에 담긴 인성의 중요 가치는 '예절, 효도, 정직, 책임, 존중, 배려, 소통, 협동' 등이다. 건전하고 올바른 인성을 갖춘 시민을 육성한다는 입법 취지에 담겨 있듯이 어릴 때부터 교육을 통해 착하고 바른 인간을 길러 내겠다는 데 목적이 있다. 기성세대의 입장에서 볼 때 착하고 말 잘 듣는 아이가 모범적인 아이다. 그렇다면 학교는 착한 아이를 길러 내는 데 방점을 찍어야 하는가?

장애를 가진 친구를 위해 초등학교 6년 동안 쭉 같이 다닌 착한 아이가 있다. 그런데 이 아이는 중학교에 들어와 심한 스트레스와 고민을 안게 된다. 장애를 가진 친구와의 관계 때문이다. 곁에서 돌봐 주고 챙겨 주어야 한다는 부담에 지쳐 버린 것이다. 어려운 상황의 친구를 배려하지 않으면 '착하지 않다'라는 생각에 무척 힘들어했다. 그러나 장애를 가진 친구는 그 아이의 그런 고민을 이해하지 못했고 결국 둘의 사이는 멀어지게 되었다.

여기서 누구를 탓할 수 있겠는가? 이렇게 개인적인 '착함'은 사람과 사람의 관계에서 일방통행 같은 '배려'로 나타나기도 한다. 착함에 얽매인 배려는 결국 심각한 피로감으로 이어지기도 한다. 그래서 원활한 양방향의 관계가 되기 위해서도 배려가 아닌 권리가 동반되어야 한다. 나의 권리와 다른 사람의 권리가 동등하게 고민되고 보장될 때 배려해야 한다는 강박도 사라진다.

그리고 개인적 덕목인 '착함'만 이야기할수록 사회 구조적 변화는 덜 신경 쓰게 된다. 사회 문제를 해결하는 방법으로 선한 마음이 중요하지 않은 것은 아니지만 착함만으로 사회 불평등을 해소하지는 못한다. 아프리카의 굶주리는 아이들을 위한 기부는 중요하다. 그러나 빈곤과 기아의 문제를 기부로만 해결할 수는 없다. 학교에서 발생하는 불평등과 차별 등 다양한 문제도 마찬가지다. 착한 심성을 가진 아이만으로 그런 문제를 해결할 수는 없다.

오히려 선행이 사회 불평등을 심화시키는 수단으로 작동할 수 있다. 선의의 행동이 결과적으로 사회 문제를 수면 아래로 가라앉게 한다면, 사회는 마치 아무 문제없는 것처럼 왜곡될 수 있다. 심지어 사회의 책임을 회피하기 위해 개인의 탓으로 돌리는 경우도 많다. 이처럼 개인의 착함만으로는 해결하지 못하는 사회적 영역이 존재한다. 그게 권리의 영역이다.

심성이 착한 아이가 잘못됐다는 것이 아니다. 착한 아이만을 강조하는 이면에는 국가 주도의 신민을 전제하고 있는 것이 아니냐는 의문이 들기 때문이다. 역사적으로 우리나라의 시민 교육은 순종과 충성을 강조하는 신민 교육에 머문 것이 사실이다. 그래서 국가 정책에 비판적이고 저항적인 시민보다는 순종하는 국민을, 권리보다는 의무를, 인권보다 인성을 강조한 것 아니냐는 합리적 의심이 가능하다.

또한 공공성을 국가와 일치시키려는 경향이 강하다. 즉, 국가가 하는 일이 공적인 것이고 국민은 국가에 충성해야 한다는 주장이다. 그러다 보니 시민은 국가(정책)에 순응하는 '착한' 존재가 우선이었다. 그러나 공공성은 '구성원이 공적인 가치를 열린 공간에서 함께 머리를 맞대고 참여'해 풀어 가는 것을 의미한다. 따라서 오히려 국가의 전횡과 독주를 막을 수 있는 길이 공공성이고 시민이다.

역시 박근혜 정부 때 일이다. 인사혁신처가 내놓은 공무원법 개정안을 보면 '애국심, 민주성, 청렴성, 도덕성, 책임성, 투명성, 공정성, 공익성, 다양성'의 9대 공직 가치가 담겨 있었다. 그러나 총리의 지시로 수정 의결된 공무원법 개정안에는 애국심, 책임성, 청렴성만 살아남았다. 안타까운 일이다. 그때 사라진 가치들이 공동체에 참여하는 시민의 중요한 덕목인 것은 누구나 다 아는 사실이다.

이런 움직임은 우리 사회가 '시민'이 아닌 '신민'의 과거로 후퇴하고 있음을 보여 주는 사례다. 시민이 갖추어야 할 덕목은 권리와 사회적 책임, 비판적 의식과 실천하는 삶, 다양성을 존중하고 소통하는 자세 등 여러 가지가 있다. 물론 개인적 인성은 중요하다. 그러나 학교는 공교육을 담당하는 기관으로 인성 교육과 함께 시민 교육에 초점을 두어야 한다. '착한 아이'가 저절로 공동체의 '시민'으로 성장하는 것은 아니기 때문이다.

* 배려가 아니라 공감이다

앞서 잠깐 언급한 '배려'에 대해 더 생각해 보자. 대학입시는 우리나라 국민의 가장 큰 관심사 중 하나다. 현재 대학입시는 수시와 정시, 학생부와 수능, 교과와 종합, 특기자 등 매우 다양한 전형이 있다. 그중에 저소득층, 차상위 계층, 다문화 가정, 한 부모 가정 등을 대상으로 하는 '사회적 배려자 전형'이 있다. 좋은 대학에 들어가는 것이 교육의 유일한 목적처럼 변질되고 한 치의 양보도 용납되지 않는 냉혹한 입시 경쟁에서 '배려'라는 말이 등장하니 한편으로 생뚱맞기도 하다.

현 입시 경쟁 체제에서 사회적 약자가 동등한 선에서 출발하기는 어렵다. 그래서 단순히 기회 균등에 머물 수도 있겠지만, 기회조차 얻기 힘든 약자의 권리를 보장하기 위한 제도는 바람직하다. 그런데 왜 '배려' 전형일까? 배려는 도와주고 은혜를 베푸는 행위다. 강자가 약자를 가엽게 여기는 마음에 동정을 베푸는 배려는 과연 적합한 말일까?

사회적 약자도 엄연히 교육의 권리가 있으며 국가는 이를 보장해 주어야 한다. 부모의 사회경제적 배경 때문에 교육의 불평등이 초래되고 불평등이 세습된다면, 이는 개인의 능력과 다른 차원인 사회적 문제다. 그리고 교육 불평등을 해소하고 배움의 권리를 보장하기 위한 제도이기 때문에 '배려'가 아니라 '권리'다. 배려는 굳이 하지 않아도 되지만 권리는 반드시 실현해야 하는 사회적 책무에 해당한다.

아이들이 보호받아야 하는 이유도 배려가 아닌 권리를 더 특별히 보장하기 위해서다. 학생들이 미성숙하거나 나이가 어려 권리를 제대로 보장받지 못한다면 더 특별한 권리 보장 방안을 갖추어야 한다. 초등학생이 학교 예산을 잘 이해하지 못한다면 이해하기 쉬운 맞춤형 자료를 만들어 제공하는 것이 어른의 몫이고 학교의 책임이다.

그럼에도 불구하고 학생을 보호한다는 명분으로 권리를 제한하는 경우가 허다하다. 너희들은 어리기 때문에 '하면 안 돼', '가면 안 돼'와 같은 금지의 행위가 그 예이다. 노키즈존(No Kids Zone)[2] 식당이 늘고 있다고 한다. 노키즈존은 어른들만의 만족과 편의를 위해 아이들을 배제하는 혐오와 차별을 담은 공간이다. 사실 아이들을 보호하기 위해 출입을 제한하거나 통행을 금지하거나 표현을 막는 행동 대부분이 어른들의 이익을 추구하고 직무를 유기하는 행위다.

어른의 입장에서는 제한하고 통제하는 것이 가장 손쉬운 방법이다. 아이들의 권리를 보호하기 위해서는 시간과 돈, 노력이 훨씬 더 많이 들어간다. 쉽게 설명하기 위해 자료를 따로 만들어야 하고, 학생의 참여를 보장하기 위해 법과 제도를 다시 정비해야 하고 답답해도 참고 기다려야 한다. 이런 이유 때문에 형식적으로만 학생의 참여를 인정하거나 아예 금지하는 경우가 많다.

『동정은 싫다』[3](1994)는 조지프 P. 샤피로가 미국 장애운동의 역사를 정리한 책으로 우리나라 장애인 투쟁에 적지 않은 영향을 주었다. 장애인에 대한 편견과 차별의 시각을 구체적으로 말하고 있으며 비장애인의 시선이 아닌 장애인이 시선에서 '동정'이 아닌 '권리'를 이야기하고 있다. 이 책의 주장처럼 사회적 약자의 입장에서 사회에 바라는 것은 '동정'이 아니라 함께 연대하는 '공감'의 시선이다.

동정과 공감은 다르다. 부자가 가난한 사람을 일정한 거리를 두고 가엾게 바라보는 시선이 동정이라면 공감은 부자의 시선이 아닌 가난한 자의 입장에서 삶과 문제를 바라본다. 상대방이 슬프거나 아프다고 할 때 나도 같이 '곁'에서 슬픔과 아픔을 느끼고 함께 해주는 행동이 공감이다. 단순하게 슬퍼하거나 안타까워하는 것에 머물지 않고 적극적인 실천으로 이어지는 행동이다. 그래서 공감은 저절로 되지 않으며 힘써 배워야 하는 시민의 덕목이다.

아이들이 보호받는 이유는 동정의 대상이기 때문이 아니다. 당당한 인간이고 시민이기 때문에 인권[4]과 시민의 권리를 보장해야 하는 것이다. 아이들의 권리보장을 위해서는 아이들과 공감하는 노력이 우선되어야 한다. 아무런 노력 없이 가만히 앉아서 상대방의 입장이 되기는 쉽지 않다. 적극적으로 감정을 이입하고 상대방의 입장에서 생각하는 노력이 공감의 자세다. 배려가 동정이라면 권리는 공감이다.

'손석희의 앵커 브리핑'에서 오바마 전 미국 대통령의 이야기를 감명 깊게 본 적이 있다. 정치권에서 대법원장 관련 뉴스가 메인을 장식하던 때로 기억한다. 오바마 전 대통령은 2007년 7월 대선 유세에서 이렇게 말한다. "우리에게는 어린 나이에 미혼모가 되는 것이 어떤 것인지 아는 마음, 가난하게 살거나, 흑인으로 사는 것, 장애인으로 사는 것, 노인으로 사는 것이 어떤 것인지 이해하는 마음, 곧 공감을 지닌 사람이 필요합니다."[5]

바로 연방대법원 판사의 선임 기준으로 내세운 것이다. 오바마 전 대통령은 학벌이 좋은 판사가 아니라, 부유하거나 좋은 집안의 백인이 아니라, 경력이 많은 판사가 아니라 공감할 줄 아는 판사를 원했던 것이다. 그 이유는 사회를 더 정의롭고 민주적이며 따뜻하고 인간다운 곳으로 만드는 데 공감이 매우 중요하기 때문이다. 이 공감 능력은 시민성의 핵심 요소이기도 하다.

* 만남과 소통의 학교

「학생인권조례」 제정 초기 인권 관련 토론회나 공청회 등에 참여한 적이 있다. 다양한 주장과 의견이 나누어지는 자리에서 학교가 아이들 생활 규정에 얼마나 많은 에너지를 낭비하고 있는지 알 수 있었다. 「학생인권조례」를 반대하는 어느 교감은 학생들의 양말 색깔까지 규제하는 현 교칙[6]을 바꾸면 안 된다고 주장하기도 했다. 양말색이 다르면 서로 누구 양말이 더 예쁜지 비교하고 떠드느라 공부에 전념하지 못한다는 생각이었다.

정도의 차이는 있지만 아직도 학교에는 세세한 규정이 많다. 그런데 행동을 통제하는 규정이 많을수록 자유는 제한된다. 여기서 자유는 몸과 정신 모두 해당한다. 감옥의 경우 죄수의 행동 하나하나를 규제한다. 옷을 입는 방법, 걷는 자세, 밥을 먹는 방식 등 촘촘하게 짜여진 규칙은 자유롭고 다양한 생각을 차단한다. 쉽게 말해 복장과 행동에 신경 쓰느라 자유롭게 상상하고 생각할 여유를 갖지 못한다.

또한 신체에 대한 과도한 규제는 자기 검열을 낳기도 한다. 자기 검열이란 누구도 대놓고 강제하거나 제한하지 않지만 어떤 위협이나 피해로부터 벗어나기 위해 본인이 스스로 자신의 감정이나 주장에 대해 다시 생각해 보는 행위를 말한다. 정부의 탄압이나 처벌을 피하기 위해 학문이나 예술의 자유를 스스로 제한하는 것과 같다. 권력이나 힘이 있는 상대의 감정을 건들지 않기 위해 스스로 자유로운 상상을 포기하고 위축되기도 한다.

이슬람의 히잡[7]은 얼굴만 드러내고 상체를 가리는 두건을 말한다. 차도르(Chador), 아바야(Abayah), 부르카(Burqah) 등도 조금 차이가 있지만 여성의 몸을 가리는 복장이다. 이런 복장에 대한 제한은 단순하게 신체의 자유를 제한하는 것에서 끝나지 않는다. 몸가짐을 흐트러짐 없게 해야 한다는 규정은 자유로운 생각까지 통제한다. 이처럼 신체에 대한 세세한 제한과 통제는 다른 영역까지 얽매이게 만든다.

학교도 교복을 입히고 복장 규정을 엄격하게 함으로써 단정한 학생을 요구하는지 모른다. 창의력과 상상력이 필요한 게임회사나 벤처기업을 보면 내부 규정이 느슨하거나 거의 없다. 직원들은 자유롭게 출근하고 퇴근하며 언제 어디서든 업무를 본다. 쉬고 싶을 때 편하게 쉴 수 있고 복장도 자유롭다. 자유로움 속에서 번뜩이는 아이디어가 창출된다고 믿기 때문이다.

서종중학교는 몇 년 전 학생, 보호자, 교사의 의견을 모아 학생생활규정을 전면 개편했다. 이때 학생의 사생활과 관련되는 두발, 복장과 관련된 조항은 하나도 넣지 않았다. 조항이 없다는 것은 아무런 제약을 가하지 않는다는 말이다. 물론 우려가 많았다. 그중에 하나가 염색 머리였다. 그러나 염색도 개인의 자유에 해당하는 사안이기 때문에 관련 조항 자체를 아예 삭제했다.

염색을 하지 못하게 하는 근거로 학생의 건강을 들기도 하지만 결국은 학생을 통제하기 위함이다.[8] 생활규정 개정 후 결과를 보면 어른이나 교사의 우려는 말 그대로 기우에 불과함을 알 수 있었다. 몇 아이가 파랗게 염색을 하고 모히칸 머리를 했지만, 그것으로 끝이었다. 언제든지 그렇게 할 수 있는데 굳이 기를 쓰고 염색할 이유가 없었던 것이다.

소위 문제 학생들이 염색을 많이 하거나 교복을 변형해 입는다고 한다. 그러나 그렇게 하는 이유는 금지하기 때문이다. 어른이나 학교의 통제를 받기 싫기 때문에 저항의 표현으로 염색을 하고 교복을 변형해 입는다. 친구들에게 '나는 다르다'라는 점을 과시하기 위해서도 그렇게 한다. 왜냐하면 염색 머리는 아무나 할 수 있는 행동이 아니기 때문이다. 그러나 이제 그런 상징성과 이유가 사라졌다.

그렇게 두려워하고 반대하던 교사나 보호자도 오래지 않아 학생들의 변화에 덤덤해졌다. 아이들과 머리 때문에 신경 쓰고 사이가 벌어졌던 과거에 비하면 너무 행복하다고 한다. 전에는 염색한 머리를 보면 걱정이 앞섰지만 이제 그 변화를 느끼지도 못할 정도로 익숙해졌고 오히려 염색한 아이들이 예쁘게 보인다고도 한다. 어쩌면 이런 담담하고 소소한 반응이 아이들과의 만남과 소통을 위한 자연스러우면서도 매우 중요한 변화라고 할 수 있다.

사실 소통이란 말이 유행처럼 번지지만 소통이 만남으로만 이루어지는 것은 아니다. 어느 정치인이 시민과 소통을 잘한다고 한다. 그런데 내가 보기에는 문제가 있는 소통이다. 그 정치인은 소통의 근거로 참 많은 사람들을 만난 것을 수치로 제시했지만 여전히 불통이란 이미지가 강하다.

그 사람은 다른 사람의 말을 듣지 않고 주로 자신이 이야기를 주도했다. 한 시간의 미팅이면 4, 50분 동안 자기만 말하는데 만나는 것만으로 소통이라고 할 수는 없다. 소통을 빙자한 독불장군일 뿐이다. 어쩌면 이런 사람은 아예 다른 사람과 만나지 않는 독단의 정치인보다 더 무서울 수 있다. 자신이 자신을 모르기 때문이다.

소통은 듣는 것에서 시작하는데, 남의 말을 듣는 게 여간 어려운 일이 아니다. 내가 하고 싶은 말이 있어도 꾹 참아야 한다. 그게 쉽지 않다. 한 시간 정도 아이와 상담을 하고 나면 온몸에 힘이 빠지는 경우를 종종 경험한다. 힘든 이유는 말을 많이 해서가 아니다. 아이의 말을 공감하며 들어 주었기 때문이다. 이처럼 남의 말을 잘 들어 주는 것은 엄청난 에너지를 소비하는 일이다.

통제와 규정이 많은 학교는 소통에 소홀한 학교다, 일방적 권력 관계에 의한 지시와 통제의 문화 때문에 수평적인 대화는 불가능하다. 교육은 인격적이고 평등한 만남을 전제로 하기 때문에 소통 없는 만남은 교육적 만남이 아니다. 그래서 시민성의 주요 역량 중 하나가 소통 능력이다. 소통 능력은 말을 배우는 것이 아니라 듣는 자세, 즉 존중하고 공감하는 자세를 배우는 것이다.

* 관계 맺기와 학교 폭력

서울 시내 11개 교육지원청에 교권·학교 폭력 담당 변호사가 배치돼 교사들의 학교폭력대책자치위원회(학폭위) 업무를 지원하고 교권 침해에 대응한다. 서울시교육청과 서울시교원단체총연합회, 전국교직원노동조합 서울지부는 22일 교육청에서 발표한 공동성명을 통해 "교사들이 수업과 생활 지도 등 본연의 업무 대신 학폭위 업무 등 비전문적인 법률적 업무에 과도한 에너지를 쓰고 있어 교권·학교 폭력 담당 변호사가 필요하다."며 이같이 밝혔다.

이들은 서울시교육청 산하 교육지원청 11곳에 교권·학교 폭력 담당 변호사가 포함된 전담팀을 구성해 각 학교 학폭위 등을 지원할 수 있도록 관련 법률을 개정해 달라고 교육부에 요구했다. 학교 폭력이 발생했을 때 일단 학교에서 교육적으로 지도한 뒤, 법률적으로 해결해야 할 경우에는 지역교육지원청의 전담팀에서 해결하도록 하겠다는 계획이다. 교육청은 법률 개정 이전까지 한시적으로 교육지원청에 변호사를 파견해 학폭위 지원 업무를 맡길 계획이다.[9]

실제 최근 몇 년 사이 학폭위에 가해 학생의 부모가 변호사를 대동하고 등장하는 일이 빈번해지고 있다. 지방의 한 중학교 교사는 "교실에서 벌어지는 전형적인 주먹다짐 싸움이었는데 가해 학생의 부모가 변호사를 대동하고 학폭위에 나왔다. 모든 의견 진술과 절차 진행을 변호사가 주도했다."면서 "그 자리가 학생 간의 화해를 위한 자리인지 법정인지 순간 혼란스러웠다."고 말했다.

학폭위가 변호사업계의 돈벌이 대상으로 전락한 이유는 말 그대로 돈이 되기 때문이다. 학교에서 진행되는 학폭위는 사법 절차와 유사한 형태로 진행되지만 엄밀히 말해 사법 절차는 아니다. 그 과정에서 학폭위 구성원의 자격 문제, 교사가 학생으로부터 진술서를 받는 과정에서의 문제, 의결 과정에서의 절차 진행 등 법적으로 허술한 부분이 나온다. 변호사들이 이 부분을 노린다는 것이 교육계의 주장이다.[10]

위 두 기사는 학교 폭력과 변호사에 관련된 기사로 내용은 유사하지만 1년의 시간 차이가 있다. 두 기사 모두 현재 학교 폭력 문제[11]의 심각성을 잘 드러내고 있다. 사실 현장에서 학생들을 직접 만나며 생활하고 있는 교사들의 고민은 매우 절실한 상황이다. 학교에서 교사가 하지 말아야 할 업무를 하나 고르라면 단연코 학교 폭력 관련 업무[12]라고 말할 수 있다. 누구도 그 일을 맡지 않으려 하니 신임 교사가 밀려 떠맡는 학교가 많다.

현재 학교 폭력의 가장 심각한 문제는 교육이 아닌 법으로만 해결하려는 생각이다. 「학교 폭력 예방 및 대책에 관한 법률」(이하 학교 폭력자치법)에 의한 학교 폭력 사안의 처리는 마치 범죄를 다루는 과정과 같다.[13] 교사가 교육적인 차원에서 접근하는 것을 차단하고, 자치위원회에 회부하는 것을 원칙으로 한다. 학교 폭력 문제가 처리되는 복잡하고 세세한 절차와 과정에서 교육의 힘을 찾아보기는 힘들다.

가해자와 피해자를 엄격하게 구분 격리하고, 학교의 독자적인 판단을 존중하지 않으며, 전과 기록처럼 학교 생활기록부에 기재하는 시스템은 교육적으로 절망에 가깝다. 학교 폭력은 어느 순간 학교의 학칙이나 교육이 아닌 학교 밖의 법으로 해결하려는 방향으로 돌아섰다. 엄밀하게 말하면 학교도 사회도 아니고 교육도 법도 아닌 어정쩡한 해결안이다.

시냇물에 오물이 생겨도 흐르는 물은 자정 능력을 갖추고 있어 다시 깨끗한 수질을 회복한다. 교실도 자연의 냇물과 마찬가지로 자정 능력을 가지고 있다. 교실에는 많은 아이들이 생활하기 때문에 갈등이 생길 수밖에 없다. 갈등은 서로에 대한 다름을 인정하고 존중하는 배움을 통해 회복 가능하다. 그런데 지금 학교 폭력에 대처하는 방식은 교실 공동체 안에서 해결할 수 있다는 믿음을 원천 봉쇄하고 있는 것 같다. 학교에서 생긴 문제는 학교에서 아이들 '관계'를 통해 풀어 가는 게 맞다. 만약 부모가 아이들 문제에 끼어들면 수렁으로 더 깊게 빠지게 되는 경우가 많다. 자녀에게 무슨 일이 생기면 득달같이 학교로 달려오는 부모가 있었다. 교사에게 큰소리를 내거나 심지어 관련된 아이를 찾아 직접 야단을 치기도 했다. 자녀의 안전과 행복을 위한 어머니의 마음은 이해하지만 방식이 잘못된 경우다. 문제 해결도 불가능하고 자녀는 결코 친구들과 좋은 관계를 맺을 수 없다.

물론 학교 내에서 해결하는 방식도 과거와 같은 선도 중심의 방식에서 벗어나야 한다. 잘못된 행동에 벌을 주는 교칙은 중요하다. 그러나 아이들의 갈등과 문제를 모두 엄격한 규정과 제제만으로 해결할 수는 없다. 특히 학교 폭력은 학생들의 관계가 무너지고 상대 권리를 침해한 행동이기 때문에 그 관계를 다시 복원하는 방향에서 대안을 찾는 게 바람직하다. 최근 많은 학교에서 도입하고 있는 회복적 생활 교육이나 평화 교육[14]은 좋은 예이다.

회복적 생활 교육은 인과응보의 관점이 아니다. 피해자와 가해자를 격리하지 않고 함께 서로를 이해하는 과정을 갖는다. 보통 가해 학생이라고 불리는 문제를 일으킨 학생이 상대방의 입장과 감정을 받아들이면서 자신의 잘못을 인정하고 책임지도록 한다. 피해를 입은 학생도 마음에 담았던 이야기를 함으로써 둘 모두 감정과 상처를 치유하는 과정이다. 학교 폭력으로 인한 관계의 단절을 걱정하고 서로 공감의 태도를 갖는 데 초점을 맞춘다.

이처럼 학교 폭력을 해결하는 가장 좋은 방법은 관점의 변화[15]와 함께 좋은 관계 맺기의 힘을 키우는 길이다. 학교에서 인지 훈련이나 많은 지식을 쌓는 것은 중요하다. 그러나 그것만으로는 부족하다. 특히 인지 영역만을 강조하는 순간 타인을 존중하고 공감하는 연습을 하지 못할 수 있다. 오히려 타인을 경쟁 상대로만 인식하게 된다면 '나쁜 관계 맺기'와 학교 폭력의 요인이 될 수 있다.[16]

학교 폭력이 심각한 학교는 대개 농촌보다 도시에 위치한 학교인 경우가 많다. 작은 학교보다는 큰 학교에서 발생 비율이 높다. 농촌이나 작은 학교에서 학교 폭력이 드물게 일어나는 이유는 단순하게 학생 수가 적어서가 아니라 서로 잘 알기 때문이다. 서로 잘 아는 사이는 상대를 이해하고 공감하기 쉽기 때문에 '좋은 관계 맺기'가 수월하다.

「파수꾼」이란 영화는 어설픈 소통이 낳은 슬픔을 그대로 보여 준다. 영화는 순수하고 천진난만한 학창 시절을 배경으로 한다. 독단적 우정으로 인한 폭력은 서로에게 큰 상처를 주고 결국 성숙하지 못한 소통은 죽음으로 이어진다. 서로 최고의 친구라 생각했는데 결국 비극으로 끝맺는 이 영화가 우리를 더욱 슬프게 하는 이유는 관계 맺기의 어려움을 겪는 아이들의 현실을 떠올리기 때문이다.

욕을 많이 하고 친구들에게 상처를 주는 행동을 주저 없이 하는 것도 관계 맺기 공부가 부족한 생활에 원인이 있다. 아이들은 얼굴과 표정을 보면서 서로의 감정을 교환하는 데 익숙하지 않다. 서로 눈을 마주보고 고개를 끄덕이는 것이 대화임에도 아이들은 얼굴을 마주보지 않은 채 SNS나 게임을 하면서 이야기를 나눈다. 이처럼 대면적 관계 맺기가 부족한 삶은 학교 폭력과 연결되기 쉽다.

학교 폭력 사안을 처리하는 방식을 보면 (학교 폭력자치)법은 서로의 관계를 단절하는 방법을 취하는 반면, 교육은 서로 좋은 관계를 맺고 정상화하는 데 주안점을 두고 있다. 여기서 관계 맺기는 공동체에서 살아가는 과정으로 공적 가치를 추구하고 인권을 존중하는 삶과 같다. 교육은 이런 삶과 만남에서 시작하는 것이기 때문에 좋은 관계 맺기는 바로 교육의 목적이기도 하다.

* 교육은 인권이다

2012년부터 지금까지 7년 동안 교문에서 아이들을 맞이하고 있다. 내가 아침에 아이들을 맞이한 계기는 선도부의 기억 때문이다. 아이들이 매일 등교하는 교문에 학생부장과 선도부 학생들이 도열해 있는 모습을 7,80년대 학교를 다닌 사람이라면 기억할 것이다. 그런 위압적인 분위기에서 하루를 시작하는 아이들은 학교에 오고 싶을까? 그렇지 않아도 학교 가기 싫은 날이 수두룩한데. 중고등학교 내 경험에 비추어 보더라도 교문에 도열한 선도부와의 갈등은 그리 유쾌한 기억이 아니다.

아침 일찍 교문에 나가 있으면 행복하다. 수업 시간에 아이들을 만날 수 없어 아이들 이름 외우기도 쉽지 않다. 그래서 교장실에 아이들 사진과 이름을 정리해 놓고 틈나는 대로 외운다. 사람 얼굴 기억하고 이름 외우는 데 소질이 없어 무한한 반복과 노력만이 유일한 길임을 나 자신이 잘 안다. 살아가면서 심한 스트레스로 작용할 정도로 사람 얼굴과 이름 외우는 데 젬병인 것을 알기에 아이들을 직접 만날 수 있는 등교시간과 점심시간이 나한테는 소중하다.

등교하는 아이들과 손을 마주치기도 하고 고개 숙여 인사도 하고 이름도 불러 주면서 그렇게 정중하고 다정하게 아이들을 맞이하다 보면 여러 가지를 알 수 있다. 같이 등교하는 친구가 바뀌었다면 거의 대부분 교우 관계에 문제가 생긴 경우이며, 표정이 어두우면 가정에 무슨 일이 있나 걱정부터 든다. 아이들의 표정과 눈빛을 살피며 밥은 잘 먹고 다니는지, 밤새 잘 잤는지, 주말은 잘 보냈는지 안부를 묻는다. 나는 소망한다, 아이들이 매일 '나는 존중받아 마땅한 존재야'라고 느꼈으면 좋겠다고.

최근 교문에서 학생을 맞이하는 교장이나 교사를 자주 볼 수 있다. 혁신학교의 추진으로 학교의 모습이 많이 달라졌는데 그중 하나가 교문에 나와 아이들을 맞이하는 교장의 모습이다. 마치 혁신학교 교장이 되면 반드시 해야 하는 것처럼 인식될 정도다. 그런데 어느 학교 교장은 교문에 나와 지각이나 복장이 불량하다는 이유로 아이들에게 벌을 주기도 한다. 지각한 아이들을 벌 세우고 야단치는 교문 맞이는 다시 과거의 교문 지도로 회귀할 뿐이다.

교문 지도와 교문 맞이의 차이는 학생을 통제의 대상으로 보는가, 배움의 주체로 보는가의 문제다. 교사와 학생은 모두 같은 인간이기 때문에 만남은 본질적으로 수평적이다. 그러나 현실은 수직적인 관계가 지배적이다 보니 학생의 인권이 상대적으로 더 침해되고 있다. 물론 학생의 인권을 보장하는 과정에서 학생이 교사를 폭행하는 사건이 발생하는 등 교권 침해를 우려하는 현상도 빚어지고 있다.

교사의 권리를 침해하는 학생의 행동은 학생의 인권을 너무 보장해서가 아니라 오히려 인권 교육이 제대로 되지 않았기 때문이다. 인권은 학생과 교사의 권리를 구분하지 않는 인간의 보편적 권리다. 학생과 교사의 인권을 분리하고, 학생 인권의 등장으로 교권[17]이 침해받는다는 주장은 잘못이다. 교사나 학생 어느 쪽이든지 인간의 권리가 침해되는 순간 인간 대 인간으로 만날 수 없다. 이처럼 한쪽의 인권이 무너지면 관계도 교육도 무너지게 된다.

자신이 가야 할 길에서 처음 약간 벗어난 경우라면 '내가 잘못 가고 있다'고 알아챌 수 있고, 그래서 다시 원래 길로 돌아갈 수 있다. 그러나 그 벗어난 길에서 다시 조금 벗어나고, 그 길에서 다시 조금씩 벗어난다면 나중에는 원래 길이 어디인지, 어디로 가고 있었는지도 판단하기조차 어려워진다. 점차 심각해지는 인권 침해와 학교 폭력이 만연하는 작금의 교육 현실이 그런 상황이 아닌가 하는 생각이 든다.

만약 우리 교육이 인권을 침해하거나 비교육적인 방향으로 잘못 가고 있다면, 꺼져 가는 불씨를 되살리기 위해서도 교사와 학생의 공적이며 인격적인 관계를 복원하는 일이 우선되어야 한다. 여기서 공적·인격적 관계는 학생, 교사 모두의 인권이 확보되지 않으면 불가능하다. 학생과 교사의 인권은 반비례의 관계가 아니라 상호 의존 관계로 학생 인권의 보장을 통해 교사의 인권이 확장될 수 있으며 그 반대도 성립한다.

오래전 일이다. 어느 사립학교의 교장이 학생 복장 지도를 잘 못한다고 교사를 폭행한 사건이 있었다. 그런데 신문에서는 '사립고 교장이 학생들 앞에서 교사 체벌'이라는 제목을 달아 보도한 것으로 기억한다.[18] 분명 '폭행'임에도 불구하고 '체벌'이라 한 이유는 어디에 있을까? 아마 학생 체벌이 일반적이었던 학교 문화였기 때문에 가능했다고 본다.

학생 체벌이 인정되는 학교 상황에서 부지불식간에 교사도 맞을 짓을 하면 맞아야 한다고 생각한 것은 아닐까? 만약 학생 체벌을 폭력으로 인식하는 학교 문화였다면 그처럼 어처구니없는 사태가 벌어지지도 않았겠지만, 생겼더라도 기사 제목은 '학교장의 교사 폭행'이었을 것이다. 이런 경우처럼 교사의 지위와 권리는 학생과 별도의 영역에서 다루어지는 것이 아니다. 학교라는 생활 공동체의 동일한 문화에서 같은 잣대로 인식될 가능성이 높다.

교육은 인권이다. 상당히 도전적인 말이지만 학생과 교사의 인권이 침해되는 교육 현장에서 교육은 제대로 설 수 없기 때문에 이 말은 맞다.

이제 학생과 교사의 인권이 상생하는 상호간의 연대가 요구된다. 학생과 교사의 인권적 연대는 교육을 되살리는 불씨가 될 것이며 학생과 교사의 인권을 바탕으로 한 인격적 만남은 교육의 시작과 끝이라고 할 수 있다.

* 생활 지도와 생활 교육의 차이

지금은 많이 사라졌지만 고등학교에 자율학습이라는 시간이 있었다. 이때 감독 교사는 '교육'이 아닌 '지도'를 한다. 그래서 야간 자율학습 지도라 했다. 이때 지도는 적합한 말이다. 일방적으로 아이들을 감시하고 통제하는 방식이기 때문이다. 자율학습 지도와 함께 학생들의 생활 지도라는 명목으로 교문에서 교복과 두발 검사를 한 때가 있었다.

7,80년대 교문이 보이면 교복 단추까지 다시 확인해야 했다. 당당하고 환하게 교문을 통과하는 것이 아니라 도살장에 끌려가는 소처럼 공포에 질린 모습으로 들어가곤 했다. 심지어 교문 옆에 엎드려서 벌을 받거나 심한 경우 '사랑의 매'[19]라는 이름으로 몽둥이세례를 받기도 했다. 교문 앞에 서 있던 무시무시한 선도부도 교육이 아닌 지도다.

'지도(指導)'는 집단의 목적을 달성하기 위해 구성원을 통솔하고 인도하는 행동을 말하며, 권력을 가진 사람의 일방적 명령에 가까운 말이다. 이처럼 '지도'라는 말은 '지도하는' 사람과 '지도받는' 사람을 전제하고 있다. 지도하는 사람은 대개 많은 지식과 권력, 부를 가진 소수의 사람이며, 지도받는 사람은 그렇지 못한 다수의 사람들이다.

위에서 쓰인 '지도'는 교육에서도 애용하는 단어다. 학생 지도, 생활 지도, 훈화 지도, 급식 지도, 청소 지도 등등. 수많은 지도가 교육의 이름으로 횡행하고 있다. 그러나 지도는 양방향이 아닌 일방향이기 때문에 교육의 본질과 어긋난다. 교육은 수평적이고 인격적인 만남이지 않은가. 교육은 교사의 일방적인 '지도함'과 학생의 수동적인 '지도받음'으로 구성되는 작품이 아니다.

지도와 복종은 수직적인 학교 문화와도 관련된다. 학교를 교장, 교감, 부장교사, 담임, 학생으로 내려오는 서열화 구조로 보는 시선은 수정되어야 한다. 더불어 아이들보다 교사가 위에 있다는 권위 의식을 일단 버려야 한다. 권위를 내려놓는다는 것은 아이들의 시선에 맞춰 이야기를 들어 주는 것과 같다. 지도가 아래를 내려보며 잔소리하는 것이라면 교육은 시선을 맞추기 위해 무릎을 접고 들어 주는 일이다.

한편 지도가 마치 교육인 것처럼 포장된 이유는 권위주의뿐 아니라 우리 교육의 조급함에서도 찾아볼 수 있다. 우리나라 근대화 과정은 하루에 해치우는 드라마 몰아보기와 같다. 서구에서 백년 넘게 걸린 과정이 우린 겨우 몇십 년 안에 이루어졌다. 이와 같은 압축적 근대화는 우리 국민의 부지런함과 저력으로 칭송되기도 하지만 그로 인한 문제점도 만만치 않다. 정경유착과 경제 불평등의 심화, 생태계의 파괴 등은 이미 잘 알려진 부작용이다. 교육은 사회와 밀접하기 때문에 그 영향은 교육에도 그대로 미친다.

보통 우리 문화를 '빨리빨리' 문화라고 하는데, 교육도 마찬가지다. 기다릴 줄 아는 느긋함이 없다. 학생이 어떤 문제 행동을 하면 곧바로 반응한다. 그리고 즉각적인 행동 수정을 요구한다. 수업 시간에 떠들면 조용히

시키기 위해 매를 든다. 공부 안 한다고, 숙제를 못했다고, 자율학습 도망 갔다고 바로 매를 들었다. 학생에 대한 신뢰보다는 효과 빠른 체벌의 약효와 지도에만 의존한 것이다.

교육은 인간을 수단으로 보지 않고 목적으로 존중하기 때문에 서로 무한한 신뢰[20]를 바탕으로 한다. 아이들을 믿기 때문에 우리는 계속 대화하고 고민한다. 느리지만 아이들이 변화할 것이라는 믿음, 아이들의 본성에 대한 믿음. 만약 이런 신뢰가 없다면 아이들의 성장과 변화를 위한 교육은 거짓일 뿐이다. 그래서 지도는 교육이 아니다. 서로 배우고 소통하며 성장하는 과정이 없고 신뢰와 상호 존중이 없기 때문이다.

지도로 인해 학생의 행동이 변화되었다면 이는 신뢰에 의한 교육적 효과가 아니라 공포와 두려움에 의한 움츠림에 불과하다. 이 방법은 빠르고 효과적이다. 떠들지 않고 문제를 풀 수 있도록 압박할 수 있기 때문이다. 그러나 지도와 복종이 반복된다면 아이들의 생각과 삶은 마치 감옥과 같은 규율과 통제에 익숙해질 것이다.

한편 지도가 행동의 변화에 초점을 맞춘다면 교육은 감정의 소중함을 강조한다. 그래서 교육은 학생들의 행동을 이렇게 저렇게 바꾸는 행동 코칭에 머물지 않고 관계와 감동으로 나아가야 한다. 서로 공감하고 소통하는 만남과 공적 관계를 통해 행동의 변화도 기대할 수 있다.[21] 일방적 지도에서 공감을 표시하기는 힘들다. 지도와 교육의 차이는 바로 이 점에 있다.

늑대가 나타났다고 거짓말하는 양치기 소년의 이야기가 있다. 어른들은 이 소년에게 거짓말은 나쁜 결과를 가져온다고 야단을 친다. 그런데 이 소년이 왜 거짓말을 했는가는 아무도 관심을 갖지 않는다. 아이는 누군가와 이야기를 하고 싶었을지 모른다. 하지만 늑대가 나타났다는 외침에 달려온 어른들 중 아무도 아이에게 관심을 갖고 이야기를 들어 보려 하지 않았다.

이 동화는 거짓말을 하지 말라는 교훈의 이야기가 아니라 아이의 말에 귀기울이라는 교훈을 주는 이야기라고 해석하고 싶다. 이처럼 같은 이야기라도 누구의 시선으로 보느냐에 따라, 어느 관점에서 접근하느냐에 따라 전혀 다른 결말로 내딛게 된다. 따라서 현상을 제대로 이해하기 위해서는 올바른 관점을 갖는 것이 매우 중요하다.

말도 그렇다. 말은 특정한 철학과 관점을 담고 있기에 어느 단어를 사용하느냐에 따라 문제를 해결하는 접근 방향이 달라진다. 학생을 불신하고 지시와 통제의 대상으로 보느냐, 아니면 학생을 믿고 배움과 권리의 주체로 보느냐에 따라 언어 사용에 차이가 있다. 그러므로 더욱 '생활 지도'라는 말은 '생활 교육'으로 바뀌어야 한다. 이는 학생을 바라보는 관점과 교육 철학의 변화를 의미한다.

* 학생자치의 언어

앞서 말한 것처럼 말에 담긴 힘은 매우 크다. 말은 보통 그 사회의 특정 현상과 문화를 반영하고 있는데, 그 말에 의해 구성원의 인식과 행동이 달라지기도 한다. 학교를 비롯한 교육 분야에서 쓰는 말은 특히 학생의 사고와 배움에 직접적인 영향을 미치기 때문에 보다 세심한 주의가 필요하다. 학생자치와 관련된 단어를 통해 이 문제를 생각해 보자.

첫 단어는 '건의'다. 대부분의 학교에서 학교장은 학생회장단과 정기적으로 간담회를 갖는다. 나도 매년 학생회장단과 정기적인 협의의 시간을 갖고 있다. 아마 교장 첫해로 기억한다. 학생회장단이 신임교장에게 건의할 사항을 잔뜩 가지고 들어왔다. 그때 학생회장단에게 해준 말이 있다.

"지금은 학교장과 학생회장단이 서로 협의를 하는 시간이지 단순하게 건의를 하고 끝나는 자리가 아닙니다. 지금부터 건의라는 말 대신 협의라는 말을 씁시다."

건의와 협의가 상징하는 자치의 세상은 완전히 다르다. 학생회가 학교장에 '건의'를 한 행위는 기존에 그래 왔기 때문이다. 건의는 말 그대로 희망이나 하나의 의견에 불과하기 때문에 결정권자의 생각에 따른다. 교장이나 학생회 담당교사가 '노(NO)'라고 하면 끝난다. 더 이상의 의견 조율은 없다. 건의는 권위적인 관계에서 나오고 일방적이기 때문에 학생은 건의, 학교는 처분으로 끝나게 된다.

그러나 협의는 건의와는 엄연히 다르다. 협의는 서로 다른 처지에서 특정 안건에 대한 의견을 나누고 결론을 끌어내는 과정이다. 그래서 협의를 하는 순간 대화가 가능하다. 협의는 안건에 대해 함께 머리를 맞대고 집단지성을 발휘하는 과정을 중시하기 때문에 일방적일 수가 없다. 어디까지나 수평적이고 민주적인 관계를 유지한다. 이런 까닭에 위계적이고 권위적인 관계와 문화에서는 대화나 협의를 무시하거나 배제한다.

협의는 교사도 교장도 긴장하게 만든다. 학생을 무시하고 결정할 수 없다는 점을 인정한다. 그게 학교민주주의고 자치다. 학생자치가 왜곡되지 않기 위해서는 건의가 아닌 협의의 문화가 조성되어야 한다. 학교의 입장에서 보면 껄끄러운 문제는 그냥 넘어가거나 학교가 원하는 대로 따라 주기를 바란다. 이런 현실은 학생자치를 교사가 해야 할 업무의 일부를 떼어 주는 것처럼 인식하는 경향과 같은 맥락에서 볼 수 있다.

두 번째 '학급반장'이라는 말을 통해 이 문제를 살펴보자. 학교에서 학생이 주로 생활하는 공간이 학급이다. '반장'은 학급(班)을 대표하는 학생을 말하는데, 일반적으로 반장은 큰 조직을 효율적으로 운영하기 위해 작게 쪼갠 반(班)을 관리하는 지위다. 작게 조직을 나누고 반장을 두는 이유는 많은 인원보다 적은 인원에서 더 의사소통이 원활하고 관리도 수월하기 때문이다.

이처럼 반장은 효율성을 추구한다는 점에서 관료적이다. 관료제는 산업사회에 등장한 거대 조직을 효율적으로 관리하기 위한 시스템이다. 그래서 상하위계의 구조를 지니며 분업화되고 문서화되어 있다. 관료제는 효율적이란 장점을 갖지만 자율성이 떨어지고 비인간화되고 상명하복의 수직적 구조다. 그로 인해 변화에 빠르게 대처하지 못한다는 심각한 문제를 낳는다.

학교도 관료제의 속성을 갖는다. 근대 이후 학교는 거대한 조직의 모습을 갖추었다. 특히 우리나라의 경우 많은 학생을 감당할 학교가 부족해 사립학교에 의존하거나 학교의 규모가 커졌다. 1968년 서울의 전농초등학교의 경우 학생 수가 무려 10,230명이었다고 한다.[22] 자연스럽게 이런 거대학교를 효율적으로 관리하게 위한 관료제 시스템이 자리를 잡게 된다.

굳이 학급을 편성한 이유도 조직 차원의 효율성을 높이기 위해서다. 교장은 교사에게, 교사는 학생에게 명을 내리는 조직운영방식에서 학급반장은 담임과 학생의 중간에 선다. 위에서 내려온 명령을 효과적으로 수행하기 위해서는 수직적 구조가 적합하다. 게다가 중앙집권적인 관료 행정 조직의 영향으로 학교는 교육 조직 중 가장 말단에 위치한다. 즉 교육부나 교육청의 명에 따라야 하는 처지에서 학교의 자율성과 독립성은 위축된다. 이런 구조에서 상향식의 민주적인 학교 문화는 기대하기 힘들다.

전에는 수직적이고 관료적인 시스템이었기 때문에 학급 담임이 일방적으로 반장을 임명하는 사례가 많았다. 지금은 학교도 많이 변했다. 학생자치가 활성화되면서 대부분 학교와 학급에서 학생들이 직접 대표를 선출한다. 이전에는 학교장이 대표에게 임명장을 수여했지만, 지금은 학급선거관리위원회에서 당선증을 주는 방식으로 바뀌고 있다.

반장과 학급(자치)회장이란 말은 학생을 통제의 대상으로 보는가, 스스로 결정하고 행동하는 자치의 주체로 보는가의 차이가 있다. 역할 기대 또한 달라질 수 있는데 반장의 역할은 학급회장과 달리 효율적인 조직 관리 차원에서 태어난 말의 한계를 지닌다. 그로 인해 그 역할이 칠판 한 모퉁이에 떠든 사람을 적어 내는 것처럼 교사의 지도를 보좌하는 것에 머문다면 학생자치는 물건너간 꼴이나 다름없다.

근대 학교[23]의 반장은 교사를 대신해 수업까지 수행하는 '작은 교사'였다. 그러나 지금은 '작은 담임'로서의 '반장'이 아닌, 학급의 의사를 대표하는 학급 대통령(class president)으로서의 '학급자치회장'이 교육적으로도 옳다. 학급반장을 어떻게 부르는가의 문제는 사소한 것 같지만 교육과 학생자치의 본질을 건드린다.

'건의와 반장'이라는 단어를 통해 학생자치의 현실과 의미를 살펴보았다. 마지막으로 학생자치에 대한 작은 바람을 말하고 싶다. 현실적으로 대부분의 학생자치는 학생회[24]를 중심으로 전개된다. 체육대회, 축제, 캠페인 등의 행사를 학생회가 맡아 기획하고 집행한다. 이런 활동이 학생자치의 한 영역인 것은 분명하지만 학생자치의 일이 그것뿐이겠는가. 학생자치라 하면서 영역을 한정한다면 허울 좋은 자치에 그칠 테고 철창에 갇힌 사자와 다를 게 없다. 많은 학교에서 학생자치를 우리에 가두고 있는 현실은 아닌지 경계해 봐야 한다. 선을 그어놓고 선 안에서 마음껏 해보라는 식은 아닌지 되돌아볼 일이다.

자치의 핵심은 '자신의 삶에 대한 의사결정'에 직접 참여하는 것이다. 그래서 대의제에 기초한 학생회 중심의 학생자치 틀에서 벗어날 필요가 있다. 이를 위해서 학급 구성원이 모두 숙의하고 참여하는 학급 중심의 직접민주주의와 숙의민주주의를 검토할 필요가 있다. 학생회도 마치 한 업무 부서처럼 학교 행사의 일부를 담당하는 방식에서 벗어나 자기 결정권자로서 독자적인 영역을 구축해야 한다.

* 학생은 시민이다

학생자치에 대한 이야기를 마무리하기 전에 잠시 1991년으로 돌아가 보자. 내가 교직에 첫발을 내딛었던 해다. 그때 나는 아이들에게 '내 생각'을 심어 주기 위해 참 열심히 가르쳤던 것 같다. 부조리한 사회 문제를 이야기 하고, 시민의 권리와 책임, 정의롭고 민주화된 사회의 꿈을 아이들에게 주입(?)했다.[25] 소풍도 노는 것에 머물지 않는 의미 있는 활동이어야 한다며 아이들을 꼬드겨 놀이공원 대신 서울로, 역사적인 현장으로 데리고 다녔다. 이 모두 내 교육적 신념 때문이었다.

학급 단합을 위한 행사도 내가 기획했고, 지난한 일인 학급문집 만드는 일도 내가 주도했다. 학급문집을 만들어야 한다는 생각은 내 생각이었고 아이들은 그것을 따라야 했다. 문집의 원칙은 하나였다. 학급 구성원 모두가 참여해야 했다. 글을 쓰지 않겠다고 끝까지 버티는 아이는 '쓰고 싶지 않다'라는 짧은 글이라도 남겨야 했다. 그렇게 해서라도 학급 활동에 참여하는 게 옳다고 생각했다.

지방 인문계 고등학교에서 방학이면 보충수업에 방학을 반납해야 하는 아이들을 데리고 산으로 바다로 여행을 갔다. 체험학습을 인정하지 않는 교장과 싸웠고, 꽤 오랫동안 괘씸죄에 걸려 담임을 맡지 못하기도 했다. 그러나 이런 나의 교육 활동 밑바닥에는 좋은 교사는 아이들과 함께하는 선생이며 정의롭지 못한 사회에 등을 돌리지 않는 시민이라는 신념이 깔려 있었다.

아이들은 대체로 나를 좋아했다. 수업은 대입에 맞춰 잘 가르치는 교사였고, 아이들을 이해해 주고 아이들과 같이 놀고 운동하고 한편으로 교장의 권위에 저항하는 투쟁적인 교사로 비추어졌을 것이다. 동료 교사와 아이들의 격려가 없었다면 교사 생활을 오래하지 못했을 것이라고 확신한다. 이런 주변의 지지 때문에 처음에 가진 교육적 신념도 유지할 수 있었다.

학교 안팎으로 분주하게 살아가는 교사였지만 내가 생각하는 아이들은 여전히 교사 중심의 사고와 틀에서 벗어나지 못했다. 부족하고 미성숙한 아이들을 위해 사회 문제와 진실을 일일이 가르쳐 주어야 한다고 믿었다. 주입식 교육에서 벗어나기 위해 토론식 수업도 하는 등 나름대로 깨어 있는 교사의 직분을 다한다고 했지만 결국 철저하게 '나의 생각'을 강요하는, 내가 하고 싶은 대로 하는 교사에 불과했다.

이런 생각에 변화가 온 계기는 '학생 인권'이라는 복병(?)을 만나면서부터다. 그때 깨달은 바가 크다. 여러 선생님들과 학생 인권을 고민하면서 아이들을 위한다는 내 생각이 아집이고 폭력일 수 있다는 생각을 했다. 물론 그동안의 나의 신념과 실천이 모두 헛된 것이라 생각하지는 않는다. 다만 자기 생각이 강하면 독단을 낳는 법이다. 아이들이 주인이 되고 주체가 되는 삶을 살아야 한다고 강조하면서 정작 나는 아이들을 미성숙한 존재로 여겼고 아이들을 대상화했다. 잘못이라는 것을 나중에야 알았다.

지금까지 수없이 반복된 교육의 변화에서 학생은 항상 뒷전이었다. 너무나 당연하게 누려야 할 권리도 이제야 「학생인권조례」라는 형식을 빌려 출발하는 실정이다. 그마저도 격렬한 반대로 좌초되고 있을 정도로 학생의 교육 주체로서의 위치는 미약하다. 어쩌면 '시민'으로서 학생의 권리는 '교복'이 상징하는 특수한 위치로 인해 억압받고 있는지 모른다.

촛불 집회에 나온 아이들을 보호해야 한다고 어른들이 나섰을 때 오히려 아이들은 그 보호를 거부했다. 보호는 통제의 다른 이름으로 작동할 수 있기 때문이다. 거리에 나가는 행동이 걱정된다고 거리에 나가지 못하게 하는 것이 보호는 아니다. 그것도 다른 통제일 뿐이다. 나이[26]가 어려 미성숙하다면 오히려 더 많은 권리 보장 장치가 필요한 법이다.

학생이 학교에서 민주주의를 경험하기 위해서는 동등한 주체로서 대접을 받아야 한다. 그래서 학생의 인권과 시민권[27] 보장은 학교민주주의의 기초가 된다. 장애인이나 비정규직, 이주노동자 등 사회적 약자가 어떤 대접을 받고 있느냐를 보면 그 사회의 성숙도를 알 수 있듯이 아이들을 대하는 태도도 그 사회의 수준을 가늠하는 척도가 된다. 학교도 마찬가지다.

현실에서는 학교의 자율적 판단[28]이라는 명목으로 구성원의 보편적인 인권을 왜곡하고 침해하는 경우가 많다. 예를 들어 어떤 교장은 체벌도 학교 자율에 맡겨야 한다고 주장하기도 한다. 그러나 체벌은 자율로 결정할 문제가 아니라 인간 존엄과 보편적인 인권의 영역이며 공동체 시민의 권리를 침해하는 문제다. 인권은 학교 자율성의 이름 하에 침해될 수 없는 보편적이고 절대적인 영역이다. 민주주의가 정착하지 않은 '학교'의 자율성은 자칫 '교장'의 자율성에 머물 수 있다.

학교 구성원이 주인의 자리에서 자기의 목소리를 낼 수 있을 때 학교 자율성도 정당화된다. 이처럼 약자가 자기 목소리를 내는 게 민주주의다. 장기적으로는 사회적 약자를 위한 제도 개선이나 정책이 집단 전체의 이익에 부합한다는 점이 중요하다. 사실 약자의 기본적 권리가 무시되는 현실에서 전체 구성원의 권리 보장을 기대하기는 어렵다.

학생은 분명 약자지만 당당한 시민이다. 학생이 언제 어디서나 자기 목소리를 자유롭게 표현할 수 있을 때, 교육 과정을 포함한 학교 전반에 참여할 수 있을 때, 자기 결정권과 책임이 주어질 때 비로소 시민이 되고 학교민주주의는 완성된다.

---

1) 불량품은 정상이 아닌 제품을 말한다. 불량 학생이란 말은 비정상이란 의미다. 학생답지 않은 학생은 불량품으로 낙인찍힌다. 지각을 자주하고, 성적이 좋지 않고, 교사에게 대들고, 친구들과 싸우고. 대개 이런 행동이 불량 학생으로 규정하는 행동이다. 그러나 학생의 행동을 평가하면서 정상과 비정상으로 구분하는 것 자체가 폭력이다.

소위 말하는 문제아나 불량 청소년은 현 규범과 질서에서 벗어난 아이들이다. 그러나 학교에서 문제아가 사회의 문제 어른과 다르고 학교의 모범생이 사회의 모범 어른이 되는 것도 아니다. 문제라고 보는 행동은 성장의 과정에서 나타나는 것이기 때문에 기다림과 여유가 필요하다. 이른바 싸가지 없는 아이들은 언제나 우리 곁에 있었다. 고대 아테네에도 존재했고 조선 시대 성균관에도 존재했다.

2) 나이를 기준으로 제한할 때는 합당한 이유가 있어야 한다. 예를 들어 유흥업소 출입을 금하는 이유는 아이들의 정서적 안정과 보호를 위해서라는 명분이 있다. 그러나 카페나 음식점에 아이들의 출입을 금지하는 근거는 온전히 어른들의 이익을 보호하기 위해서다. 흑인과 장애인의 출입을 금지하는 카페나 노인이나 여성의 출입을 금지하는 식당을 받아들일 수는 없는 일이다. 차이를 이유로 차별하는 행위는 분명한 인권 침해이기 때문이다.

3) 조지프 P.샤피로, 윤삼호 옮김, 『동정은 싫다: 미국 장애운동의 역사』 (한국DPI출판부)

4) 모든 인간은 인간답게 살 보편적 인권을 가지고 태어난다. 그리고 인권은 '인간의 권리'라는 소극적인 개념에서 타인과 국가에 '인간답게 살 수 있도록 요구'할 수 있는 적극적인 개념으로 받아들이고 있다. 그래서 인권은 개인적 차원의 배려와 시혜의 문제가 아니라 국가와 사회 차원에서 책임지고 보장해야 하는 당당한 권리의 문제다.

5) 「JTBC뉴스」 '손석희의 앵커브리핑'(2018.11.27)

6) 학교의 교칙을 바라보는 관점에도 변화가 있었으면 좋겠다. 원래 법은 국민의 권리를 보장하기 위해 권력을 제한하는 것에서 시작했다. 교칙이 법이라면 학생을 포함한 구성원의 권리를 보장하는 장치여야 한다. 그런데 현실은 정반대이다. 권력의 힘으로 구성원의 행동과 사고를 제한하는 기능을 수행하고 있다. 그러다 보니 학생들의 세세한 행동 하나하나를 모두 교칙으로 규정하고 통제하려고 한다.

7) 히잡(Hijab)은 아랍어로 '가리다'는 의미다. 몸만이 아니라 여성의 마음까지 가린다는 점을 인식해야 한다.

8) 아이들을 위한 것이라고 생각했지만 결국은 교사나 어른들을 위한 것이었고 관료와 정치인을 위한 것이 얼마나 많았는가? 아이들의 안전을 위해서가 아니라, 관료의 책임 회피를 위해 정책이 만들어지고, 아이들의 행복이 아니라 보호자의 만족을 위해 프로그램이 운영되고 아이들의 배움이 아니라 교사의 편안함을 위해 교육 과정이 만들어지기도 한다.

9) 「경향신문」 2017.6.22

10) 「경향신문」 2018.7.14

11) 학교 폭력 문제에서 학교는 또 다른 피해자다. 폭력의 장소가 학교이고 학생이 행위의 주체와 객체라고 그 모든 책임을 학교에 묻는 것은 부당한 면이 있다. 학교 폭력의 원인이 가정과 사회 전반에 걸쳐 있기 때문이다. 그러나 학교 폭력이라 명하는 순간 폭력의 책임과 대안은 오로지 학교의 몫이 된다. 학교가 제대로 하지 못해 벌어진 일로 치부하고 그 책임을 모두 학교에 묻는다. 학교에 학교 폭력의 책임이 없다는 의미는 아니다. 단지 명확하지 않은 관점에서 출발할 경우 제대로 된 해결안을 내놓기 어렵다는 점을 말하고 싶다.

12) 지금과 같은 법률 체계가 지속된다면 교육청에 학교 폭력전담팀을 만들어 전문적이고 독립적으로 대응하는 방안이 효과적이다. 아니면 학교장 결정권이나 담임 교사의 조정 권한을 인정하는 방향으로 조정되어야 한다. 학교의 모든 업무는 아이들의 성장을 위해 교육적이어야 하는데, 지금의 학교 폭력 관련 업무는 전혀 그렇지 못한 현실이다. 교사가 기피하는 이유는 단지 일이 많아서가 아님을 인식해야 한다.

13) 학교에서의 벌과 범죄자가 받는 벌은 다르다. 형법에 의한 벌은 믿음보다 인과응보가 우선이다. 그리고 교화를 기대한다. 반면에 학교는 인과응보나 교화보다 교육적 기대와 신뢰가 우선되어야 한다. 교육이 만남이라면 그 만남은 신뢰의 관계이기 때문이다. 그리고 법은 명확하다. 그러나 교육에서 중요한 가치는 인간에 대한 존중이며 애매함이다. 단칼로 설명하기 어려운 게 아이들이다. 맥락이 중요하고 때로는 넘어감이 필요하다. 물론 냉정함이 없는 따뜻함만으로 교육이 되는 것은 아니다. 그러나 성장에 대한 믿음이 크기 때문에 둘 중 하나만 고르라고 한다면 따뜻함을 고르고 싶다.

14) 폭력은 본질적으로 평화와 상반된다. 평화는 비폭력이다. 그래서 비폭력 대화와 갈등 조정의 학습을 통한 평화 교육의 정착이 필요하다. 평화 교육은 폭력과 사회적 약자의 삶에 민감하게 반응하는 평화 감수성 교육이다. 그래서 일부 교육청에 평화 교육의 이름으로 안보 교육을 실시하는 것은 본질을 왜곡하는 일이다. 평화는 고통이 없고 폭력이 없고 안전한 상태를 의미한다. 학교 폭력은 평화 교육의 부재에서도 그 원인을 찾을 수 있다.

15) 학교 폭력의 문제도 어떤 관점으로 접근하느냐가 매우 중요하다. 예를 들어 학교 폭력을 '폭력'이 아닌 '인권'의 관점에서 접근할 수 있다. 이때 학교 폭력을 전담하는 부서는 '학교 폭력과'가 아니라 '학생 인권과'가 된다.

16) 우리나라만큼 경쟁을 신봉하는 나라도 드물다. 마치 경쟁만이 살길인 것처럼 떠받들고 있다. 어릴 때부터 경쟁한다고 커서 경쟁력이 생기는 것도 아닌데, 우리는 아이들을 경쟁으로만 몰아넣고 있다. 과도한 입시 경쟁은 나쁜 관계 맺기와 이어지기 쉽다. 학교 폭력은 나쁜 관계 맺기의 결과다. 경쟁 중심의 학교 문화가 아니라 존중과 협력 중심의 학교 문화가 좋은 관계 맺기에 유리함은 분명하다.

17) 교권이란 쉽게 교사의 권리를 의미한다. 우선 교사의 권리는 인간으로서 갖는 기본적인 권리, 노동자로서 갖는 권리 등 일반적인 기본권을 의미한다. 두 번째로 교권은 교사의 직무와 관련한 교육 권한을 의미할 수 있다. 이는 교사의 교육할 권리로 교육 과정에서 교사가 가지는 권한이라고 보아야 한다. 권리는 대개 무엇이든지 할 수 있는 힘이고, 권한에 비해 상대적으로 자율성을 갖는다. 반면에 권한은 일정한 범위가 있는 제한되는 힘이며 의무를 포함한 개념이다. 교사의 권한은 학부모로부터 국가에 의해 학교에 위임된 범위 내에서 인정되는 힘으로 수업 내용 편성권, 교육 평가권, 생활 지도권 등이 이에 해당한다. 마지막으로 교권을 교사의 권위로 해석하는 경우가 있다. 이때 권위는 주관적인 것으로 다른 사람에 의해 인정되고 그로 인해 다른 사람들의 행동에 영향을 줄 수 있는 힘을 말한다. 교사의 권위는 학생들에 의해 형성되는 경향이 강하고 존경의 이유가 된다.

18) 「연합뉴스」 2010.9.9

19) '사랑의 매'는 모순적인 말이다. 체벌을 지지하는 쪽은 부모나 교사가 아이를 사랑하는 마음으로, 잘되기 바라는 마음으로 매를 드는 것이라고 말한다. 부모나 교사가 아이를 사랑하는 마음을 갖는 것은 당연하다. 그러나 그 사랑을 매로 표현하는 것은 분명 잘못이다. 사랑하는 연인에게 사랑하는 마음이라며 폭력을 행사할 수는 없다. 매는 신체에 가하는 고통으로 강자에 의해 일방적으로 행해지는 폭력과 같다. 사람은 누구든 폭력으로부터 보호받아야 한다.

체벌과 폭력이 '사랑의 매'라는 이름으로 합리화되는 사회는 폭력적인 사회다. 폭력이 사랑으로 둔갑해 정당화될수록 약자의 권리는 침해당하기 쉽다. 더 큰 문제는 '사랑'이란 포장으로 인해 침해당하는 인권 문제를 문제라고 인식하지 못하게 된다는 점이다. 예전 부모나 교사가 아이에게 손을 대는 것이 당연한 것처럼 받아들여진 이유가 여기에 있다. 심지어 매를 들어서라도 사람을 만들어야 한다는 논리가 대접받았을 정도다. 사랑은 참으로 소중한 가치다. 그래서 더욱 사랑이라는 말이 함부로 쓰여서는 안 된다.

20) 지금은 많이 달라졌지만 예전에는 제자에게 퇴직금을 날린 교사 이야기가 종종 등장할 정도로 사기당하기 쉬운 직업이 교사라고 했다. 그만큼 교사는 대개 믿음을 갖고 관계를 맺는다. 교육의 핵심이 신뢰에 있기 때문이다. 학생들과 만나는 기본도 신뢰다. 대부분의 사회 제도가 불신을 기반으로 하는 것과 대비되는 점이다. 물론 입시나 평가와 관련된 대부분의 교육 정책이 교사를 불신하는 것에서 출발한다.

운전을 하다 보면 신기하다는 생각이 든다. 길에 선 하나 그어놓고 양방향으로 달리는 자동차를 보면 인간이 서로를 매우 믿고 생활한다는 생각이 든다. 믿지 못한다면 언제 중앙선을 넘어올지 모르는 반대 차선 차량 때문에 운전이 가능하겠는가? 이처럼 중앙선은 믿음의 선이다. 교사는 학생을 믿는 중앙선의 마음을 가져야 한다. 학생을 믿기 때문에 체벌을 없애고, 지도가 아닌 교육이 된다.

21) 영화 「클래스」는 프랑스의 어느 중학교 교실에서 일어나는 교사 마랭과 아이들의 이야기다. 다루기 어려운 아이들과 열성적인 교사의 삶을 매우 솔직하게 보여 준다. 감독은 한 교실에서의 인간 관계, 그리고 교감과 오해, 갈등을 다큐멘터리 같은 영상으로 멋지게 그려 낸다. 대화와 소통을 위한 노력과 실수와 실패, 그로 인한 서로의 상처와 갈등, 그리고 해결해 가는 노력과 열정 등 학교 현장에서 자주 접하는 장면이 많은 고민을 하게 한다. 그리고 인간과 인간의 만남에서 소통이 얼마나 힘든 것인지, 상대를 알아 가는 과정이 얼마나 지난한 일인지, 엄청난 열정과 에너지가 필요한 일이라는 것을 되새기게 된다.

22) 「한국일보」 2019. 5. 2

23) 어쩌면 근대 학교 자체가 역사적으로 부랑아를 모아 통제하고 감시하는 기능에서 유래했다는 점에서도 학생 통제의 역사성을 찾아볼 수 있다. 교실의 쪽문이나 학생들의 짧은 머리와 교복, 번호, 학생 조회, 반장 등 무수히 많은 부분에서 자율과 권리보다는 규율과 통제, 그리고 억압을 찾아볼 수 있다.

24) 학생자치가 스펙되고 있다는 우려가 많다. 기업에 입사하기 위해서는 스펙이 중요하다는 현실은 취업 준비생들의 고난의 길을 상징적으로 보여 준다. 영어부터 자격증, 인턴, 봉사 활동 등 원하는 기업에 들어가기 위해 스펙 쌓는 전쟁이 벌어지고 있다. 취업을 위한 이런 현실은 대입에도 적용된다. 학생회장 선거에 나가는 이유나 학급반장에 나가는 이유 중에 입시와 관련한 이익이 한 자리를 차지한다. 그러다 보니 학생자치가 무늬만 자치라는 비판이 거세지고 있다. 성적 좋은 학생들의 입시 액세서리가 되는 학생자치 또한 우리가 풀어야 할 과제다.

25) 이런 교육을 강조했던 이유는 당시 사회상을 반영한다. 80년대 대학 시절은 전두환 군부독재가 민주주의를 억압하고 광주항쟁의 진실은 철저하게 통제되었다. 그러나 어둠에 갇혀 빛을 내지 못하던 민주주의는 6월 항쟁으로 다시 피어나고 사회 전반적인 민주화의 열망은 독재의 어둠을 조금씩 밀어 내고 있었다. 그 당시 많은 교사가 마음에 민주주의의 열망을 갖게 된 시대적 배경이었다.

26) 학생이 미성숙하다는 생각은 일종의 나이주의다. 나이를 기준으로 모든 것을 판단하는 나이주의는 우리나라의 오랜 관행이기도 하다. 먼저 나이를 확인하고 위와 아래를 결정한다. 나이를 기준으로 나이 값을 따지기도 한다. 선거도 나이를 기준으로 투표권을 준다. 그런데 19세라는 나이 기준이 되는 이유는 명확치 않다. 군대를 가고 공무원이 되는 나이에 투표는 못한다. 나이주의와 미성숙론의 가장 큰 문제는 학생에 대한 통제를 합리화한다는 점이다.

27) 시민권은 18세기 개인적인 자유를 강조하는 공민권에서 출발해 19세기에는 정치적 자유인 정치권으로 확대되고 20세기에 이르러서는 사회보장과 인간다운 삶을 위한 사회권의 영역까지 발전한다. 학생을 시민으로 본다면 학생의 시민권 또한 이 세 가지 영역을 포함한다. 신체의 자유나 표현의 자유와 같은 자유권의 보장과 함께 의사결정에 참여할 수 있는 참정권과 자치의 권리, 그리고 인간답게 생활할 복지의 권리까지 모두 보장받아야 한다. 인권은 천부적인 권리이며 시민권은 공동체의 권리다. 인권이 시민권을 통해 보장받고 시민권은 인권에 뿌리를 두고 있다면, 인권은 학교 교육의 출발점이며 시민은 배움의 과정이고 완성이다.

28) 자율이라는 말은 참 좋은 말이다. 그러나 그 말이 전혀 자율적이지 않은 현실을 감추는 수단으로 작동하기도 한다. 자율은 스스로 생각하고 판단하는 것으로 그 판단과 행동의 주체가 중요하다. 그래서 학생의 자율성이나 학교의 자율성이나 실제 자율의 주체가 누구인가를 면밀하게 검토해야 한다. 겉으로는 학생의 자율을 강조하는데, 실질적으로는 교사의 자율인 경우가 있고, 학교의 자율을 강조하는데, 현실은 교장의 자율인 경우가 있기 때문이다.

5장 교사의 동료성이 교육을 바꾼다

* 처음처럼

교직 초기는 교사로서의 열정과 희망에 가슴 부푼 시기다. 교육적 신념과 원칙을 강조하는 멋진 교사가 되겠다는 각오를 할 것이다. 하지만 세월의 힘은 신(神)과 같아 꿋꿋했던 신념이나 교육 철학, 교수 방법, 아이들에 대한 믿음도 변하게 만든다. 이런 이유로 경력이 쌓일수록 교사는 초임 시절 소중하게 간직했던 마음가짐을 꺼내 다질 필요가 있다.

도종환 시인은 '흔들리지 않고 피는 꽃은 없다'고 했다. 반복되는 일상에서 타성에 젖기도 하고, 학생과 관련한 어려움이나 보호자의 민원으로 인한 갈등, 학교 동료와의 소모적인 논쟁, 신념과 현실의 괴리로 인해 무기력한 상태에 빠지거나 경제적 이유로 부조리한 일에 유혹받기도 한다. 이처럼 교사의 길은 흔들림의 연속이며 험난한 여정이다.

몸과 마음이 흔들리는 것은 식물이 자리를 잡는 과정과 같다. 교사로서 흔들림이 없다는 것은 변화하지 않음을 의미한다. 변화하지 않음은 노력하지 않고 그냥 그대로 머물러 있는 고인 물과 같다. 교사는 수업과 생활 교육에 대해, 아이들에 대해, 자신의 자리에 대해, 지금 무엇을 어떻게 하고 있는지에 대해 꾸준히 돌아보고 성찰해야 한다. 많은 흔들림은 자신을 단단하게 묶어 주는 계기가 되기도 하고 뿌리가 송두리째 뽑히는 참혹한 결과를 초래하기도 한다. 그래서 아이들에게 최선을 다하고 교사의 자리를 명예롭게 지키기 위해서도 수시로 처음의 마음가짐을 꺼내 보아야 한다. 특히 심하게 흔들릴 때마다 초심을 기억한다면 좋은 교사로 성장하는 데 어려움이 없을 것이다.

초임의 자세와 성찰이 중요한 이유는 아마 경력에 따른 자만과 무뎌짐 때문일 것이다. 교사는 경력이 쌓일수록 초임 시절 어설프게 짜맞춘 모습[1]에서 벗어나 자기만의 색깔을 만들어 간다. 그런데 경력이 쌓일수록 빠지기 쉬운 함정이 자기 경험에 대한 무한 신뢰다. 자기 경험은 소중하지만 교사가 그 경험을 절대화하는 순간 최악의 상황으로 치닫게 된다.

'안다'는 자만은 아집으로 변질되기 쉽고 자칫 수업에 대한 과신과 아이들에 대한 무관심이나 편견으로 이어질 수 있다. 이런 교사는 공부하지 않는다. 필요성을 느끼지 않기 때문이다. 교사는 끊임없이 배워야 한다. 아이들과 배움을 같이 경험해야 하는 존재이기 때문이다. 배움에 갈증을 느끼지 못하는 교사는 빨리 자리를 내놓는 게 아이들을 위해서도 동료 교사를 위해서도 좋다.

사실 교사가 정년까지 맡은 바 소임을 다하는 것은 영광스럽고 명예로운 일임에 틀림이 없다. 그래서 정년을 하는 교사는 훈장을 받기도 하고 축하의 박수를 받는다. 그런데 중요한 것은 62세까지 교직을 수행하는 것이 아니라 어떻게 교직 생활을 했는가의 여부다. 아이들을 위해 최선을 다하고 항상 배우며 초심을 잃지 않았는지 겸허하게 돌아볼 필요가 있다.

간혹 아이들한테는 무관심한 채 자신의 안위만 생각하며 그럭저럭 자리만 지키다 정년을 하는 교사들을 보곤 한다. 부족함과 부끄러움을 모르기 때문에 별 고민 없이 정년을 맞이하는 것이다. 오히려 나이가 들어도 아이들과 함께 하려고 배우고 실천하던 교사가 일찍 그만두는 경우도 있다. 여러 이유가 있겠지만 힘들기 때문이다. 이처럼 아이들과 함께 배움의 길을 가는 삶은 결코 쉽지 않다.

교사 개인의 발전이나 학교, 교육의 책임을 다하기 위해서, 특히 아이들을 위해 교사는 '모른다'고 생각하는 겸손의 자세가 필요하다. 모른다고 판단하는 순간 더 많이 고민하고 공부하게 된다. 더불어 자신을 돌아볼 시간을 더 자주 갖게 되고 성찰한다. 수업도 그렇고 생활 교육도 그렇다. 어쩌면 교사가 최선을 다하고 성장하는 데 좋은 약은 '무지의 태도'이기도 하다.

다음으로 무뎌짐에 대해 살펴보자. 초임의 경우 적극적으로 아이들과 가까이 하려 노력한다. 초임 교사가 아이들에게 다가가는 이유는 교사의 자신감과 정체성을 찾기 위한 노력이기도 하다. 그런데 점차 교사로서 자신감을 갖고 일에 익숙해지면서 적극성이 줄어드는 경향을 보인다. 경력이 많아지면서 부장을 맡고 관리자가 되면 아이들과 거리가 더 멀어지기 쉽다. 노련해지는 측면도 있지만 한편으로 업무에 익숙해져 업무의 한 일환으로 아이들을 보는 경향도 있다.

모든 일은 오래하면 할수록 유창하고 익숙해지는 법이다. 그런데 일에 익숙해지는 순간 아이들과의 소중한 감정인 신선함과 설렘까지 익숙해지기 쉽다. 무뎌지는 것이다. 교사로서 노련해진다는 점이 아이들과 관계를 무디게 해서는 안 된다. 아이들은 항상 새로운 존재다. 교사는 작년과 같은 내용을 가르치지만 아이들은 새로운 것을 배운다. 교사는 매년 다른 아이들을 맞이하기 때문에 항상 새로운 만남을 준비해야 하고 새로운 세상을 열어야 한다.

교사는 아이들 곁에 머물러야 한다. 교직에 익숙해질수록 혹시 아이들과 거리가 멀어지고 있는 것은 아닌지 돌아봐야 한다. 교사가 나타나면 아이들이 모세의 기적처럼 양쪽으로 갈라서지는 않는지, 교실에 들어가기 두렵고 혹시 아이들을 피하고 있지는 않은지 냉정하게 스스로를 평가해 보자. 나이가 들수록 초임 시절을 되새겨야 하는 이유다.

초임 시절 첫 아이를 만날 때, 첫 수업을 할 때, 첫 담임을 할 때의 가슴 떨림은 교사를 늙지 않게 하는 마법의 약과 같다. 사람에게 처음이라는 단어만큼 소중한 말도 없다. 첫사랑, 첫 만남, 첫 번째가 갖는 의미는 교사에게도 특별하다. 교사는 행복하게도 초임의 다짐을 유지할 수 있는 수많은 '처음'이 매년 반복된다. 바로 아이들과 만나는 세상이다.

* 교사는 만능인가?

벌써 열 번 넘게 주례를 했으니 나이에 비해 많이 한 편이다. 얼마 전, 가족과 저녁을 먹다 막내가 한 말에 은근히 기분이 좋았다. "아빠는 좋은 선생님인가 봐? 주례를 아무한테나 부탁하지는 않잖아." 스승의 날이면 졸업한 제자들이 찾아와 함께 이야기꽃을 피우기도 하고, 결혼한다는 제자

소식이 내 일처럼 기쁜 것은 교사의 복이다. 좋은 일이 많아야 행복한 법인데, 교사는 제자가 많다 보니 그만큼 행복한 순간도 많다.

교사가 행복해야 학생이 행복하다는 말이 있다. 아이의 올바른 성장과 행복을 위해서도 교사는 행복해야 한다. 특히 현대사회에서 교사는 수많은 직업 중 하나이며, 직장인으로서 느끼는 만족이 행복과 연결되는 경우가 많다. 경제적인 삶을 유지하고 성취감이나 이상의 실현도 직업과 직결되기 때문이다. 교사의 삶과 행복도 마찬가지다.

여러 연구 결과에 의하면 우리나라 교사의 직무 만족도나 자기 효능감은 사회적 기대에 비해 낮은 편이라고 한다.[2] 이런 결과가 나오는 이유는 다양하다. 학교로 쏟아지는 업무의 양이 만만치 않고 교사를 존경하는 문화도 찾아보기 힘들다. 아이들은 교사의 말을 잘 듣지 않아 생활 교육의 부담을 크게 느낀다. 이런 상황에서 교사의 자율성과 시민으로서의 권리를 제약받고 있다면 만족도나 효능감이 높게 나오는 게 오히려 더 이상할 것이다.

그럼 교사는 언제 만족하고 행복하다고 생각할까? 다양한 답이 있겠지만 대부분의 답은 아이들과 관련된다. 수업이 끝나고 아이들이 박수를 쳐줄 때나 선생님 때문에 공부를 좋아하게 됐다고 할 때 행복감을 느낀다. 졸업한 제자가 찾아와 감사의 말을 전할 때 교사는 행복하다. 돈을 많이 벌거나 승진을 해서 행복한 경우보다 아이들과의 관계에서 교사는 행복을 느낀다. 반대로 아이들 때문에 가슴 아파하고 힘들어하는 게 교사다.

칭찬은 교사만 하는 것이 아니다. 아이들의 박수는 교사를 행복하게 만든다. 그러나 그 칭찬은 마약과 같아서 잠깐 동안 끊어져도 교사는 힘들어진다. 칭찬이라는 지속적인 자극이 주어지지 않을 때 금단 현상이 나타난다. 매년 찾아오는 졸업생이 갑자가 오지 않을 때 교사는 불안해하기도 한다. 중독성이 강한 칭찬에만 교사의 행복을 맡길 수는 없다. 교사의 행복은 외부의 찬양이나 칭송보다는 교사 자신의 일상적인 학교 생활에서 찾아야 한다.

교사에 대한 사회적 기대가 크고 모든 교육 문제의 책임이 학교에 돌려지는 현실은 교사의 심적 부담을 크게 한다. 교육에서 교사의 역할이 중요하고 학교가 차지하는 위치가 막대함은 부정하지 않는다. 그러나 교사가 아이들 교육의 모든 것을 책임질 수는 없다. 학교도 마찬가지다. 교육은 가정과 마을은 물론 교육 정책을 총괄하는 교육청이나 국가의 역할도 크기 때문이다.

경력은 짧지만 의욕과 열정이 넘치는 젊은 교사가 있었다. 그 선생님이 맡은 반은 항상 활기가 넘치고 자유로우면서도 단합도 잘되어 부러움의 대상이었다. 그런 학급 문화는 아이들 한 명 한 명을 부모와 같은 마음으로 챙겨 주는 담임교사의 노력 때문에 가능했다. 지금 그 선생님처럼 아이들을 집에 초대해 밥도 먹고 잠도 같이 자는 교사를 찾아보기는 쉽지 않다.

그런데 언제부터인가 한 번도 힘든 기색하지 않던 선생님의 얼굴에 근심이 드리우기 시작했다. 담임을 맡은 학급의 말썽꾸러기 아이 때문에 몸과 마음이 그만 지쳐 버린 것이었다. 그 아이는 부모의 갈등 때문에 마음을 둘 데가 없어 방황했다. 자연스럽게 집밖에서 시간을 보내다 보니 학교에 나오지 않거나 자주 사고를 쳐 경찰서를 들락거리곤 했다.

그 아이를 위해 선생님은 가정방문을 하고 보호자와 상담하고, 아이를 잠시 데리고 있기도 했다. 마치 부모의 마음같이 안아 주고 보듬어 주는 선생님이었다. 그러나 날이 갈수록 부모와 아이의 거리는 멀어지고 부모는 끝내 아이에게 관심을 갖지 않았다. 결국 아이는 더 방황하게 되었고 학교까지 그만두게 되었다.

이런 일을 겪으며 그 선생님은 교사의 역할에 한계와 무력함을 느낀 모양이었다. 선생님이 힘들어하는 모습을 보고 "선생님은 그저 교사일 뿐입니다. 부모의 마음을 가질 수는 있지만 부모는 아닙니다. 아이에게 모든 것을 다 해주고 싶다는 무한 책임의 부담에서 벗어나 조금은 편안하게 생각하십시오."라는 이야기를 해준 것으로 기억한다.

내가 해준 말이 맞는지는 모르겠다. 그러나 그 당시 아이의 상황은 교사의 책무성으로 해결할 영역 밖이었다고 본다. 교사는 아이들을 부모와 같은 마음으로 이해하고 대해야 하지만 교사가 실제로 부모가 될 수는 없다. 교사가 부모가 되어서는 안 된다. 교사의 역할은 따로 있고 교사는 만능이 아니다.

학교에 부과되는 산더미 같은 업무의 압박과 교사에게 부과되는 엄격한 도덕성과 역할 기대는 여전히 교사의 몸과 마음을 힘들게 한다. 아이와 관련된 거의 모든 문제의 책임을 학교와 교사에 지우기 때문이다. 그 결과 교사가 느끼는 회의감과 피로도는 심각한 수준에 이르렀을 것이다.

이제 교사에게 숨을 돌릴 수 있는 여백을 주어야 한다. 과도한 업무에서 벗어나 아이들에게 집중할 수 있게 해야 하며, 학교에 지나치게 책임만 부과해서는 안 된다. 교사에게 잠시 딴짓할 수 있는 권리⑦를 부여해야 한다. 딴짓은 쓸데없는 짓이 아니다. 휴식과 여유가 업무의 효율을 높이는 것처럼 교사에게도 딴짓을 할 여백이 있어야 수업에 대한 열정, 아이들에 대한 관심이 커질 것이다.

어느 교육청에서 황당한 공문이 내려와 교사의 분노를 산 적이 있다. 공문의 내용은 학교 주변 200미터 반경에 있는 빈집 현황을 조사해 보고하라는 것이었다.[3] 이 어처구니없는 지시는 학생들의 생활 지도를 위해서라는 명목으로 시행되었다. 학교와 교사의 반발로 취소되기는 했지만 교사의 본업을 어떻게 생각하는지 암울한 현실을 그대로 드러내는 것 같아 걱정이 앞선다.

여백은 본업에 충실한 교사로 돌아가는 길이다. 행정 업무에 치이면서 아이에게 집중할 수는 없다. 매일 쏟아지는 공문에 짓눌리면서 수업에 충실하기는 어렵다.[4] 아이의 성장을 돕는 교사의 교육 활동에 불필요한 업무와 규제를 해소함으로써 교사의 자율성과 책무성을 높일 수 있다. 행정 실무사의 배치와 공문 감축, 교사의 자율성 강화로 이어지는 정책이 더 확충되어야 한다.

조금만 마음의 여유를 가져도 보이지 않던 것들이 보이게 되고, 자신의 능력을 더 잘 발휘할 수 있는 여건의 장이 되기도 한다. 빡빡하게 수업만 생각하고 아이들만 걱정한다고 좋은 관계와 배움이 일어나는 것은 아니다. 교사에게 여유를 주는 것은 총체적으로 아이를 바라보는 시선의 확장이기도 하다.

* 꼰대와 잔소리

본격적으로 교사의 권리와 책임에 대해 살펴보기 전에 다소 불편한 현실을 먼저 이야기해 보자. 바로 교사의 잔소리다. 옳은 소리를 기분 나쁘게 하는 게 잔소리라면 격려는 옳은 소리를 기분 좋게 하는 것이라는 말이 있다. 교사의 잔소리가 많은 이유는 아이들에게 느끼는 안타까움의 발로이며 책임감 때문에 빚어지는 경우가 대부분이다. 그런데 아이들은 이런 교사의 잔소리를 별로 달가워하지 않는다.

특히 교사의 말이 아이들에게 잔소리로 들리는 경우는 대개 그 말이 부정적일 때다. 긍정적 잔소리는 찾아보기 힘들다. 교사는 아이들에게 어떤 말을 할까? 긍정적인 말도 많지만 현실적으로 부정적인 말[5]도 적지 않게 한다. 금지와 부정의 말을 좋아하는 사람은 없다. 잔소리를 사전에서 찾아보면 '쓸데없이 자질구레한 말을 늘어놓음. 필요 이상으로 듣기 싫게 꾸짖거나 참견함. 또는 그런 말'이라고 나온다.[6]

말을 하는 이는 그렇지 않은데 듣는 사람은 쓸데없다고 생각하기 때문에 잔소리가 된다. 말하는 이와 듣는 이가 전혀 다른 세상에 사는 것과 같은 이치다. 잔소리라고 생각해 듣는 사람의 입장에서 받아들이지 않고 안 좋은 결과를 초래한다면 차라리 아니한 만 못하다. 잔소리를 하면 꼰대 소리를 듣는다. 소위 꼰대와 잔소리는 동급으로 취급된다.

꼰대는 보통 진지하고 잔소리가 많은 나이든 남자나 아버지, 또는 교사를 부르는 은어였다. 특히 교사는 평소 품행이 방정(?)하고 모범적이어서, 꼰대라는 별칭이 '옳은 소리만 진지하게 하는 융통성 없고 답답한 사람'의 의미로 붙여진 것 같다. 현재 통용되는 꼰대와는 결이 좀 다르다. 지금은 주로 고루한 사고방식으로 권위만 내세우는 상사를 비꼬는 말로 사용되기도 한다.

꼰대가 자주 하는 말이 있다. '내가 누군지 알고 감히 나한테 이럴 수 있어? 네가 뭘 안다고 그 따위 소리를 해? 네가 어디 감히 내 앞에서, 내가 왕년에는 말이야…' 대개 직장 상사나 나이 든 사람이 아랫사람에게 하는 행동이다. 내가 왕년에 뭘 했는가는 중요하지 않다. 왕년을 따지며 친분 있는 잘 나가는 사람 이야기를 자주 하는 사람치고 내실 있는 사람을 본 적이 없다.

서로를 존중하고 이해하는 행동이 아니라 우월한 위치에서, 아래 사람에게 훈계하는 존재가 꼰대라면, 교사 문화에도 여지없이 등장한다. 꼰대는 흔히 학생보다 위에 있다는 권위의식에서 출발한다. 학생은 모르고 교사는 안다는 전제, 그래서 너희들은 내 말을 들어야 하고 시키는 것을 따르지 않으면 안 된다는 생각을 기본 전제로 한다. 교사의 말에 반문을 하면 '네가 뭘 안다고?' 하면서 질책하고 무시하기 십상이다. 이에 대한 문제 제기라도 하면 '조용히 찌그러져 있을 것이지. 어딜 감히 나에게'라는 생각이 앞선다.

경력이 쌓일수록 자기 수업에 대해 다른 교사가 뭐라 하는 것도 금기 사항이다. 옆 반 교사가 나에게 조언하는 경우를 생각해 보자. 잘못을 지적하고 다른 방향을 제시할 경우, '필요 없다. 쓸데없다. 참견 마라. 오지랖도 어지간히 넓으셔.' 대개 이런 반응을 예상해 볼 수 있다.

결국 잔소리와 꼰대의 공통적인 문제는 소통과 공감이 안 된다는 점에 있다. 이런 문화는 교사의 공적 관계와 협력을 방해한다. 학생에게, 동료 교사에게, 후배 교사에게 알게 모르게 나오는 꼰대 기질은 권위주의적이고 반민주적이며 폐쇄적인 학교 문화[7]와 흐름을 같이한다. 학교에서도 꼰대의 잔소리는 대개 권력을 가진 교장이나 선배 교사에 의해 나타난다. 수평적이고 민주적인 학교 문화가 정착된다면 꼰대는 더 이상 설 자리가 없을 것이다.

인천의 어느 초등학교에서 교감이 자신이 근무하는 학교 교무실에서 평교사를 종이 과녁 앞에 서 보라고 한 뒤 체험용 활을 쏜 사건이 있었다.[8] 교감이 보인 행동은 전형적인 갑질 행태이며 꼰대의 모습에 지나지 않는다. 어디에서 민주적인 태도나 관계를 찾아볼 수 있을까. 단지 교감이라는 권력을 뒤 배경으로 횡포를 저지른 관리자일 뿐 그 이상도 그 이하도 아니다.

꼰대와 갑질의 문화는 비민주적이고 수직적인 권력 관계에서 발생하기 때문에 당사자 간에 수평적인 소통은 기대하기 힘들다. 특히 그 권력을 빙자한 개인적이며 사적인 권리 침해가 이루어지기 때문에 학교에서의 공적인 관계를 심하게 훼손하게 된다. 이런 이유를 들지 않더라도 꼰대와 갑질의 문제를 개인적인 일탈로만 판단하지 말고 사회 문화적 측면에서 살펴봐야 할 것이다.

결국 꼰대에서 벗어나는 가장 좋은 방법은 소통하고 민주적인 학교 문화와 함께 공적 관계와 공공성을 회복해야만 하는 것이다. 교사는 교육의 핵심 주체이며 동시에 학교 공동체의 시민이다. 교사가 꼰대임을 거부하는 길은 교육의 책임을 다하는 길이며 시민으로 당당하게 서는 길이기도 하다. 잔소리는 불통으로 이어지며 꼰대는 시민이 되기 어렵다.

* 경쟁과 경쟁력

그리스 신화에 매미로 변한 티토노스 이야기가 있다. 트로이의 왕자 티토노스는 새벽의 여신 에오스가 사랑한 인간이다. 티토노스한테 한눈에 반한 에오스는 그를 납치하게 된다. 티토노스와 영원히 함께하고 싶은 에오스는 제우스에게 티토노스가 영원히 죽지 않게 해달라 간청하고 마침내 티토노스는 불사의 생을 얻게 된다.

그러나 늙지 않는 불노의 삶을 놓치는 바람에 티토노스는 죽지 않고 영생을 누리지만 안타깝게도 계속 늙어 간다. 늙은 티토노스로부터 마음이 멀어진 에오스는 그를 방에 가두고, 티토노스는 애타게 에오스를 부르다 매미로 변했다고 한다. 사랑에 빠진 에오스는 연인에 대한 욕심 때문에 결국 잘못된 선택을 했고, 그들의 만남은 불행으로 막을 내리게 된다. 늙지 않음과 죽지 않음은 유사하지만 다른 차원의 문제다. 불사의 삶이 불노의 삶을 전제하는 것이 아니기 때문이다.

우리 사회는 막연한 '유사성'을 이유로 '다름'을 인정하지 않아 문제가 되는 경우가 많다. 교육계에서도 유사하지만 다르다는 핵심을 놓친 정책 사례가 적지 않다. 이런 정책은 아이와 교사의 삶을 행복하게 변화시키는 것이 아니라 오히려 교육 현장을 더 힘들게 하고 교육의 본질을 훼손하고 있다. 이처럼 잘못된 판단 중 하나가 교육공무원 성과상여금 정책이다.

교육공무원의 성과급은 그 구조가 본래 받을 임금의 일부를 성과급 형태로 주는 것이기 때문에 일반 기업이 주는 상여금의 개념과 다르다. 그렇지만 경쟁을 통해 교사의 질과 교육의 질을 높이겠다는 기본 발상은 같다. 기업과 학교의 차이를 정확히 인식하지 못할 때 본질이 왜곡되는 일이 일어난다. 학교는 기업의 눈으로 보면 이해하기 힘들 정도로 독특한 조직이다. 관료제의 형태를 취하면서도 어떤 면에서는 성글고 이완된 구조를 취하는 특수성을 띠기도 한다.

예술가와 같은 자유분방하고 느슨한 조직은 관료제 시스템이나 이윤을 추구하는 기업과 같은 경쟁 논리가 잘 맞지 않는다. 느슨한 구조에서의 구성원은 자율성이 강하고 변화가 더딘 특징을 갖는다. 겉으로는 일사분란하게 반응하는 것 같지만 실질적으로 각자의 판단에 의해 움직이는 독립성을 갖기도 한다. 그럼에도 불구하고 학교를 상품을 생산하는 기업과 같은 논리로 접근하고 있어 문제가 된다. 본질이 다른데 애써 차이를 무시하고 밀어 붙이는 식이다.

정부에서 내세운 교육공무원 성과급 지급 목적은 대체로 다음과 같다.[9] 우선 교직사회의 협력과 경쟁 유도를 통해 교육의 질을 개선하고 교원의 사기를 진작한다는 것이고, 다른 하나는 수업과 생활 지도를 잘하는 교원을 우대해 교원의 교육 전념 여건을 조성한다는 것이다. 이런 논리는 구성원의 경쟁을 통해 기업의 경쟁력을 높이고자 하는 방향과 맥락을 같이한다.

교사의 경쟁력을 높이기 위해 교사 간 경쟁을 유도한다는 발상부터가 문제다. 경쟁과 경쟁력은 다르다. 교육의 경쟁력이 교사의 질이나 교육의 질을 의미한다고 본다면 경쟁보다는 오히려 협력이 더 중요하다. 학교는 한 명의 영웅에 의해 바뀌지 않는다. 이미 학교는 교사 개인의 책무성이나 질에 의존하는 구조에서 벗어나 교사 간의 협력적 실천을 토대로 하는 학교 책무성의 공간으로 변화하고 있다.

이런 교육의 변화 방향에 역행하는 게 성과급 제도다. 수업과 생활 지도를 잘하는 교사를 우대하겠다고 하는데 이를 어떻게 평가할 수 있겠는가. 아이들은 교사의 눈빛을 보고 배우고 교사는 아이들 슬리퍼 끄는 소리에도 귀기울여야 하는 것처럼 교육은 섬세하고 인간적이며 느린 과정이다. 그럼에도 성장의 과정을 1년 단위로 계량화해 평가한다는 것 자체가 난센스다.

성과급을 통해 교원이 교육에 전념할 수 있는 여건을 마련한다고 하는데, 그런 환경과 조건은 교원의 권리를 보장하고 자존감을 높여 주는 정책을 통해 만들어지는 것이지, 돈 몇 푼 놓고 서로 경쟁하게 해서 달성되는 것이 아니다. 지금의 성과급은 마치 교육 문제의 모든 책임이 정부가 아닌 교사에게 있는 것처럼 여기게 하는 눈속임에 불과하다.

교사 간의 협력과 집단지성의 발휘는 생활 교육과 학급 운영, 상담 등 아이들과 만나는 모든 과정에 적용된다. 한마디로 교육 과정에 포함되는 일련의 활동이 다 해당되는 것이다. 그리고 학교 교육 과정은 교사의 전문성과 자율성을 기초로 한 학교 책무성으로 이어진다. 그래서 학교나 교육의 혁신은 개별 교사가 아닌 교사의 공적인 관계와 협력, 그리고 열린 교사 문화의 관점에서 접근해야 한다.

* 스승과 교사'들'

달력을 보면 숫자 아래 작게 표기된 기념의 날이 많다. 국가가 지정한 기념일에는 '스승의 날'도 있다. 과거 스승의 날이면 아이들은 자그마한 손으로 선생님의 가슴에 카네이션을 달아 주었다. 지금은 「청탁금지법」으로 카네이션도 대표 학생이 아니면 달아 줄 수 없다. 그러다 보니 그날의 주인공인 교사는 자신을 마치 잠재적 범죄자 취급하는 현실에 씁쓸함을 표하기도 한다. 그런 시선이 불편해서 차라리 스승의 날 하루 쉬는 학교도 생기고 있다.

이런 분위기 때문인지 청와대에 스승의 날 폐지 청원이 올라왔다고 한다. 만약 교사가 행복하지 않고 오히려 부담과 자괴감이 들 정도라면 굳이 스승의 날을 유지할 이유가 없다. 폐지 여부를 떠나 '스승의 날'이란 말은 어떤가? 대부분의 선생님은 아이들의 교육을 위해 책임을 다하고 있다. 그럼에도 간혹 '교사는 있지만 스승은 없다'는 조롱조의 비난을 받기도 한다.

스승은 특정한 직업을 의미하지 않는다. 누구에게나 삶과 성장에 좋은 영향을 미친 사람은 스승이 될 수 있다. 반면에 전문직으로서의 교사[10]는 일정한 자격까지 요구하는 특정한 직업 중 하나다. 교사가 직업으로써의 역할에 충실할 때, 평생 잊지 못할 스승도 되는 법이다. 그래서 적어도 스승이 아닌 '직업인 교사'를 강조한다고 비난하지는 말아야 한다.

5월 15일을 스승의 날로 정한 것은 세종대왕을 기념하기 위해서이기도 하다. 교사는 감히 '스승'이라는 명칭으로 세종대왕과 비견되기를 원하지 않는다. 다만 교사는 개별적인 스승이 아닌 '교사들'로 최선을 다하면 된다. 내가 교사에 복수형 '들'을 붙인 이유가 있다. 교육의 변화를 위해 교사의 변화는 반드시 필요하다. 단, 그 변화는 동료 교사와 연대한 결과일 때를 말한다. 우리는 그것을 동료성이라고 부른다.

'리더는 첫 번째 추종자가 만든다'는 데릭 시버스의 「테드(TED)」 강의가 생각난다. 이 짧은 강의는 어느 공원의 영상으로 시작한다. 누군가 등장해 막춤을 추기 시작하고 잔디에 누워 쉬고 있는 사람들은 그를 쳐다보며 수군거린다. 그런데 잠시 후 한 명의 젊은이가 다가가 같이 춤을 추기 시작하고 얼마의 시간이 더 흐르자 더 많은 사람들이 주변에 모여 같이 춤을 춘다. 결국 공원에 있던 거의 모든 사람들이 함께 춤을 추게 된다.

이 영상을 통해 강연자가 강조하고 싶은 부분은 추종자에 있다. 리더는 가장 먼저 춤을 춘 사람이고 변화를 위한 그의 역할은 소중하다. 그러나 공원의 많은 사람이 춤을 추게 만든 변화의 핵심에는 첫째 추종자의 역할이 크다. 처음 방향을 제시한 리더의 역할도 중요하지만 그를 따르는 추종자 없는 사회를 변화시킬 수 없다. 추종자 없는 리더의 행동은 그저 한순간의 해프닝으로 끝나기 십상이었을 것이다.

학교 혁신도 마찬가지다. 한 명의 리더가 아닌 다른 교사와의 동료성을 통해 학교와 교육은 성장한다. 보스는 혼자 정상에 오르는 데 관심을 갖는다. 그래서 다른 이들보다 먼저 정상을 차지하기 위해 때로는 남을 밟고 가기도 한다. 반면에 좋은 리더는 동료와 함께 정상에 가기를 원한다. 더딜지언정 잡은 손을 놓지는 않는다. 공적 관계와 집단지성이 발휘되는 일종의 '공유 리더십'이라 할 수 있다. 공유 리더십은 모두가 리더가 되어 뛰는 것이다.

따라서 교사가 교육을 바꾼다가 아니라, 교사와 교사의 '공적 관계'가 교육을 바꾼다가 맞다. 혁신을 이야기하면서 생기는 가장 많은 잘못과 오해가 바로 이 지점에 있다. 교사는 개별적으로 훌륭하고 좋은 교사가 되기 위해 최고의 노력을 한다. 그런데 그 노력이 칸막이가 쳐진 독서실처럼 개인 차원의 노력이라면 교육 혁신은 곧 한계에 이르게 된다.

아이가 시민성을 키우고 사회의 주인으로 성장하는 과정은 특정 교과나 개별 교사의 힘만으로 되는 것이 아니다. 아이들은 가정과 사회, 학교의 모든 영역에서 경험을 통해 배운다. 특히 학교에서는 학교 차원의 체계적이고 조직적인 교육 과정이 아이에게 주어진다. 결국 교육에서 변화는 학교 공동체의 비전과 조직, 계획을 담은 교육 과정의 실천과 협력을 통해 달성될 수 있다.

몇 해 전 드라마 '응답하라 시리즈'를 재미있게 보았다. 어릴 적 추억 여행이라는 감성도 자극했지만 내용 전개가 무척 촘촘하고 힘이 있다는 생각을 했다. 연출과 배우의 힘이기도 하지만 전개와 설정은 방송 대본 단계에부터 꼼꼼하게 준비했을 것이다. 나중에 안 사실이지만 이 드라마는 한 명의 작가가 아니라 여러 명이 팀으로 작업을 한 결과물이었다.

함께 모여 스토리를 만들어 가는 과정이 바로 성공의 중요한 요소였던 것이다. 집단지성의 사례라고 할 수 있다. 요즈음은 방송 대본을 혼자 쓰는 경우가 흔치 않다고 한다. 여러 분야에서 공동 작업하고 협력하는 시스템이 일반화되는 현상은 더 좋은 효과를 기대할 수 있기 때문이다. 이처럼 혼자 하는 것보다 여럿이 함께하는 것이 실패할 확률도 적고 방향성도 잃지 않는다. 학교에서 교사도 마찬가지다.

교사의 본업은 아이들을 가르치는 일이다. 본업에 충실하기 위해 동료들과 집단지성을 발휘하는 경험과 기쁨을 나누면서 동료성은 높아진다. 학교의 일은 교사의 생존 방식이며 교사는 그 일을 통해 만족하고 성장한다. 동료성은 단순하게 동료 간의 의리나 친목을 말하는 것이 아니다. 동료와 같이 술 먹고 운동하고 논다고 동료성이 높아지지는 않는다.

물론 친한 관계는 동료성을 높이는 데 시너지 효과를 거두기도 한다.

그러나 이런 친목 중심의 사적 동료애는 공식적 집단인 학교에 부정적 영향을 미치기도 한다. 잘못 나아가면 파벌과 같은 비공식적 집단으로 변질될 가능성 또한 높다. 물론 비공식적 집단이 모두 부정적이라는 말은 아니다. 산악회 같은 친목중심의 비공식적 집단은 만족을 높이고 공식적 집단인 학교의 책무성을 강화하는 긍정적 기능을 수행하기도 한다.

동료와 호흡을 잘 맞추어야 하는 계주 선수들은 다른 종목의 선수들과 비교해 친한 편이라고 한다. 주의를 기울여 수천 번 수만 번의 바통을 주고받으며 그들이 흘린 땀과 눈물이 친밀감과 동료애를 키운 것이다. 교사도 그렇다. 밤새워 학교 비전을 찾는 토론을 하고, 교육 과정 편성을 위해 머리를 맞대고, 학사 일정을 논의하고, 수업을 같이 디자인하고 아이를 위한 대안을 찾아내고 보호자와의 문제를 해결하기 위해 함께 협력하는 공적 과정을 통해 동료성은 강화된다.

교직이 여타 전문직과 다른 것은 학생 내면의 가능성을 끌어내는 상호작용[11]을 한다는 점과 함께 그 전문성을 동료와 협력하면서 발휘한다는 데 있다. 교사의 전문성을 개별 교과나 담임 개인의 능력이라 오해하기 때문에 학교의 책무성이 교사의 책무성으로 왜곡된다. 학교가 교육을 바꾸는 것이 아니라 학교의 공공성이 교육을 바꾸는 것처럼 교사가 교육을 바꾸는 것이 아니라 교사의 공적 동료성이 교육을 바꾼다.

* 교사는 시민이다

「홀로페르네스의 목을 베는 유디트」는 바로크 시대에 유명한 여성화가 아르테미시아 젠틸레스키의 작품이다. 유디트가 앗시리아의 장군인 홀로페르네스의 목을 베는 장면을 그린 것이다. 결의에 찬 유디트의 얼굴은 그당시 바로크 미술의 대가 카라바조의 같은 소재 그림 「홀로페르네스의 목을 치는 유디트」의 유디트 얼굴과 비교된다. 두 그림의 차이는 분명하다. 카라바조의 그림에 등장하는 유디트는 겁에 질린 앳된 소녀의 얼굴을 하고 있다.

반면에 젠틸레스키의 그림에 등장하는 유디트는 단호하다. 적장의 목을 노리는 것이 결코 쉬운 일이 아니다. 목숨을 걸고 적진에 뛰어들어 적장을 목을 베기까지 얼마나 많은 고민과 두려움이 있었을까 짐작하고도 남는다. 그런데도 그 두려움을 떨쳐 내고 결의에 찬 모습이 압권이다. 카라바조의 유디트와 다른 이유는 여성화가로 당당하게 독립한 젠틸레스키의 자존감의 발로라고 생각한다.

사실 젠틸레스키는 당시 흔치 않은 여성화가다. 그때 사회 상황에서 여성이 화가의 길을 가는 것은 쉽지 않았다. 아카데미에 입학하는 것 자체가 불가능했던 시대였다. 다행인지 불행인지 젠틸레스키의 아버지가 화가여서 어려서부터 그림에 소질을 보인 젠틸레스키는 아버지의 동료 화가인 타시에게 맡겨져 그림을 배운다. 그러나 타시로부터 성폭행을 당하게 되면서 젠틸레스키는 위기에 처한다.

남성 중심의 사회에서 젠틸레스키도 화가의 길을 포기하고 아무 일도

없던 것처럼 일상으로 돌아갔을까? 젠틸레스키는 그렇게 하지 않았다. 정식으로 소송을 제기했다. 젠틸레스키는 여성이기 때문에 받아야 하는 주변의 질타와 비난에도 불구하고 재판에서 이기고 화가의 길을 걷는다. 자화상에도 보이지만 당당한 그녀의 모습은 유디트의 얼굴과 중첩된다.

젠틸레스키 이야기를 꺼낸 이유는 역사적으로 권리를 보장받고 쟁취하기까지 저절로 되는 게 없다는 점을 말하고 싶어서다. 왕정에 맞선 시민혁명의 역사에서도 이를 알 수 있다. 그 당시 시민은 결국 부를 가진 부르주아일 뿐이었다. 재력을 갖지 못한 노동자나 여성은 시민의 권리를 갖지 못했다.

혁명의 주 세력이면서도 소외되었던 노동자의 참정권도 차티스트 운동과 지속적인 투쟁을 통해 달성된다. 여성의 시민으로서의 권리는 노동자가 조금씩 참정권을 넓혀 가는 시기에도 관심의 대상이 아니었다. 여성

의 참정권은 노동자의 참정권이 보장된 이후로도 오랫동안 치열한 투쟁의 시간을 거쳐야 했다.

'단두대에 오를 권리가 있다면 연단에서 말할 권리도 있다'고 외친 올 랭프 드 구주나 여성 참정권 투쟁에 앞장선 수전 앤서니 같은 여성 운동 가가 등장했고, 이들과 어깨 걸고 끝까지 연대한 시민들이 있었기에 가능 했다. 마침내 여성이 참정권을 찾게 된 것은 1900년대에 들어서다.[15] 이런 역사에서 알 수 있듯이 시민의 권리는 누군가에 의해 시혜적으로 주어지 는 것이 아니라 스스로 쟁취하는 것이다.

이제 교사의 삶을 들여다보자. 감정 노동자의 삶을 사는 교사는 피곤 하다. 가정에 불화가 있으면 학교에서 아이들과 환하게 웃으며 생활하기 힘들다. 그러나 교사는 웃어야 한다. 물론 교사가 아무리 감추려 해도 아 이들은 교사의 미세한 눈빛이나 얼굴 표정의 변화를 금방 알아챈다. 전화

기에서 들려오는 '사랑합니다. 고객님' 정도의 감정 노동은 아니지만 교사는 직접 아이들과 대면하기 때문에 더 감정 조절에 어려움을 겪는다.

그런데 교사가 겪는 감정 노동의 어려움은 자주 얘기하면서도 시민으로서의 권리에 대해서는 별로 언급하지 않는다. 예를 들어 현실은 정치적 중립을 이유로 교사의 정치적 참여와 의사 표현을 제한하고 있다. 교사는 정치적 중립의 의무와 정치 활동의 금지라는 쇠사슬에 철저하게 묶여 있다. 이 문제는 국제적으로도 비판의 대상이다. 실제 G20 국가 중 교사의 정당 가입을 금지하고 있는 국가는 우리나라가 유일하다.

그럼에도 교사의 참정권 제한에 대해 분노하고 개선을 요구하는 목소리는 작기만 하다. 정치적 참여가 제한되는 시민은 시민이 아니다. 어떤 정치적 의사 표현도 하지 못하는 교사가 어떻게 아이들을 민주국가의 당당한 시민으로 가르칠 수 있겠는가? 시민을 키우는 교육의 목표를 달성하기 위해서도 교사의 정치적 권리는 보장되어야 한다.

정치를 떠나 학교로 들어가 보면 사정은 좀 나아질까? 학교에서 시민이란 학교가 나아갈 방향을 마련하고, 학교 의사결정 과정에 자율적으로 참여하고 자기 결정권을 가지고 있는 구성원을 말한다. 교사가 교육 과정을 재구성하는 권한은 어디까지 보장되고 있는지 돌아볼 일이다. 최근 혁신학교를 중심으로 교사의 교육 과정 권한이 강화되고 있기는 하지만, 아직도 갈 길이 멀다.[16]

교사가 학교에서 시민으로서의 삶을 경험하지 못하고 있는 상황에서 학교민주주의는 요원하다. 학생들의 시민 교육도 마찬가지다. 교사의 시민적 경험 없이 학생의 시민적 경험을 기대하기는 더욱 어려운 일이기 때문이다. 그래서 시민의 권리가 보장받지 못하는 열악한 교육 현실에 교사

알브레히트 뒤러, 「모피 코트를 입은 자화상」[17]

는 더 많이 분노하고 싸워야 한다. 역사에서 알 수 있듯이 누구든 저절로 시민이 되지는 않는다.

내가 좋아하는 그림으로 알브레히트 뒤러의 「모피 코트를 입은 자화상」이 있다. 이 그림에는 멋진 화가의 모습이 담겨 있다. 마치 예수와 같은 얼굴과 자세를 취했고 모피 코트를 걸친 화가는 최초로 그림에 자신의 서명을 넣었다. 그 전까지 화가는 귀족이나 왕족 또는 교회의 주문에 맞게 그림을 제작해 넘겼다. 그래서 그림의 주인은 화가가 아니라 주문자였다. 그러나 뒤러는 그림에 서명하면서 자신이 창작한 작품임을 만천하에 드러낸다. 창작자로서의 자존감이 느껴진다.

자존감은 자신에 대한 사랑과 믿음이며 높은 정체성이다. 지금 혹시 우리 학교에서 교사의 자존감이 상처받고 있지 않은가 돌아보자. 자존감이 약해지면 어떤 일도 제대로 수행하기 어렵다. 교사의 전문성과 자율성을 인정하고 그에 걸맞은 대우를 해주고, 교권을 강화하고 지켜 주며, 교무실의 환경을 비롯한 근무 여건을 개선하는 것도 교사의 자존감을 높이는 방편이 될 수 있다.

그러나 무엇보다 중요한 것은 참정권을 비롯한 시민으로서의 삶과 권리를 보장하는 것이라고 생각한다. 교사의 자존감은 교육 혁신의 원동력이며 시민성 확보를 통해 회복할 수 있다. 과거 교사는 전문가인가 노동자인가를 놓고 치열한 논쟁을 벌인 적이 있다. 반면에 시민으로서의 교사에 대한 논의는 상대적으로 소홀했다. 이제 전문직과 노동자 논쟁 모두 시민(성)으로 수렴되어야 한다.

인간으로서의 보편적 인권과 더불어 시민의 정치적 권리, 시민을 키우는 교사의 교육적 권리는 별개의 것이 아니다. 모두 같은 연장선에 놓여 있다. 그 길은 저절로 만들어지지 않는다. 많은 노력과 시간이 필요할지 모른다. 그리고 마침내 함께 만든 그 길에서 뒤러의 '자화상'처럼 각자의 위치에서 자존감 높은 교사로 우뚝 섰으면 좋겠다.

1) 임용시험을 어렵게 통과한 응시자들을 면접할 기회가 있었다. 수업 시연과 심층 면접에서 보여 주는 수험생 행동은 거의 붕어빵이다. 처음 시작하는 말 한마디에서부터 교실에서 움직이는 동선과 동작까지 거의 유사하다. 그리고 아이의 이름을 다정히 부르는 목소리와 얼굴 표정까지 같다. 한 명 두 명 시상을 거듭할수록 점점 무섭게 느껴질 정도였다. 그래도 다행인 것은 이런 획일적인 모습이 일정 기간 지속되지만 그리 오래가지는 않는다는 점이다.

2) 반두라(Bandura, 1986)의 사회인지 이론에 의하면 '자기 효능감(self-efficacy)'이란 어떤 행위를 성공적으로 성취할 수 있는 능력에 대한 개인적인 믿음을 말한다. 그리고 '직무 만족감(job satisfaction)'이란 자신의 직업과 관련된 일을 수행하는 데에서 오는 충족감이나 만족감으로 정의될 수 있다(Locke, 1969, OECD, 2014b: 182에서 재인용) (중략) 이러한 결과를 종합해 보면 우리나라 교사들은 교직에 대한 사회 일반의 높은 기대와는 달리 학교 업무와 가르침의 과정에서 매우 낮은 자기 효능감을 가지고 있으며, 교사로서 매우 저조한 직무 만족도를 가지고 있다고 할 수 있다." 박근영, 한국교육개발원, 「교육정책포럼」 2018년 296호. (2018.2. 이슈통계) 교사들의 자기 효능감과 직무 만족도: TALIS 2013, 교육통계서비스

3) 「매일경제」 2019.4.11

4) 실천교사모임의 조사에 의하면 교사가 연간 처리해야 할 업무 목록이 227개에 이른다고 한다. 「매일경제」 2019.4.11

5) 상대방을 이해하고 상처를 주지 않는 대화는 쉽지 않다. 말이 비수가 되어 상대방을 해치는 경우가 많다. '그것도 모르니, 넌 왜 그 모양이니 언제 사람이 되려고 그러니' 등 모두 폭력적인 말이다. 짜증내는 아이들에게 같은 톤의 경멸이나 비난이 어떤 의미가 있겠는가 생각해 보자. 공감이 되지 않은 상태에서 아무리 좋은 말을 해주어도 아이는 받아들이지 않는다. 소통은 주고받음이기 때문이다.

6) 「표준국어대사전」 참고

7) 이런 문화는 학급 운영에도 적용된다. 옆반 아이가 상담을 요청하면 일단 당황한다. 담임이 있는데 왜 나에게 상담을 요청할까라고 생각한다. 상담은 담임의 권한이고 다른 반 교사가 개입하면 말 그대로 부당한 개입이라고 생각하기 때문이다. 그러나 아이들에게 담임만이 교사는 아니다. 좋아하고 따르는 교사는 아이들마다 다르다. 그렇다면 자기가 좋아하는 교사를 찾아 고민을 이야기하는 것은 너무 당연하다. 우리 반 아이를 상담해 주면 기분 나빠할 것이 아니라 오히려 고마워할 일이다.

8) 「연합뉴스」 2018.1.28

9) 2018년 경기도교육청 「교육공무원 성과상여금 지급 지침」 참고

10) 교사는 노동자인가 전문직인가의 논쟁이 치열했던 때가 있었다. 교사라는 직업의 여러 특성 중에 어느 한 가지만 강조하다 보니 생긴 불필요한 논쟁이었다. 임금을 받는 직업적 특성을 보면 교사는 분명 노동자이다. 그러나 전문적인 훈련과 교육이 필요하고 공인 자격증을 갖추고 어려운 시험을 통과해야 하는 등 전문적인 것도 분명하다.

11) 전시장에 가면 작품을 설명해 주는 큐레이터를 만날 기회가 있다. 작가의 삶에 대한 이야기나 그림이 그려진 배경, 그림에 숨겨진 세세한 알레고리와 특징에 대해 설명을 들으면 훨씬 큰 감동을 받기도 한다. 물론 이런 친절한 사전 설명이 온전한 감상을 방해하기 때문에 큐레이터의 설명 전에 작품을 먼저 보고 나름대로 감상하기도 한다. 이것도 맞다. 그림을 보는 이유는 내가 감동받기 위한 것이고 그림은 보는 사람마다 다르게 이해하고 감동받는 게 맞다.
교사는 큐레이터와 유사하다. 학생들의 감동을 위해 도움을 주는 존재다. 그리고 그 감동은 온전하게 학생의 몫이다. 교사가 밥을 떠서 먹여 주는 것이 아니라 밥을 먹는 방법을 알려 주는 존재인 것처럼 학생이 감동할 수 있는 역량을 키워 주는 역할을 해야 한다. 배움을 주는 것이 아니라 배움의 방법, 학습의 방법, 살아 가는 법을 알려 주는 역할이다. 교사가 전문적으로 평가받는 근거는 단순하게 아는 것을 가르치는 것이 아니라 학생들에게 스스로 그 힘을 갖게 하는 데 있다.

12) 아르테미시아 젠틸레스키, 「홀로페르네스의 목을 베는 유디트」, 캔버스에 유채, 1614~1620년, 158.8×125.5cm, 피렌체 우피치 미술관

13) 카라바조, 「홀로페르네스의 목을 치는 유디트」, 캔버스에 유채, 1598~1599년경 145×195cm, 로마 국립 고전회화관

14) 아르테미시아 젠틸레스키, 「회화의 알레고리로 그려진 자화상」, 캔버스에 유채, 1638~1639년, 96.5×73.7cm, 런던 로얄 아트 컬렉션

15) 여성의 참정권 싸움과 관련해 스위스 영화 「거룩한 분노」를 권하고 싶다. 이 영화는 1971년 스위스를 배경으로 한다. 여성들의 참정권을 얻기 위한 파업과 투쟁을 잔잔하지만 감동적으로 그리고 있다. 남성 중심 사회의 편견과 차별을 이겨 내는 용기 있는 여성들의 이야기다. 2017년에 여성인권국제영화제 폐막작이기도 하다.

16) 정치에 참여할 권리와 노동자로서의 권리 등 「헌법」에 보장된 권리마저 '특별 권력 관계'라는 이름으로 제한되고 있다. 특별 권력 관계란 공무원의 복무 관계나 수형자의 복역 관계 등을 일컫는 말이다. 그뿐 아니라 교사의 교육의 자율성은 교육 과정의 편성, 교과서, 수업, 평가 등 거의 모든 부분에서 통제를 받게 된다. 그러다 보니 교사는 현실적으로 위로부터(교육부나 교육청)의 통제에 매우 익숙해져 있으며, 너무 익숙해서 그런지 어떤 때는 이를 제대로 인식하지 못하는 경우도 있다.

17) 알브레히트 뒤러, 「모피 코트를 입은 자화상」, 목판에 유화, 1500년경, 67×49cm, 독일 뮌헨 고전회화관

6장 보호자는 교육의 공적 동반자다

보호자와 가정에 대한 이야기를 풀어 가기 전에 먼저 '용어'에 대한 이야기를 하려고 한다. 매년 3월 신학기가 되면 대부분의 학교에서 학부모 총회가 열린다. 이때 학부모회 임원 및 학교운영위원회위원을 선출하고 학부모회를 구성한다. 2013년 「학교 학부모회 설치·운영에 관한 조례」를 통해 학부모회는 법정기구화된다. 이전 학부모회(육성회, 자모회)가 학교 운영 경비를 일부 담당하는 금전적 지원에 머물렀다면 비로소 교사와 함께 학생을 위한 학교 교육 활동에 참여하고 책임을 지는 주체로 등장한 것이다.

교육 공동체의 3주체를 학생, 학부모, 교사라고 한다. 물론 학부모는 학생의 보호자로서 교육과 관련한 권리와 의무를 갖는 존재다. 그런데 학부모(學父母)는 학생의 '아버지와 어머니'를 지칭하는 말이기 때문에 세심한 주의가 필요하다. 최근 급격한 사회 변동과 가치관의 변화로 인해 가족 형태가 매우 다양해지고 있다. 사정이 생겨 부모가 아닌 사람에 의해 보호를 받을 수 있고, 한 부모와 살기도 한다. 이런 상황에서 무심코 쓰이는 말 한마디 때문에 아이들이 2차 상처를 받을 수 있다.

미성년자인 학생의 권리를 '보호하는' 보호자 역할에 초점을 맞춘다면, 학생의 보호자가 반드시 부모는 아니기 때문에 굳이 '학부모'로 한정할 게 아니다. 가정통신문도 보통 '학부모님'에게 드리는 말로 시작한다. 이제 '학생 보호자님'에게 드리는 말로 시작하면 어떨까? 학부모회도 '학교 보호자회'라고 하면 된다. 작은 배려의 말이며 가정과 다른 학교 교육의 공적 주체임을 분명히 하는 말이기도 하다. 그래서 이 글에서는 부득이한 경우가 아니면 학부모가 아닌 보호자라고 부르려 한다.

* 아이의 꿈까지 대신 꾸는 보호자

미래사회와 관련해 4차 산업혁명[1]이 화두다. 어느 연수이든 4차 산업혁명을 말하지 않고는 만족하지 않는 것 같다. 많은 강사가 4차 산업혁명의 이런저런 변화에 대해 열변을 토한다. 미래사회가 어떻게 변화할 것인가를 예측하고 대비하는 학문이 미래학이다. 그런데 많은 미래학자들이 장밋빛 미래보다는 암울한 미래를 더 강조하는 것 같다. 그러다 보니 자연스럽게 다가올 불안과 공포에 어떻게 대비[2]할 것인가를 이야기한다.

　점성술가의 예언과 달리 과학자의 예측은 과학적이며 객관적인 근거가 있어야 하고, 동시에 인간의 힘으로 대처할 수 있어야 한다. 인간은 현재 상태를 안정적으로 유지하려고 하는 보수적 성향이 강하기 때문에 일단 모든 변화를 두려워한다. 변화는 지금과 같은 관행이 아닌 다른 무언가를 요구하기 때문에 불확실하고 불안하다. 그래서 앞으로 다가올 변화에 대한 대비도 분주하다. 우리 사회의 모든 분야가 이에 해당하듯이 교육도 다르지 않다.

미래사회에 대한 두려움은 보호자의 불안을 가중시킨다. 그 불안과 공포로 인해 일부 보호자는 하지 말아야 할 행동을 하기도 한다. 자녀의 성적 관리를 위해 시험지를 유출하기도 하고 자신의 논문에 공동 저자로 자녀의 이름을 올리기도 한다. 자신이 근무하는 회사나 학교에 자녀나 친인척을 들이기 위해 갖가지 편법과 불법이 난무하는데, 이를 부끄러워하지 않는 현실이다.

'SKY캐슬'이라는 JTBC 드라마가 있다. 수단과 방법을 가리지 않고 자녀를 서울대학교 의대에 보내려고 하는 상류층의 신분 유지 욕망과 이에 편승한 사교육, 그리고 허술한 공교육의 민낯을 그대로 드러낸 드라마다. 수십억의 입시 코디가 등장하고 자살과 살인 등 극적인 내용 전개로 최고의 시청률을 기록하며 선풍적인 인기를 끌었다.

드라마에서처럼 부모는 자녀의 성공을 위해 무엇이든 할 수 있는 것일까? 만약 그게 범죄일 수도 있고, 정의롭지 못한 편법일 수도 있고, 다른 아이들의 권리를 침해하는 것이어도 그럴까 하는 의문이 들었다. 자녀를 사랑하는 부모의 마음은 세상에서 가장 강력한 힘이다. 그러나 이 지점에서 자녀에 대한 부모의 사랑이 진정 자녀를 위한 것인지 돌아보아야 한다.

아이는 어른이 내키는 대로 처분할 수 있는 소유물이 아니다. 그런데 아이의 교육에 전념하는 극성스런 보호자를 보면 아이를 명품 가방처럼 생각하는 것은 아닌가 하는 의구심이 든다. 일부 극성스런 보호자로 치부해 버리기에는 상황이 매우 일반적이다. 입시 정보를 나누는 사이트에 가입하고 여기저기 학원 이동을 위한 기사의 역할에, 유명 강사나 과외 선생을 찾는 일 역시 보호자의 일이다.

먹고사는 일에 치이다 이런 역할을 제대로 하지 못하는 보호자는 자책한다. 아이의 성적 하락이 자신의 잘못인 것처럼 생각한다. 자녀의 성적 하락을 보호자의 탓으로 여기는 현상은 자녀의 일을 보호자의 몫으로 생각하기 때문이다. 보호자가 자녀를 걱정하는 것은 당연하다. 그러나 아이의 몫은 따로 있다. 아이의 인생이 보호자의 인생이 아님에도 아이의 꿈까지 대신 꾸는 보호자가 있다.

어느 대학에서 생긴 일이다. 친구들과 12시 넘어까지 팀 과제를 하고 있는데, 한 친구에게 어머니로부터 전화가 걸려 왔다고 한다. 어머니와 잠시 통화하다 금방 표정이 어두워지더니 전화 모드를 영상 통화로 바꾸었다고 한다. 부모가 아이의 말을 믿지 못하고 영상 통화로 바꾸라고 한 모양이다. 통화가 끝난 후 그 학생은 울음을 터뜨렸고 과제를 하던 아이들은 과제를 접어 두고 그 아이를 위로해 주었다고 한다.

그 학생은 어려서부터 꾸준하게 엄마로부터 관리(?)를 받아 온 아이였다. '헬리콥터 맘'이란 말이 있다. 아이의 머리 위에서 헬리콥터처럼 떠 있으면서 아이를 통제하고 조정하는 보호자를 의미한다. 아이들에 대한 과잉보호와 관여는 예전의 치맛바람을 무색케 한다. 심지어 대학 강의 시간표까지 관여하고 직장 선택에서 애인까지도 보호자가 관여한다고 한다.

이런 보호자의 과잉보호와 간섭 때문에 아이들은 독립된 시민으로 성장하기 어렵다. 이제 자녀를 독립된 주체로 보는 관점이 중요하다. 나이를 먹고도 보호자로부터 독립하지 못한 채 보호자에게 확인받지 않으면 불안에 떠는 아이들 이야기는 우리 사회의 슬픈 단면을 보여 준다. 다시 말하지만 교육의 목적은 독립된 자기 결정권자로 성장하는 데 있다.

보호자는 자녀가 홀로 서는 일이 두려워도, 아쉬워하지도 말고 아이를 보내 주어야 한다. "이제 아이들이 품에서 떠나 독립할 수 있도록 서서히 준비하셔야 할 때다." 신입생 보호자와 만나는 자리에서 꼭 하는 말이다. 신이 바빠 엄마를 만들었다는 말처럼 엄마는 아이에게 신과 같은 엄청난 존재인지 모른다. 그러나 신은 신이고 인간은 인간이다. 신이 인간의 삶을 살 수 없듯이 엄마는 자녀의 삶을 대신 살아 줄 수 없다. 꿈도 그렇다.

* 어떻게 살 것인가

아이들의 꿈을 찾는 교육을 강조하면서 진로 교육이 중시되고 있다. 그래서 그런지 많은 학교에서 진로 관련 활동이 매우 활발하다. 학교마다 진로 교사가 충원되고 있고 중학교에서는 자유학기제가 전면 시행되면서 진로 관련 프로그램이 증가하고 있다. 아이들의 진로 관련 활동은 대개 진로 수업이나 진로 체험, 전문 직업인과의 만남 등이다.

서종중학교도 다른 학교와 마찬가지로 다양한 활동을 실시하고 있다. 그중에서 직업인을 초청해 이야기를 나누는 시간에 대해 말해 보려한다. 직업인과 아이들이 만나 이야기를 나눈다는 점에서는 타 학교와 별반 차이가 없지만, 마을에 거주하는 주민을 중심으로 초빙한다는 점이 다르다. 마을에 거주하는 주민을 초대해 아이들과 함께 이야기를 나누는 데는 그만한 이유가 있다.

2013년 처음 이 시간을 준비하면서 고민의 지점은 중학생에게 진로 교육은 어떤 의미를 갖는가의 문제였다. 선생님들과 협의를 하면서 중학생에게 진로란 특정 직업에 대한 정보만이 아니라 어떻게 살아갈 것인가에 방점을 찍어야 한다는 결론을 내렸다. 그래서 직업에 대한 정보를 얻기 위해 초대하는 것보다는 그 직업인이 어떻게 시민의 삶을 살고 있는가에 더 초점을 맞추었다.

그러다 보니 마을에 거주하는 주민들을 우선 섭외하게 되었다. 왜냐하면 아이들이 사는 곳이 마을이기 때문이다. 아이들은 학교와 마을을 오가며 많은 사람들을 만난다. 도서관과 교회, 식당과 편의점, 면사무소나 우체국, 마을회관이나 파출소에서 직원이나 주민들을 만난다. 이렇게 마을 사람들의 삶은 아이들의 삶과 직결된다. 그리고 아이들은 알게 모르게 마을 사람들을 통해 어떻게 살 것인가를 배운다.

예를 들어 빵집을 운영하는 주민은 제빵사에 대한 직업적 정보와 함께 지금 어떻게 살고 있는가에 초점을 맞춰 아이들과 이야기를 나눈다. 아이들은 언제든지 그 빵집을 찾아 그 사장님을 만날 수 있고 그분의 삶을 엿볼 수 있다. 아이들은 이렇게 주민들의 삶을 통해, 꿈과 진로에 대해 생각하게 된다. 이처럼 꿈을 찾는 교육이 무엇을 할 것인가보다 '어떻게 살 것인가'에 초점을 두었으면 좋겠다.

이런 면에서 진로 교육과 직업 교육은 시민 교육으로 이어져야 한다. 시민 교육은 특정 직업과 관련 없이 공동체의 시민으로 어떻게 살 것인가의 문제이기 때문이다. 새로 생기고 없어지는 직업에 대한 정보도 중요하지만 어떻게 공동체에 기여하면서 개인의 행복을 찾을 수 있는가를 놓치지 말아야 한다. 그래서 진로 교육은 공동체에 대한 관심과 지식, 참여로 이어지며 시민성과 연결된다.

서종중학교 진로의 날의 모습

이제 꿈을 찾고 진로에 대해 고민하는 교육은 학교의 울타리를 넘나들어야 한다. 그래서 마을과의 연계를 강조하지만(마을과 관련된 내용은 8장에서 자세하게 다루고 있다), 특히 중요한 지점은 가정에 있다. 아이들은 가정에서 부모님을 비롯한 보호자의 삶을 통해 어떻게 살 것인가를 배운다. 어떻게 사는가의 문제가 사회화의 과정이라면 초기 사회화부터 가정은 핵심적인 기능을 수행하는 곳이다. 그런데 아직 꿈과 진로를 학교의 특정 교과처럼 한정하는 우를 범하는 경우가 많다.

어느 날, 공원에서 잠시 쉬다가 겪은 일이다. 심은 지 얼마 되지 않은 꽃을 하나씩 뽑고 있는 아이가 있었다. 다가가 그러면 안 된다고 아이를 타일렀다. 그러자 주위에 있던 엄마가 뛰어와 "당신이 뭔데 못하게 하느냐."며 오히려 화를 내는 것이 아닌가. 어이가 없어 몇 마디 하자 남의 일에 간섭하지 말라며 거듭 핏대를 올려 당황했던 기억이 있다.

사실 위와 같은 사례는 우리 주변에서 쉽게 찾아볼 수 있다. 식당에서 뛰어다니는 아이들이 많다. 위험하기도 하고 손님들이 편하게 밥 먹기도 어렵다. 그래서 뭐라 한마디하면 부모가 오히려 화를 내는 경우를 종종 보게 된다. 아이 기죽인다고 난리고 내 돈 내고 식당에 와 밥을 먹는데 남이 왜 상관하느냐고 따지고 든다.

이런 부모 아래서 자란 아이가 공동체의 시민으로 성장하는 게 쉽지는 않을 것이다. 부모나 아이 보호자로 서로 사랑하고 행복한 가정을 꾸리는 것이 가정 교육의 첫째라면 집밖에서 어떻게 행동하는지 모범을 보이는 것이 보호자의 두 번째 역할이다. 아주 오래전부터 아이들의 가장 대표적인 롤 모델은 부모였다.

아이의 모습에서 부모를 발견할 수 있기 때문에 아이를 보면 어느 정도 부모의 모습이 예측가능하다고도 한다. 학기 초 보호자 총회를 하고 보호자 상담을 해보면 안다. 일단 학급에 모인 십여 명의 보호자 얼굴을 보면 어느 학생의 보호자인지 대충 찾아낼 수 있다. 이처럼 생물학적 유전의 힘은 대단하다. 그러나 생물학적 유전이 아닌 문화적 젠더의 측면에서도 아이와 부모를 연결하는 게 어렵지 않다.

친구를 자주 괴롭히는 아이가 있어 보호자와 몇 차례 상담을 한 적이 있다. 그 아이는 다른 친구들의 입장을 고려하지 않는 막무가내 행동으로 모두를 힘들게 했다. 그런데 놀랍게도 학교를 방문한 보호자의 태도 역시, 아이와 다를 게 없다는 느낌을 주었다. 일반화의 오류일 수 있지만 수십 년 교직 생활의 경험과 다른 교사들의 경험까지 합치면 귀납적으로 추론 가능한 주장이다.

아이는 가정에서 부모와 보호자가 하는 행동을 보고 배운다. 어른들이 어떻게 사는가를 보고 스펀지처럼 흡수한다. 자녀는 부모의 거울과 같아서 부모는 아이의 얼굴에서 자신의 얼굴을 봐야 하고, 아이의 행동에서 자신의 행동을 먼저 돌아봐야 한다. 누누이 말하지 않더라도 가정이 대표적인 초기 사회화 기관이라는 점에서, 부모가 가장 먼저 만나는 스승이라는 점에서, 이견이 없을 것이다.

가정이 행복하지 않을 때 아이들은 올바른 성장에 방해를 받는다. 부부 사이가 좋지 않은 경우 갈등이 생기고 가정의 평화는 깨지기 쉽다. 갈등은 자녀에 대한 무관심이나 방치로 이어지거나 아니면 반대로 대리만족을 위해 아이에게 모든 것을 걸며 집중할 가능성이 높다. 물론 둘 다 바람직한 방향이 아니다.

보호자의 삶은 그대로 아이에게 투영된다. 보호자가 어떻게 사는가에 따라 아이들의 삶이 달라질 수 있다. 보호자가 폭력적인 경우 아이도 폭력적으로 자라는 경우가 많다. 흔히 가정에서 상처받은 아이가 남에게 상처를 주고, 보호자로부터 사랑을 받아 본 아이가 커서 사랑을 줄 줄도 안다고 한다. 보호자의 원대하고 일방적인 기대는 자녀에게 짐으로 다가올 뿐, 주위에서 보더라도 아이들은 절대로 보호자의 바람대로 성장하지만은 않는다.

보호자는 아이들의 삶을 과도한 간섭을 통해 바꾸려는 욕심을 버려야 한다. 오히려 훌륭한 보호자라면 묵묵히 지원하고자 노력하는 모습을 보여야 하지 않을까. 가정 교육이 중요한 이유는 앞서 살펴본 것처럼 아이의 성장에 절대적인 영향을 미치기 때문이다. 어찌 보면 학교 교육은 가정 교육의 부족한 부분을 채우는 것에 불과하다.

* 보호자는 파트너다

몇 년 전부터 시행된 「부정 청탁 및 금품 등 수수의 금지에 관한 법률」의 적용 대상은 주로 공무원인데, 공립·사립학교 교직원 및 임직원, 언론사 임직원도 포함된다. 법 시행을 전후해 언론에서는 교사와 보호자가 숙지해야 할 규정이나 사례를 엄청 쏟아 냈다. 여러 조사에서 청렴도 1위는 대부분 교사가 차지함에도 마치 이 법이 교사와 보호자 간 금품 수수 때문에 생긴 것 같은 착각과 오해를 불러일으킬 만한 기사도 연속 다루었다. 교사를 푸대접하는 것으로도 모자라 부정이나 일삼는 집단으로 매도하는 것은 아닌지 의심스럽기까지 했다.

물론 관행처럼 이루어진 행위가 아직도 일부 남아 있을 것이라고 생각한다. 그러나 지금 학교는 많이 변했다. 보호자가 대접하는 식사 같은 것은 유물이 된 지 오래고, 체험 활동 갈 때 아이들이 싸 오던 '선생님 도시락'도 이제는 옛말이다. 체험 활동에 쓰이는 교사 관련 비용은 모두 학교 예산으로 편성하고 집행한다.

학교를 방문할 때 보호자 손에 들려 있는 음료수나 제과점 빵 정도가 남아 있다고 할까. 그러나 이제 「김영란법」의 시행으로 음료수를 들고 학교에 오는 풍경도 사라졌다. 감사의 마음을 담아 보호자가 직접 만든 빵도 청탁의 대상에 속한다. 일부에서는 각박하다는 의견이 있는가 하면 일부에서는 오히려 마음이 편하다는 의견도 있다. 보호자들은 대체적으로 환영하는 추세다.

예전에는 간혹 보호자가 주는 선물과 촌지가 사회적 이슈가 되곤 했다. 보호자의 물질적인 선물을 은근히, 또는 상당히 노골적으로 요구하는 교사가 있었음을 부인할 수 없다. 그러나 촌지를 받든 거부하든 모두에게 불편한 것은 마찬가지다. 어떤 세상이든 '이익이 있는 곳에 위태로움이 있다'라는 말처럼 촌지는 교사의 철학과 소신을 혼미하게 하는 약물과 같다. 촌지는 교사 개인의 일탈로 끝나는 게 아니라 교육의 목적과 공적 관계를 송두리째 흔드는 위험한 행태이기 때문이다.

보호자는 학교나 교사에게 무엇인가 요구할 수는 있다. 그러나 그 제안은 공개적이고 공적인 자리에서 이루어져야 한다. 「김영란법」에서 말하는 부정 청탁도 사적으로 은밀하게 요구하는 것을 처벌하지 공개적으로 요청하는 것까지 포함하지는 않는다. 바로 이점이 핵심이다. 자신의 자식이 다른 아이보다 소중하게 생각되는 것은 당연하다. 중요한 것은 사적 이익과 함께 고민되어야 할 공적인 가치와 공론의 장이다.

교사와 보호자의 관계는 사적인 차원을 넘어 공개적이고 공적인 소통의 관계로 변화해야 한다. 특히 보호자의 경우 소비자의 입장을 극복한 교육의 공적 파트너로의 자리매김이 필요하다. 보호자는 교사, 학생과 더불어 교육을 책임지는 주체이지 단순한 수요자가 아니다. 그래서 보호자회가 법적인 위치를 갖게 되고, 보호자의 교육권리 보장을 위한 조례도 만들어지고 있는 것이다. 이제 거버넌스[3]와 연대의 관점으로 보호자와 교사를 바라보자.

교사와 보호자가 건전한 파트너십을 갖기는 쉽지 않다. 그 중요한 이유 중 하나가 앞서 말했듯 보호자는 수요자의 시선을 가지고 있기 때문이다. 이 관점은 교사나 학교를 공급자로 대하고, 수요자의 이익을 위해 다양한 요구 조건을 내건다. 기대에 미치지 못하는 결과가 나오면 소비자의 위치에서 냉정하게 판단하고 선택한다. 간혹 교사가 보호자의 학교 방문을 달갑지 않게 생각하는 경우가 있다거나 불편하게 여긴다면 이 경우에 해당될 것이다.[4]

수요자는 돈을 지불하고 제품을 소비하기 때문에 제품에 대한 요구를 얼마든지 할 수 있다. 제품이 마음에 들지 않으면 구입하지 않는다. 식당 음식이 맘에 들지 않으면 다른 곳으로 가면 된다. 경제 논리로 학교를 보면 보호자는 돈을 지불하고 특정한 제품을 요구하는 소비자 입장이 되는 것이다. 생각하기에 따라 달라지겠지만 학생의 성적이나 진학 결과가 제품이 되고 교사는 그런 제품을 만드는 노동자이며 학교는 공급자의 위치에 선다.

만약 성적과 점수만이 학교의 목적이라면 소비자의 입장에서 불만 제기가 가능하다. 그러나 교육은 시민으로 성장하는 과정이기 때문에 동반 책임이 따른다. 아이의 성장은 학교만의 몫이 아니다. 가정과 국가를 비롯한 사회 모두의 책임이다. 입시 결과를 제품의 품질로, 아이를 마치 상품처럼 보는 시각은 소비자의 입장에서 바라본 것이지 교육 주체인 보호자로 바라본 것이 아니다. 반면에 아이를 성장의 관점에서 보는 순간 보호자는 소비자가 아니라 파트너가 된다.

파트너는 책임을 같이 진다는 것을 전제한다. 아이의 성장을 위해 함께 책임지는 자세를 지녀야 한다. 학교의 교육 과정을 들여다보고, 학교 비전과 방침에 대해 함께 논의하는 자리를 만들어야 한다. 보호자에게도 교육의 책임이 주어지고 그 책임에는 반드시 그에 맞는 권리가 선행되어야 함을 전제로 해야 한다. 하지만 보호자의 권리는 인정하지 않은 채 책임만 부여하는 학교나 반대로 책임은 지지 않으면서 권한만 주장하는 보호자가 많다.

이런 현실에서 서종중학교 봉사 활동은 참고할 만한 사례가 될 수 있다. 아이들의 봉사 활동을 전적으로 보호자회에서 담당한다. 봉사 활동의 기획부터 사전 연수, 실행, 평가까지 보호자회가 한다. 마을을 중심으로 전개되는 봉사 활동은 가족 단위로 이루어지기도 하고, 친구들과 함께 주말에 이루어지기도 한다. 봉사 활동 전반에 대해서 학교와 협의 과정을 거치기는 하지만, 대부분 보호자회의 권한과 책임으로 진행된다. 아이의 성장을 위한 학교와 보호자의 연대라고 할 수 있다. 이처럼 보호자의 학교 참여는 보호자의 권리이며 공동 책임이라는 관점에서 접근해야 한다.

교육 과정을 협의하는 과정에서 호소하는 교사의 불만은 대개 보호자의 과도한 간섭 때문에 빚어진다. 반면에 보호자는 참여할 수 있는 영역이 너무 제한적이라고 불만을 토로한다. 그래서 중요한 것이 교사와 보호자 간 선(線)이다. 학교는 보호자가 쳐다보거나 들어오지 못하도록 너무 높은 담을 쌓아서는 안 된다. 그렇다고 담이 전혀 없어 학교와 보호자의 경계가 무너지고 구분조차 안 되는 것도 문제다. 경계가 분명하면서도 낮은 제주도의 돌담과 같은 선(線)이면 좋겠다. 서로 과하게 간섭하지 않으면서도 담 너머를 넉넉히 넘어다 볼 수 있는 낮은 울타리 정도, 서로의 영역을 인정해 주는 정도였으면 한다.

예전부터 보호자와 교사는 멀지도 너무 가깝지도 말라는 말이 있다. 그러나 이 말은 위에서 언급한 낮은 울타리와는 성격이 사뭇 다르다. 낮은 울타리는 긍정의 메시지를 담고 있는 반면에 이 말은 부정적 의미가 강하다. 일정한 거리를 유지하라는 권고는 문제의 발생 소지를 사전에 차단하기 위해서일 것이다. 너무 가까워서 생기는 비리나 너무 멀어서 생기는 불통처럼 양쪽 모두 문제는 있게 마련이다.

학교의 입장에서 볼 때 보호자의 참여는 든든한 공적 연대이며, 학교에만 과도하게 부여되어 온 교육적 책임을 분산하는 과정이다. 파트너십을 가진 보호자는 자신의 자녀뿐 아니라 아이들 모두를 생각하는 공공성의 가치를 존중한다. 그렇기 때문에 교사와 함께 교육을 고민하고 협력한다. 결국 보호자의 학교 참여는 보호자의 권리이며 의무인 셈이다.

가정을 어떻게 보는가의 문제는 관점이나 영역 또는 이해관계에 따라 많이 다르다. 예를 들어 노인 보호의 책임을 국가가 져야 하는지, 개인이 부담해야 하는지의 논쟁에서 가정은 개인 영역에 속한다. 그러나 교육에서 개인의 성공과 역량을 이야기할 때는 의도적으로 개인을 가정의 영향에서 벗어난 존재로 취급하기도 한다.

어쨌든 분명한 사실은 가정이 학생 개인의 인성과 역량에 적지 않은 영향을 미친다는 점이다. 학교 교육의 성과는 보통 성적으로 계량화되고 개인의 역량으로 평가된다. 그러나 순수하게 개인의 노력과 능력에 의해 높은 성적을 내고 상위권 대학에 입학한다고 말하기는 어렵다. 온전히 개인의 역량만이라고 할 수 없는 이유는 학생이 처한 사회경제적 차이와 가정 환경이 미치는 영향이 지대하기 때문이다.

수행 평가를 준비하는 과정에 부모의 영향력이 미치기도 한다. 수행 평가를 실시할 때 과제를 지양하고 수업 시간에 과정 중심으로 평가해야 한다고 강조하는 이유도 부모의 간섭과 영향력을 배제할 수 없기 때문일 것이다. 하지만 어떤 방식이든 가정 환경을 떼어놓고 생각할 수는 없다. 예를 들어 어릴 때부터 책을 자주 접하는 가정에서 자란 아이와 그렇지 않은 아이의 차이는 크다. 그 차이는 그대로 개인의 역량으로 이어진다.

그래서 보호자는 학교와 교육에 많은 것을 기대한다. 어쩌면 기울어진 운동장으로 비유되는 사회 경제적인 불평등 문제를 교육의 공정성과 교육 정의로 해소해 주기를 원하는지 모른다. 여기에는 자녀의 개인적인 성공과 동시에 사회의 공적 시민으로 성장하기를 기대하는 보호자의 마

보호자 아카데미 모습

음이 담겨 있다.

> 부모는 멀리 보라고 하고
> 학부모는 앞만 보고 가라고 합니다.
> 부모는 함께 가라 하고
> 학부모는 앞서 가라고 합니다.
> 부모는 꿈을 꾸라고 하고
> 학부모는 꿈과 시간을 주지 않습니다.

위 공익 광고가 어떤 말을 하고 싶은지는 알 것 같다. 그러나 학부모가 아닌 부모의 마음만이 정답은 아니다. 학부모와 부모는 다르지 않다. 부모에게 자기 자식보다 다른 친구들을 더 생각하고 배려하라고 말하지 말자. 보호자가 남의 자식보다 자신의 아이를 우선하는 것은 당연하다. 보호자회에 참석하고 학교 교육 활동에 도움을 주는 이유도 자기 아이를 위해서다. 그런 보호자의 마음이나 행동을 이기적이라고 단정하고 매도하지 말자.

몇 년 전에 경험한 일이다. 학교 폭력으로 문제가 생긴 아이와 상담을 하다 어머니를 만나야겠다는 마음을 먹게 되었다. 아이가 엄마에게 품은 감정에 문제가 있다고 생각했기 때문이었다. 며칠 후 어머니를 만나 이야기를 나누면서 매우 합리적인 분이라고 판단했다. 친구들과 문제가 생기면 엄마는 항상 객관적인 제3자의 입장에서 아이를 대했다고 한다.

그런데 정작 당사자인 아이는 오히려 그게 불만이었다. 비록 아이가 잘못했어도 엄마는 다른 부모처럼 항상 내편이기를 원했던 것이다. 엄마에 대한 불만은 다른 친구들을 괴롭히는 쪽으로 삐뚤어져 표출되었고 결국 심각한 상황까지 이르게 되었다. 그때 아이의 어머니에게 공평무사한 접근 이전에 일단 아이의 편이 되어 달라고 말해 준 기억이 난다.

공공성이란 가치도 이 지점에서 출발한다. 우리가 보통 잘못 이해하는 것 중 하나가 공적인 것과 사적인 것을 구분하고 서로를 배타적인 것, 적대적인 것으로 보는 것이다. 그러다 보니 공공성이란 가치를 사적인 이익과 대립되는 것으로 인식하기도 한다. 이런 잘못된 생각 때문에 공공성과 공적 가치를 개인이 실천하기 매우 어려운 것으로 예단해 버린다.

그러나 공공성은 사적인 이익을 포기하는 것이 아니라 사적인 이익을 우선하는 것을 인정한다. 공적인 가치나 이익은 사적인 이익을 포함하기 때문이다. 예를 들어 사회 안전망을 강화하는 정책은 복지와 행복, 안전과 생명, 정의와 평등 등 중요한 공적 가치를 실현하는 수단이다. 동시에 다수의 개인적 행복이나 안전과 직결된다. 평준화나 무상 급식 정책도 교육의 공공성을 강화하는 길이며 더불어 개인의 이익과 성장에 기여한다.

가정의 영역도 예외는 아니다. 가정은 우리 삶의 기본이 되는 공간이며 친밀한 유대 관계가 형성되는 곳이다. 대개 가정의 일은 매우 사적인 것으로 인식한다. 그러나 삶이 가정의 울타리 안에서만 머무는 것이 아니라 사회로 확장되기 때문에 가정의 문제는 공적 영역과 연결되기도 한다. 가정 폭력을 보더라도 사적인 문제가 아니라 인권의 문제로 접근해야 하며 사회가 책임을 져야 하는 공적 영역이기도 하다.

어느 보호자와 인터뷰하면서 감명 깊게 들은 말이 있다. 아이가 중학교에 입학하면서 학교 활동에 여러 번 참여하게 되었는데, 처음에는 자기 자녀의 얼굴만 보였다고 한다. 그러나 1년 정도 지나게 되자 서서히 본인의 자녀뿐 아니라 다른 아이의 모습이 눈에 들어오기 시작했다고 한다. 이 말을 듣는 순간 '자신의 아이를 먼저 보지만 서서히 다른 아이의 얼굴까지 보게 되는 것'이 공공성의 본질이라는 것을 깨닫게 되었다.

　가정은 사회를 구성하는 가장 작은 기초 단위다. 물론 세월의 흐름에 따라 가정의 의미와 기능도 달라지겠지만, 변함없는 핵심은 공동체는 관계에 의해 유지되고, 그 관계를 만드는 기초 단위는 존재할 것이라는 사실이다. 그런 의미에서 테레사 수녀는 행복한 세상을 위해서 우리가 할 일을 묻는 이에게 "집에 가세요."라고 했는지 모른다.

　어쩌면 가정 교육이란 말은 불필요할지 모른다. 가정은 행복으로 가득한 곳이면 된다. 교육은 부차적인 것이다. 교육보다 삶이 먼저이고 교육은 그 다음이다. 가정에서의 삶은 공적 관계와 공적 가치를 존중하는 시민의 삶이어야 한다. 이제 가정을 개인적 차원의 공간으로만 방치하지 않고 공공성의 측면에서 고민하는 시점이 되었으면 좋겠다.

---

1) 인공지능(AI)이나 로봇기술, 사물 인터넷, 빅데이터, 생명과학이 주도하는 사회 변화를 의미한다. 특히 경제와 정치, 사회 전반에 실제와 가상이 통합되고 융합되어 지능적이며 자동적으로 사물을 제어할 수 있는 혁신적인 변화를 일컫는다. 18세기 증기기관에 의한 1차 산업혁명, 19세기 전기가 핵심으로 떠오른 2차 산업혁명, 20세기 정보화가 주도한 3차 산업혁명과 비교해 붙여진 이름이다.

2) 미래를 준비하고 대비하는 교육이 불필요한 것은 아니지만 지금 행복한 아이가 미래에도 행복한 법이다. 우리는 너무 미래만 준비하는 교육만 강조하면서 지금 행복한 아이에 소홀했다. 좋은 대학에 가기 위해서는 오늘 하고 싶은 것을 참고 인내해야만 한다고 가르쳤다. 이런 교육은 평생을 미래만 준비하다 끝나고 마는 삶을 강요하는 것과 같다.

3) 거버먼트(government)가 소수나 특정 집단만의 일방적 통치에 머문다면 거버넌스(governance)는 통치에서 벗어나 사회 각 영역과 함께 연대하는 협치의 모양을 갖추고 있다. 협치는 사전적으로 '서로 소통하고 협력해 다스려 나간다'는 뜻이다. 거버넌스는 같은 입장을 가진 사람들끼리 하는 것이 아니며, 동시에 상대가 잘못이라는 틀에서 되는 것도 아니다. 거버넌스의 정치는 다름을 인정하고 존중하며 대화하는 협치의 과정이다. 그래서 거버넌스를 통한 집단지성의 발휘는 학교를 보다 민주적이고 교육적이며 공적인 방향을 향할 수 있도록 할 것이다.

4) 교사의 불편함을 덜기 위해 민원인인 보호자는 교장이 먼저 만나는 게 좋은 방법이 되기도 한다. 대개 보호자가 학교를 찾으면 담임부터 만난다. 진상인 경우 교장실로 불쑥 들어와 난리를 피우기도 하지만, 담임과 이야기가 잘 안 되면 부장이나 교감, 그리고 마지막에 교장을 만나는 절차를 거친다. 그래서 교사의 경우 교감이나 교장을 먼저 만나는 보호자를 달가워하지 않는다. 교장에게서 전달하는 식으로 민원이 내려오기 때문이다.

그러나 한편으로 이런 모습은 위계적이다. 교사에게 힘든 일은 교장이 먼저 해야 한다. 특히 민원의 해소는 교장의 역할이다. 학교를 대표하는 이가 교장이라면 당연히 교장의 업무이기도 하다. 교장이 먼저 보호자를 만나면 생각보다 일이 쉽게 풀리기도 한다. 교장이 막을 것은 막아 주어야 교사가 편한데 민감하고 귀찮은 일은 교사에게 떠넘겨 버리는 세태가 안타깝다. 교장은 결코 편한 자리가 아니기 때문에 교장하기 힘들다는 말이 나와야 정상이다.

3부

학교민주주의와
교육 혁신

이야기 하나 _ 학교는 아이들이 있는 곳이다. 그래서 어른들의 세계와 다른 아이들만의 감성과 소통이 필요하다. 가끔 아이들이 노는 모습을 보면 참 유치하다는 생각이 들 때가 있다. 어른들의 눈으로 보기 때문이다. 그러나 그 유치함이 학교에 필요하다. 아이들의 눈높이에서 소통하고, 교사도 솔직하게 마음을 드러내야 하며, 때로는 손뼉 치며 맞장구를 치는 유치한 모습도 보일 줄 알아야 한다. 교육이 별 게 아니다. 민주주의도 그렇다.

이야기 둘 _ 노동조합을 결성하는 이유는 노동자가 상대적으로 약자이기 때문이다. 교사는 교사 조직이 필요하고, 학생은 학생 조직, 보호자는 보호자 조직이 필요하다. 이런 조직은 약자의 목소리를 키우기 때문에 민주주의의 기반이 된다. 만약 학생 조직의 목소리에 교사의 심기가 불편하다면 위계질서의 관성을 버리지 못한 강자의 마음이 있는 것은 아닐까?

이야기 셋 _ 민주주의는 교과서를 통한 단순한 지식의 암기가 아니다. 사회 시간에 민주주의의 개념과 원리, 제도를 아무리 열심히 공부해도, 시험에서 좋은 점수를 받아도 민주주의는 체득되지 않는다. 민주주의는 일상적인 생활에서 스며드는 것이기 때문이다. 표현의 자유가 제한되고, 집회의 자유가 제한되고 학교 의사결정에 참여할 수 없다면, 아이들은 민주주의를 학습할 수 없다. 아무리 교사가 민주주의를 외치고 시험에 출제해도 민주주의는 먼 나라 이야기일 뿐 아이들 것이 아니다.

이야기 넷 _ 80년대 사회 민주화의 열기 속에 학교의 민주화 논쟁도 뜨거웠다. 이때 학교 민주화는 교무회의 의결기구화와 같은 의사결정 과정의 민주화를 중심으로 전개되었다. 교무회의의 의결기구화는 교장에게 집중된 권한을 분산시키자는 의미였다. 그러다 보니 교장의 권한을 제한한다는 인식을 심어 주게 되었고, 진보와 보수는 치열하게 대립했다. 결국 사회 민주화의 거센 흐름도 교육계의 보수적인 풍토는 쉽게 바꾸지 못했다. 그 당시 학교의 민주화와 지금 학교민주주의는 무엇이 같고 무엇이 다른가?

위 질문에 대해 고민하고 답하기 위해 '학교민주주의'의 길을 함께 걸어가 보자.

7장 교육과 혁신의 방향

* 학교의 탄생

지금 어느 누구도 교육에 대한 국가의 책임을 부정하지 않는다. 그럼 국가는 언제부터, 왜 교육에 대해 책임을 지기 시작했을까? 사실 공교육의 역사를 언제부터로 봐야 하는지는 명확하지 않다. 국가가 교육에 관심을 가지고 의무적으로 공통적인 교육 과정을 운영해야 한다는 사상은 16세기 마틴 루터에 의해 주창되었다. 하지만 실질적으로 국가가 오늘날과 같은 교육 시스템을 갖추게 된 것은 그리 오래 되지 않았다.

역사적으로 공교육의 발전은 산업혁명과 시민혁명의 움직임과 그 궤를 같이한다. 교육의 필요성을 자각하고 세금을 투입하기 위해서는 여러 조건이 맞아야 한다. 국가가 민족의식을 함양하기 위한 방편으로 교육의 필요성을 인정한다든가 개인이 권리를 찾기 시작하고 민주주의를 실현하기 위한 한 방편으로 공교육의 발전이 이루어지기도 한다. 한편 증기기관의 발명과 더불어 도시에 공장이 들어서기 시작한 산업화의 물결도 공교육의 발전을 가져온 계기가 되었다.

특히, 오늘날과 같은 학교의 모습을 발견하기 위해서는 산업화 초기로 거슬러 갈 필요가 있다. 교육의 측면에서 볼 때 그 당시 국가의 중요한 역할 중 하나는 자본의 요구에 맞는 성실한 노동자를 길러 내는 것이었다. 산업화 이전 농업 중심 사회에서는 글을 읽고 기계를 다룰 줄 아는 노동자 교육에 대해서는 별 필요성을 느끼지 못했다. 농업 사회의 교육은 아버지와 어머니, 할아버지, 할머니를 통해 농사짓는 법을 배우면 그만이었다.

그러나 산업혁명은 사회 전반에 엄청난 변화를 가져온다. 소규모의 가내 수공업 형태가 대규모 공장으로 옮겨 가고 농민들은 농촌을 떠나 도시로 유입되었다. 대규모 공장에서 기계를 다룰 줄 아는 노동자가 요구됨에 따라, 문맹에서 벗어나고자 하는 교육의 대중화도 이루어진다. 결국 근대의 대중적 학교는 산업혁명 당시 공장에서 필요로 하는 노동자를 대량으로 양성하는 기관이었다.

도시에는 많은 학생을 수용(?)하는 대규모 학교가 불가피하게 만들어진다. 수용이란 단어를 쓴 이유는 그 당시 학교의 모습이 부랑아 수용소와 별반 다르지 않았기 때문이다. 그 당시 학교를 '도덕적 증기기관'이라 부른 것을 보면 학교는 공장에서 요구하는 덕성을 갖춘 '노동자'를 기르는 곳이었던 것 같다. 그 덕성에는 시간에 맞춰 출근하는 성실성과 지시와 규칙을 준수하는 순종이 포함되었다.[1]

사실 산업화 이전 서민들의 삶에서 정확한 시간은 별로 중요하지 않았다. 농사가 중심인 사회에서 시간에 맞춰 규칙적으로 움직일 이유는 없다. 그저 대충 해가 어디쯤 있는가를 기준으로 약속도 잡고 일도 했다. 하지만 기계화된 대규모 공장은 다르다. 분업화한 공장은 모든 노동자들이

아돌프 프리드리히 에르트만 폰 멘첼, 「쇠 압연 공장」[2]

동시에 움직여야 작동된다. 공장에서 필요한 노동자는 시간과 규정을 엄격하게 준수해야 했고 성실해야 했다.

찰리 채플린이 연출하고 직접 주연을 맡은 무성 영화 「모던 타임즈」의 유명한 장면 중에 하나가 공장에서 벌어진 해프닝을 다룬다. 대규모 공장은 기계를 중심으로 숨 가쁘게 돌아가고 노동자들은 기계 속도에 따라 몸을 움직여야 한다. 나사 조이는 일을 반복하는 채플린과 동료들의 안타까운 장면은 산업사회 초기, 기계에 종속되고 소외된 노동자의 삶을 적나라하게 보여준다.

그 당시 기계가 장악한 공장의 모습을 잘 보여 주는 그림도 있다. 바로 아돌프 멘첼이 그린 「쇠 압연 공장」이다. 캔버스를 꽉 채운 거대한 기계의 모습이 마치 괴물처럼 다가온다. 그래서 화가는 신화 속 외눈박이 괴물인 키클로페스를 부제로 붙인 것 같다. 누군가는 노동을 신격화한 그림이라는 평을 하기도 하지만, 공장 한 구석에 웅크려 허기를 때우는 노동자의 모습을 보면 이 그림의 주인공은 기계가 맞는 것 같다.

노동자는 쉬고 싶어도 쉼 없이 돌아가는 기계와 분업화된 시스템 때문에 쉴 수가 없다. 내가 손을 놓는 순간 작업은 밀리게 되고 다른 동료가 일을 할 수 없게 된다. 이렇게 같은 시간에 출근하고 일도 휴식도 동시에 하는 시스템이 갖추어진다. 학교 시간표도 똑같다. 학교에서 표준화되고 규칙적인 생활에 익숙해져야 공장에서도 별 탈이 없다. 성실함은 시간 엄수와 함께 규칙 준수로 이어진다.

그러다 보니 그 당시 학교는 공장에서 요구하는 수동적이고 파편화된 노동자 교육에 머물렀다. 지금의 학교 역시 기업과 사회가 필요로 하는 인적자원 양성의 선발 기능을 수행한다. 그러나 교육의 목적은 선발에만 있는 것이 아니다. 인간과 시민으로 성장하는 발달도 중요한 교육 목적 중 하나다. 이런 면에서 학교는 공교육의 책무를 다하기 위해 선발과 발달의 두 측면을 조화롭게 담아 가야 한다.[3]

이제 학교는 근대 산업사회처럼 수동적이고 소극적인 노동자를 길러 내는 대신 시민의 교양과 인격을 갖춘 전인적인 인간을 길러 내는 역할을 담당한다. 그럼에도 아직 학교에는 근대 초기 학교가 내세운 규율과 원칙이 일부 남아 있다. 교육의 혁신은 과감하게 그 흔적을 지워 내고 대신 시민성과 전인적 가치를 새겨 넣어야 하는 것인지 모른다.

* 학교의 언어

교문의 일부를 보강하는 공사를 할 때다. 그날도 평소처럼 아이들을 맞이하기 위해 교문으로 나가 보니 공사를 맡은 업체 직원이 일찌감치 나와 일을 하고 있었다. 아이들이 등교하는 교문에서 하는 작업이라 아무래도 안전에 걱정이 들었다. 업체 관계자에게 등교가 끝나는 9시 이후부터 일을 시작해 달라고 요청했고 한 시간 정도 일을 멈춘 적이 있다.

아이들을 맞이하고 안전을 걱정하는 학교의 입장에서 볼 때는 너무나 당연한 조치였지만 공사업체의 입장은 달랐다. 하루에 끝내야 하는 공정이 있고 지급해야 하는 인건비와 노동 시간이 정해져 있어 한 시간 늦추는 것에 난감해했다.

또 어느 날인가는 외부에서 걸려 온 전화를 받은 적이 있었다. 학교와 거래하는 업체 사장이었는데, 다짜고짜 행정실의 아가씨를 찾았다. 아마 행정실의 주무관 선생님을 찾는 것 같았다. 아가씨란 말과 통화 태도에 대해 아주 강하게 주의를 준 적이 있다. 그때도 곧바로 수긍하는 분위기가 아니었다.

학교에서 모든 분을 선생님으로 호칭하는 것은 서로 동등한 학교 구성원이며 아이들의 배움을 위해 함께 협력해야 하는 동료이기 때문이다. 그런데 학교 밖에서는 이런 학교의 문화나 언어를 잘 이해하지 못하는 것 같다. 특히 이윤 추구가 목적인 기업의 언어와는 많은 차이가 있다. 학교는 학교만의 문화와 언어가 엄연히 존재한다.

한때 교육을 총괄하는 교육부를 '교육인적자원부'라고 불렀던 적이 있다. 교육의 목적을 국가의 인적 자원을 양성하는 데 있다고 본 까닭이다. 인적 자원이란 사람을 원자재, 기계, 설비와 같은 자원의 하나로 보는 관점의 용어다. 지금은 교육부로 명칭이 바뀌기는 했지만 인적 자원의 시각으로 보는 관점은 여전히 건재하다.

사람을 자산이나 투자의 대상으로 바라보는 시각은 경제 논리의 입장에서는 별 문제될 것이 없다. 희소한 자원을 효율적으로 활용하는 게 경제라고 본다면 교육은 희소한 인적 자원을 생산하는 기능을 담당한다. 이런 관점은 능력 있는 학생과 그렇지 못한 학생을 구분하고 선발하는 학교의 기능을 강화한다. 그래서 학교는 사회가 요구하는 우수한 인력 자원을 만들어 내는 곳이 된다.

그러나 사람도 자원이라는 경제학적 입장을 교육에서 그대로 받아들이기는 어렵다. 보통 자원이란 경제발전을 위한 수단인데, 학생은 부를 증대시키는 수단이 아니다. 학생은 존재 자체가 목적이다. 학생을 자원으로 보는 순간 전인 교육은 사라지고 경쟁과 입시 위주의 교육만 남는다. 학생이 수단이 되는 교육 현실은 사람을 자원으로 보는 시각과 무관하지 않다.

교육의 언어와 경제의 언어가 다름에도 불구하고 경제적인 관점에서 교육을 바라보는 시선이 너무 강하다 보니 학교를 기업과 비교해 언급하는 사람이 많다. 교사 연수에서도 기업의 변화와 관점에서 학교와 교육의 문제를 자주 다루고는 한다. 강사의 주장에 고개를 끄덕이다가도 유쾌하지 않을 때가 있다. 학교와 교육 이야기를 하면서 기업과 경제 언어를 구사할 때 이질감을 느낀다.

학교는 제품을 만드는 기업이 아니고 아이들을 시민으로 성장시키는 곳이라는 점에서 기업과 본질적인 차이가 있다. 학교는 기업 조직과는 다른 눈으로 봐야 한다. 교사는 조직의 하부 구성원으로 말단에 위치하지만 독자적인 영역을 구축하고 있다. 특히 학생과 만나는 자리에서 교사는 교사만의 적지 않은 권한과 권위를 갖는다. 학급 담임의 독립적 영역이 있고, 교과 담당 교사의 고유 권한[4]도 인정된다. 교사는 이런 특성으로 조직의 한 업무 파트와 다른 자율성을 가지며 전문가로서 독립적 영역을 갖는다.

한편 교사 문화에 변화가 일어나기 위해서는 교사의 자발적인 '자기 영토 파괴'가 불가피하다. 수업 혁신이나 생활 교육의 개혁을 위한 학교 차원의 노력 역시 각 교사가 담당하는 학급과 교과를 모두 뛰어넘어야 하기 때문에 결코 쉬운 게 아니다. 교장의 강력한 권한과 카리스마로 모든 교사가 일치 단결된 행동을 보일 수도 있다. 하지만 그런 변화가 교사의 자율적인 변혁 의지로 이어지기를 기대하기는 힘들다.

학교의 특성을 무시한 채 연일 기업의 변화에 학교가 따라오지 못한다고 비교하기 일쑤다. 기업이 자동차라면 정부는 수레이고 학교는 지게

라고 빈정거린다. 그러나 학교는 자동차와 같은 빠른 속도로 달리는 것보다 수레나 지게처럼 느려야 할 충분한 이유가 있다. 여기서 느리다는 말에 오해가 없었으면 좋겠다. 자칫 '느림'이 아무것도 하지 않음을 뜻하는 것은 아니라고 밝힌다. 무책임한 태도로 일관하며 혁신을 거부하는 학교를 옹호하는 것도 아니다.

느리게 가야 한다는 말의 속뜻을 이해하는 게 중요하다. 느림은 기다림과 느긋함을 의미한다. 인간으로 성장하는 길이기에 교육은 느림에 익숙해져야 한다. 사람의 관계가 성숙하기 위해서는 무르익는 기나긴 숙성의 시간이 필요하다. 성숙한 시민으로 자라는 아이들을 기다리는 일은 오롯이 교육의 몫이다. 적당한 기다림은 설렘을 준다. 사랑하는 사람을 기다리는 시간은 설렘 자체다.

자칫 지름길로 쉽게 가려하면 망치기 쉽다. 고속도로는 빨리 가는 게 목적이어서 아름다운 풍경을 볼 여유가 없다. 반면에 지방도를 이용하면 잠시 차를 세우고 좋은 풍경을 감상하는 여유를 가질 수 있다. 어쩌면 교육은 한적한 시골 둘레 길을 걷는 것처럼 주위를 둘러보는 여유와 느림이 필요한 여정이다. 성과를 낸답시고 독촉하거나 서두르다 보면 놓치는 부분이 있듯 교육에서는 조급함을 반드시 경계해야 한다.

기업과 학교의 또 다른 점은 '적응'의 문제다. 기업에 입사한 노동자는 기업 문화에 빨리 녹아들어야 생존할 수 있다. 기업이 어떤 노동자를 원하고, 어떻게 해야 그곳에서 잘 견뎌 낼 수 있는가, 성공할 수 있는가는 적응력과 밀접하게 관련되어 있다. 적응은 생존을 위한 좋은 전략이다. 그러나 학교와 기업의 적응은 방향이 다르다. 노동자가 기업에 적응한다면 학교는 학생에 적응해야 한다.

교직에 오래 있다 보면 '매년 반복되는 업무로 지겨울 것 같다'는 말을 자주 듣는다. 그러나 입학식부터 졸업식까지 매년 반복되는 생활은 맞지만 그 대상은 다르다. 매년 입학하는 아이들은 온전하게 독립된 하나의 세상이라고 정의할 수 있다. 90명 아이들이 입학한다는 것은 90개의 세상을 학교가 품는 것과 같다. 매년 새로운 아이들에게 적응하다 보면 매너리즘에 빠질 새가 없다. 그래서 교직은 행복하고 보람찬 분야다.

반면에 학교가 입학하는 아이들에게 적응하지 않고 아이들에게 학교에 적응하라고 요구하는 순간 매년 같은 일이 반복되는 결과를 초래한다. 그때부터 학교 일은 지겹고 지루한 일이 된다. '학교 부적응'이란 말이 있다. 학교 생활을 잘하지 못하는 아이들을 일컫는 말이다. 이 말은 옳지 않다. 엄밀하게 말하면 학교가 아이들에게 적응해야 하기 때문에 학교 부적응이 아니라 '학생 부적응'이 되어야 한다.

장애를 가진 학생이 입학하면 학교는 이에 맞춰 준비를 해야 한다. 학생의 이동을 돕기 위해 시설을 정비하고, 학급의 위치를 변경하기도 한다. 다문화 학생이 입학하면 그 학생의 행복한 학교 생활을 위해 학교는 더 많은 노력을 해야 한다. 학교는 다문화 학생에게 학교에 적응하라고 요구하는 것이 아니라 그 학생에 맞추어 노력할 책무가 있다.

핀란드는 이민자 학생을 위한 모국어 교육이 잘되어 있는 국가로 유명하다. 학교가 학생의 학교 생활뿐 아니라 사회 안착을 돕기 위한 시스템까지 갖추고 있다고 한다. 모든 아이들에게 충분한 권리를 보장하는 보편적 교육 복지가 학생 개개인의 차이와 특성을 존중하는 세심한 '수업 복지'로까지 확산되고 있다는 점은 교육자로서 부러울 뿐이다.

이제 기업과 다른 학교의 본업에 충실하기 위해서도 학교만의 교육

언어가 있어야 한다. 학벌주의나 능력지상주의가 교육계를 흔드는 까닭도 기업의 눈으로 교육을 보기 때문이다. 이런 잣대로 학교를 본다면 학교는 기업이 원하는 인재를 양성하는 기관으로 전락할 게 뻔하다. 당연히 경쟁 논리는 정당화될 것이다. 일등만 기억한다는 어느 기업의 논리가 교육의 논리는 아니다. 일등만 기억한다면 99%의 사람들은 모두 패배자가 되고 무시당할 것이 자명하다.

존재 자체가 목적인 인간으로 성장하는 학교가 아니라 경제적 수단 으로서의 인간을 키우는 곳이 학교가 되어서는 안 된다. 성장이 아닌 성 공만을 떠받드는 문화, 협력보다 경쟁만을 부추기는 사회, 수치화된 점수 와 학력이 절대적인 능력인 것처럼 포장하는 프레임에서 벗어나는 길이야 말로 기업의 시선에서 교육의 시선으로 돌아오는 길임을 잊지 않아야 한 다. 이제부터라도 학교는 교육의 언어로 말할 수 있어야 한다.

* 학교는 매뉴얼 공화국인가?

관료제 시스템의 영향인지는 모르지만 교육 전반에 걸쳐 모든 것을 매뉴 얼로 만들고 표준화하려는 의지가 너무 강하다. 시험도 그렇고 체험 활 동도 생활 교육도 매뉴얼의 영향을 받는다. 한마디로 매뉴얼 공화국이다. 사실 관료제 시스템에서 안정적이고 보다 효율적인 업무 수행을 위해 매 뉴얼은 중요하다. 위기 상황의 안전 매뉴얼이 그 대표적인 예다.

이처럼 매뉴얼은 특정 목적을 달성하기 위한 수단이며 편의일 뿐이다. 그런데 매뉴얼 공화국에서 매뉴얼은 목적이 된다. 매뉴얼에 사활을 걸다시피 한다. 평상시나 위급한 상황이나 가리지 않고 매뉴얼을 먼저 찾는다. 학교가 매뉴얼을 원하기도 하지만 오히려 교육청이나 교육부가 이를 권장하기도 한다. 매뉴얼을 따르도록 지시하고 그러지 않으면 징계 운운한다. 교사 개인의 주체적 판단은 종종 위험한 것으로 판단해 버리는 경향이 있다.

지금 학교는 여기저기서 쏟아지는 각종 요구를 받아들이고 있는 상황이다. 그러다 보니 많은 업무가 매뉴얼로 만들어지고 있다. 예전에 학교는 가르치는 책임 말고는 다른 부담을 별로 지지 않았다. 보통 공부 외의 일은 국가나 사회의 여러 기관에서 나누어 담당했다. 예를 들어 건강은 병원이나 약국이, 밥은 가정에서, 폭력은 사법 기관에서, 돌봄이나 복지는 지자체에서 맡았다.

그러나 지금 학교에는 교육 업무는 물론, 아이들의 건강, 먹거리, 폭력 관련 문제와 돌봄의 기능과 복지까지 처리해야 할 업무가 산더미같이 쌓여 있는 실정이다. 이 모든 것이 아이들의 성장과 관련되어 있다. 그래서 학교의 일이라는 주장에 이의 제기를 하는 것은 아니다. 다만 왜 학교는 점점 더 많은 일거리를 떠안아야 하는지에 대한 의문은 든다.

학교와 사회는 매우 긴밀한 관계에 있으며 서로 영향을 주고받는다. 그리고 사회와 관련해 학교의 역할이 어디까지인가라는 논쟁은 계속되고 있다. 특히 학교가 마치 고객 지원 센터처럼 사회의 각종 민원을 끌어안아야 하는 현실에서는 더욱 그렇다. 이 지점에서 두 가지 고민이 생겼다. 하나는 교육이 '학교의 전유물인가'의 문제이고 다른 하나는 학교는 '교육만 담당하는가'의 논란이다.

우선 교육이 학교의 전유물인가의 문제를 살펴보자. 교육하면 자연스럽게 학교가 떠오른다. 대부분의 아이들이 유치원에서 초등학교와 중학교를 거쳐 고등학교에 진학한다. 우리나라 대학 진학률도 세계 최고를 자랑한다. 이처럼 우리나라에서 교육은 대부분 공식적 사회화 기관인 학교에서 이루어진다. 이를 공교육이라고 한다. 홈스쿨링이나 대안 교육을 위해 학교를 떠나는 아이들이 늘고 있지만 공교육이 교육을 전담하고 있는 현실에는 변함이 없다.

그러나 국가가 지는 교육에 대한 책임이 반드시 학교를 통해 달성되는 것은 아니다. 헌법상 교육에 대한 국가의 책무는 학교 교육만이 아닌 모든 교육에 해당한다. 아이들은 학교 안팎에서 성장한다. 배움은 학교만 아니라 마을에서도 얼마든지 가능하다. 가정 교육은 학교 교육보다 더 중요하다. 가정과 마을이 학교 교육을 보조하는 것이 아니라 학교가 가정과 마을의 부족한 부분을 채우는 것일 수 있다. 이처럼 교육은 학교의 전유물이 아니다.

두 번째, 학교는 교육만 전담하는 곳인가의 문제다. 이는 학교가 최근 교과 수업 중심의 전통적인 교육 기관의 범주에서 벗어나고 있다는 현실과 관련된다. 지금 학교는 수업 외에 아이들의 건강과 돌봄, 복지, 안전 등 다양한 영역에 대한 책임을 진다. 그만큼 학교에서 아이들의 성장을 위해 담당해야 하는 역할과 영역이 확대되었음을 반증한다.

다른 시각으로 보면 사회적 책임이 학교로 전가되는 것이기도 하다. 그런데 학교가 가진 에너지는 무한하지 않다. 교사들의 역량과 감성, 열정, 학교의 교육 환경을 포함한 물적 자원은 한정되어 있다. 그런 상황에서 학교로 몰려드는 부담과 책무는 수업에 집중하고 아이들 생활에 전념하기 어렵게 만든다. 결국 학교의 책무성을 강화한다는 이유로 부가된 업무나 영역이 오히려 교육에 집중하지 못하게 함으로써 학교의 책무성을 약화시킬 수 있다는 점을 잊지 않았으면 좋겠다.

더욱 큰 문제는 학교로 전가되는 대부분의 정책이 권한 없는 의무와 책임뿐이라는 점이다. 얼마 전 정부는 출산율이 낮아지는 문제를 해결하기 위해 학교의 돌봄 기능을 강화하겠다고 일방적으로 발표했다. 대개 이런 방식으로 학교가 떠안게 되는 일은 학교의 결정권과 권한은 없고 일방적 책임만 부여받는 경우가 대부분이다. 사전에 학교 현장에서 고민을 나눈다거나 협의하는 과정을 기대하기는 어렵다.

학교의 지위나 역할은 사회 변동에 따라 변화한다. 100년 전 학교와 지금의 학교, 그리고 20년 뒤의 학교 위상은 다를 것이다. 국가에 복종하는 신민을 기르는 학교, 기업이 필요로 하는 인재를 양성하는 학교, 공동체의 주인인 시민으로 성장하는 학교 등 학교는 사회와 밀접한 연계를 통해 그 위상을 만들어 간다.

과거의 학교가 어느 정도 한정된 역할을 담당했다면 앞으로는 그 역할과 폐쇄적인 경계가 사라질 것이라고 보는 전문가가 많다. 많은 사람들이 각자의 욕구와 이상과 꿈을 실현하기 위해 들어오고 만나고, 다양한 경험과 연습을 하고 다시 다양한 방향으로 진출하고, 그러다 다시 들어오기도 할 것이라고 한다. 마치 플랫폼이 연상되는 학교가 될 것이라고 예측한다.

시민을 키우는 교육도 자율적인 학교와 다양하게 연결된 네트워크에서 이루어질 것이 분명하다. 관료제의 수직적인 시스템으로는 다 설명할 수 없는 자유로운 열린 공간을 누구나 지향할 것이며 주체적인 판단이 존중되는 학교가 될 것이라고 믿어 의심하지 않는다. 바라건대 미래의 학교는 두툼한 매뉴얼에 억눌리거나 걸핏하면 모든 사회 문제를 교육 문제로 전가하려는 현상에서 자유롭기를 바란다.

* 과정의 서사

어릴 적 기억에 밥 먹을 때는 오른손을 써야 한다고 배운 기억이 난다. 가끔 왼손으로 먹다 혼나기도 했다. '왜 왼손으로 먹으면 안 되는지' 하는 의문이 들기는 했지만 깊게 고민하지 않았다. 중요한 것은 오른손을 쓰다 보니 자연스럽게 오른손잡이가 되었다는 사실이다. 지금 왼손으로 글을 쓰라고 하면 쓰기야 쓰겠지만 몇 글자 쓰고 내팽개칠 것이다. 억지로 하는 것은 할 수도 있지만 얼마 못 가 포기하게 마련이다. 이제는 오른손이 편하고 익숙해서 왼손으로 뭘 한다는 것은 생각할 수도 없다.

몇 년 전 오른손을 다친 적이 있다. 관절에 문제가 생겨 한동안 오른손으로 글을 쓰지 못했다. 그래서 왼손으로 글을 써야 했는데, 이루 말할 수 없을 정도로 불편했다. 그때 문득 '혁신'이란 단어가 떠올랐다. 어쩌면 혁신은 익숙함, 또는 관행에서 벗어나는 불편함을 넘어서는 어떤 것이란 생각이 들었다. 평소 오른손잡이는 왼손 사용을 전혀 하지 않는다. 일부러 불편을 감수할 이유가 없기 때문이다. 하지만 돌발 상황이 생길 때에는 어쩔 수 없이 불편한 상황과 대면해야 한다. 일부러 익숙함을 버릴 때 새로운 변화도 가능한 법이다.

「전함 테메레르」는 영국의 유명한 풍경화가인 윌리엄 터너의 그림이다. 전함 테메레르를 끌고 오는 증기선의 모습을 그린 작품이다. 위대한 영국을 상징하던 무적함대의 영광스런 은퇴를 그린 그림보다는 산업혁명으로 새로운 시대가 오고 있음을 상징적으로 보여 주는 그림으로 해석하고 싶다. 작은 증기선에 의해 선박 해체하는 곳으로 옮겨지는 함선의 모습은 극복해야 할 과거의 관행이나 관점이 아닐까.

그런데 이 그림은 풍경화이지만 전혀 풍경화 같지 않다. 선명한 색채의 기존 풍경화와 달리 흐릿한 색채 때문에 마치 실력 없는 작가가 마구 그린 그림 같다. 그 당시 풍경화의 기준으로 보면 참으로 낯설기까지 하다. 그러나 증기선이 산업사회라는 새로운 세계를 상징하듯 안개가 걷히기를 기다리지 않은 터너의 풍경화는 서양 미술사의 혁신을 상징한다. 그런 연유로 지금도 영국에서는 혁신적인 예술가에게 주는 상이 바로 터너상이기도 하다.

다행히 우리 교육에 전함 테메레르를 끌고 가는 증기선과 같은 변화의 상징이 하나둘 나타나고 있다. 혁신학교도 그중 하나다. 혁신학교는 그동안의 관성과 익숙함을 과감하게 벗어던지고 교육의 본질을 새롭게 성찰하는 시도로 보는 시각이 우세하다. 혁신이란 단어는 가죽을 벗기는 아픔과 고통을 말한다. 그만큼 힘들고 고통스런 과정이 수반된다. 기업은 경쟁에서 살아남기 위해 오늘도 혁신을 외친다. 혹자는 혁신이 마치 살아남기 위해 과거의 것을 모두 버리고 완전히 새로운 것으로 바꿔 역전시키는 것이라고 단정하기도 한다. 혁신학교에 대해 일부 거부감을 갖는 것도 그런 오해에서 출발한다.

교육은 미래를 준비한다는 면에서 진보적이지만 과거의 지식과 문화를 배우는 과정이기에 보수적인 성격도 강하다. 교육은 사람과 사람의 만

조지프 말로드 윌리엄 터너, 「전함 테메레르」[5]

남과 관계이기 때문에 쉽게 변화하지 않는다. 게다가 변화와 혁신도 단칼로 구분해서 이분될 수 있는 것이 아니라 중간 지대가 있는 점진적인 변화다. 언뜻 보기에 변화가 되지 않는 것 같기도 하다. 그러나 마치 물이 끓는 것처럼 일정한 비등점이 되기까지는 알 수 없다. 변화하는 것 같기는 한데 그것을 느끼지 못해서 혼란스럽다. 그 마지막을 기다리지 못해 도중에 포기하는 경우도 있다.

영화 「미스트」는 충격적인 결말로 유명하다. 평화로운 마을 롱레이크에 기이한 안개가 몰려온다. 마트 밖은 짙은 안개로 뒤덮어 아무것도 보이지 않고, 주민들은 알 수 없는 괴생명체의 공격으로부터 살아남기 위해 고군분투한다. 생존자 몇 명이 차를 타고 탈출을 시도하는데 안개로 한 치 앞이 안 보이는 상황에서 괴생명체가 다가오는 소리까지 들린다. 마침내 차 안의 사람들은 모두 자살이란 극단적인 선택을 한다. 하지만 그 소리의 주체는 괴물이 아닌 구조대였다.

변화가 중첩된 면으로 존재한다는 점을 간과하면 혁신과 반 혁신, 성공과 실패 등 성급하게 극단적 판단을 내리기 쉽다. 이분법적 사고에서는 긍정적 변화를 기대하기 어렵다. 다른 한쪽을 적대시하는 흐름이 감지되기 때문이다. 혁신학교의 변화도 결과만큼 과정을 중시해야 한다. 과정의 변화 없이, 진일보의 과정 없이 긍정적인 결과는 나올 수가 없다. 숱한 시행착오를 겪고 나서야 비로소 희망이라는 거대 서사의 결말을 쓸 수 있을 것이다.

혁신학교 관련 컨설팅을 받을 때다. 학급 별 팝송대회가 경쟁만 부추기고 보여 주기 프로그램에 지나지 않는다는 이유로 부정적인 평가를 받았다. 그러나 시선이 경쟁과 포상의 '대회'라는 형식에만 머물지 않는다면 다른 것도 볼 수 있을 것이라는 생각이 들었다. 서로 협력하고 감동하는 과정을 맛볼 수 있는 기회라면 경쟁은 또 다른 배움의 방식이 된다. 반 대항 팝송대회 역시 준비하는 시간을 통해 서로 존중하며 협력하는 장이 된다면 굳이 반 혁신적 프로그램이라고 단정해서는 안 된다.

몇 년 전 학급별로 치러지는 팝송대회에서 있었던 일이다. 열심히 준비하는 과정을 보면서 걱정이 되는 학급이 있었다. 그 반에는 장애를 가진 친구가 한 명 있었는데 노래나 동작을 따라 하기가 버거운 친구였다. 대개 그런 상황에 놓이면 연습이 어려운 아이를 빼고 준비하는 경우가 대부분이다.

그런데 발표회 당일 우려와 달리 장애를 가진 아이는 중앙에 등장했다. 그 아이는 쉬운 동작의 안무를 어설프지만 최선을 다해 소화했고 반 아이들 모두 매우 아름다운 춤과 노래를 보여 주었다. 호흡이 척척 맞지는 않았지만 그 어디서도 맛보지 못한 감동을 선사했다. 준비하는 동안 순탄치 않았을 과정들을 생각하니 나도 모르게 눈시울이 뜨거워졌다.

경쟁이 아닌 협력을 강조하면서 범하는 오류가 있다. 바로 경쟁은 나쁜 것이고 협력은 좋은 것이라는 이분법적 사고다. 사실 경쟁은 부정적인 것이 아니다. 문제가 되는 것은 과도한 경쟁이나 불공정한 경쟁에서 불거지는 것임을 잊지 말자. 공정하면서 적절한 경쟁은 개인의 수월성을 높이고 공동체의 발전에 기여하기도 한다. 우리가 중시해야 할 것은 공정하고 협력적인 경쟁을 펼칠 수 있는 토대와 여건을 만들어 주는 것이다.

각종 교육 프로그램이 보여 주기라고 단정해 폐지한다면 거의 모든 학교 행사는 사라질지 모른다. 교육을 바꾸는 혁신 철학은 필요하다. 그러나 조급하게 결과만 보고 판단하는 사례가 종종 있어 우려가 된다. 유연하지 않은 원칙을 내세우다 보면 교조적으로 흐르기 십상이다. 한 가지 기준에 어긋난다는 이유를 들어 다른 활동까지 침해하고 축소시켜서는 안 되는 이유다.

점진적이고 느리게 변화한다는 것은 두 가지 대립되는 요소가 동시에 존재한다는 말이기도 하다. 왜 변화하는 데 기존의 것이 남아 있는가? 왜 혁신 철학에 동의하지 못하는 교사가 있는가? 왜 학생들은 주체적으로 행동하지 못하는가? 보호자는 왜 학교에 요구만 하는가? 여러 요소가 혼재되어 있는 학교에서 이런 의문이 드는 것은 극히 자연스럽다.

현장에서 성급한 시도와 중단이 반복되는 이유는 공감과 공유의 민주적 성장 과정이 생략된 채 결과만을 중시하기 때문은 아닐까? 다르다는 것을 전제하는 게 세상살이다. 물론, 혁신 철학과 맞지 않아 폐기해야 하는 것이 있다. 그렇더라도 교장이 단칼로 바꾸는 방식이 아니라 구성원들이 왜 바꾸어야 하는가를 공감하는 게 먼저다. 문제를 해소하는 과정에서도 소외와 적대감 표출이 아니라 소통과 이해를 전제로 한다면 봄바람 불 듯, 닭 모가지를 비틀어도 새벽은 오듯이 교육의 혁신적 변화는 찾아올 것이다.

* 개인적 성공과 사회적 성장

공부보다 친구들과 놀러 다니느라 많은 시간을 보내기는 했지만, 고등학생 시절 동네 독서실을 찾은 적이 있다. 독서실은 우리나라에서 학습에 대한 압력이 어떤지를 적나라하게 보여 주는 공간이다. 독서실의 개인 책상은 앞과 옆을 볼 수 없는 칸막이로 되어 있다. 마치 경주마의 양 눈의 옆을 차단한 막과 같다. 그 때문에 말은 옆을 보지 못하고 앞만 보고 달린다. 공부를 위해서는 다른 곳에는 눈 돌리지 말고 오로지 한곳만을 향해 끝없이 달려가라고 채찍질하는 형국이다.

그러나 공부는 혼자가 아니라 함께하는 것을 포함한다. 같이 모여 자료를 찾고 분석하고 토론하는 게 공부다. 우리의 눈으로 보면 적응이 되지 않지만 서로 토론하는 유대인 도서관의 광경을 떠올려 보라. 지금까지 우리는 다른 친구들을 방해하지 않고 조용하게 혼자서 하는 공부를 전부라고 생각했다.

이제 혼자서 하는 공부는 한계가 많은 시대다. 근래 노벨상 수상자 중에도 공동 연구를 한 사람들이 많다. 이런 현상은 개인의 역량이 전보다 줄어든 게 아니라 공동 협력을 통해 역량이 극대화된다는 것을 인지한 것이다. 기업이 직원을 채용하는 과정도 지필 시험 점수나 대학 학점보다 공동 생활에서 드러나는 리더십과 협력하고 소통하는 역량을 높게 평가한다. 개인의 능력에 팀워크가 더해질 때 진짜 역량이 된다.

교육에 대한 정의를 찾아보면 "교육은 사람이 살아가는 데 필요한 모든 행위를 교수·학습하는 일과 그 과정이다. 교육의 양태는 시대나 장소에 따라 다르게 나타나지만 어느 경우에나 인간을 인간답게 만드는 중요한 활동이다."[6]라고 나온다. 결국 교육은 '살아가는 데 필요한 것을 얻기 위한 수단'이며 '인간답게 살기 위한 방편'이다. 인간답게 산다는 것은 다른 사람들과 어우러져 사는 사회에서나 가능하다. 공부라고 다를 것은 없다.

어미 독수리는 새끼 독수리가 날아갈 수 있게 가르치고 새끼는 나는 법을 내운다. 다른 동물도 스스로 살아가기 위해 필요한 행동을 어미로부터 배우고 독립한다. 인간도 독립하기 위해 성장하는 과정은 필수적이다. 다만 동물은 본능적으로 행동하는 반면 인간은 공동체에서 존재 의미를 찾아가는 사회적 동물이라는 차이가 있을 뿐이다.

인간은 평생 사회화 과정을 거치며 독립을 위한 기간이 다른 동물에 비해 매우 긴 편이다. 인간의 약점이 되지만, 그래서 교육이 중요한 이유이기도 하다. 교육을 통한 인간의 독립과 성장은 단지 부모로부터의 독립만을 의미하지는 않는다. 교육의 목적은 공동체의 일원으로 주체적이며 독립적으로 살아가는 것이다.

'오늘 행복한 아이가 내일 성공한다'라는 어느 교육청 문구를 본 적이 있다. 이 문구는 당장의 행복을 강조하지만 결국 학교가 성공 신화를 강화하는 수단으로 작동하고 있음을 보여 주는 게 아닌가 생각한다. 성공 신화는 무한경쟁과 승자독식을 정당화한다. 우리가 성공 신화의 늪에 빠져 헤어나지 못하는 순간 불평등은 심화될 것이고 오늘이 행복할 수 없는 현실이 될 것이다.

한화 이글스 송진우 코치는 현역 시절 210승을 올린 국내 프로야구 최다승 투수 출신이다. 화려한 선수 생활을 마치고 투수 코치로 제2의 전성기를 누리고 있다. 항상 웃는 얼굴로 선수들과 함께하는 송진우 코치의 부드러운 리더십에는 수많은 승리 경험에서 나오는 날카로운 조언과 따뜻한 격려가 따라다닌다. 그런데 송진우 코치는 승리보다 KBO 역사상 153패라는 가장 많은 패전 기록을 가진 투수라는 점을 강조한다. 승리보다는 패전을 통해 배웠다는 송진우 코치의 말처럼 우리는 실수나 실패를 통해 배우고 성장한다는 것을 안다.

그렇다면 학교는 어떨까? 시험 한 번 잘못 보면 인생을 망쳤다고 생각하는 아이들이 주위에 많다. 실수나 실패를 용납하지 않는 태도는 지나치게 경쟁과 성공만을 가치 있게 보는 사회에 책임이 있다. 아이들이 실패를 두려워하는 가장 큰 이유는 경쟁에서 탈락했을 때 받을 차별과 무시에 대한 불안 때문이다.

만약 아이들이 실패하더라도 인정하고 안아 줄 수 있는 공동체라면 아이들은 불안에 떨지 않고 실패도 두려워하지 않을 것이다. 그래서 학교는 실수나 실패를 용인하고 경험하는 안정적인 곳이어야 한다. 그 안정은 아이들을 존중하고 서로 협력하는 문화에서 나오고 아이들은 이런 학교 문화와 과정을 통해 시민으로 성장한다.

개인적 성공은 목적한 바를 이루는 것이다. 서울대학교 의대가 목적이라면 어떤 수단과 방법을 동원해서라도 서울대학교 의대에 가면 된다. 이렇게 성공은 결과주의로 귀결된다. 그러나 과정이 생략된 결과주의는 부작용이 심하다. 좋은 결과만 얻으려고 하는 순간 갖은 편법과 불법이 판을 치는 정의롭지 못한 사회의 도래를 걱정해야 한다. 반면에 성장은 비록 나아가는 길이 더딜지 몰라도 정의로운 과정과 공적 가치를 추구하는 결과를 가져올 것이다.

개인적으로 성공하려는 마음과 노력을 부정해서는 안 된다. 다만 공동체의 시민으로 성장하는 사회적 과정이 없는 개인적 성공은 사회의 공적 가치를 무시하고 공공성을 훼손할 가능성이 있음을 지적하고 싶다. 자신만의 이익과 안위를 위해 각종 부조리와 범죄를 저지르는 사람들 중 상당수는 개인적으로 성공한 사람들이 많다. 변호사가 되는 것이 중요한 게 어떤 변호사가 되는가가 중요하다.

학교 교육이 좋은 대학 가고 의사나 변호사가 되는 '성공 교육'에 초점을 둔 것은 아닌지 돌아봐야 한다. 성공 교육에 포커스를 둔다면 개인적인 욕망과 이익만을 따지기 때문에 국가나 사회적으로 오히려 손해가 될 수 있다. 반면에 사회적 약자를 안아 주고 연대하는 사회적 '성장 교육'은 개인적 성공을 배척하지 않는다. 단지 개인적인 성공에 매몰되지 않고 사회로 시선이 이동되며 확장될 뿐이다. 그래서 성공은 개인적이지만 성장은 사회적이다.

사회적 성장은 혼자 있을 때는 아무런 가치를 갖지 못한다. 성장은 사회적 독립이며 관계를 통해 신체적, 정신적으로 나아지는 것을 뜻한다. 사람들은 안정된 공동체에서 서로 존중받고 참여할 때 행복을 느낀다. 그래서 교육은 개인의 성공과 행복을 넘어 이웃과 인간답게 잘사는 방향으로 나아가야 한다. 내가 잘사는 길은 다른 사람들과 다 같이 행복하게 잘사는 길과 다르지 않다.

1) 엄격한 규율을 통한 준법과 질서, 위계질서에 대한 순종과 침묵, 기계를 작동하고 소통할 정도의 지식과 문자 해독 능력, 생산성을 높이기 위한 성실한 노동자성 등은 그 당시 학교가 지향한 주요 덕목이었다.

2) 아돌프 프리드리히 에르트만 폰 멘첼, 「석 압연 공장」, 캔버스에 유채, 254×158cm, 베를린 내셔널 갤러리

3) 교육이 갖는 발전과 선발의 기능 중에서 최근 인간으로 성장하고 발전하는 기능은 축소되고 반면에 상급학교나 기업에 필요한 인적 자원으로 선발하는 기능이 커지고 있다. 사회와 교육의 관계를 보면 발전과 선발의 두 기능이 모두 필요하다. 그러나 어디에 방점을 찍느냐에 따라 학교 교육의 현실은 극과 극으로 달라진다. 우리 사회의 가장 큰 난제가 입시 문제라면 이 또한 선발의 기능이 너무 과하게 넘치기 때문이다.

4) 교사는 교과서의 맥락을 다시 짚어 보는 과정을 거친다. 교과서는 지역과 학교별 특성에 맞게 재구성되어야 한다. 교사는 이런 노력의 과정을 즐길 줄 안다. 기획하고 새롭게 개발하는 기쁨은 그 무엇과도 비교할 수 없다. 생각보다 교사의 전문적이고 자율적 영역은 넓고 견고하다. 교과의 교육 내용을 결정하는 최종 결재권자는 국가가 아니라 교사다.

5) 조지프 말로드 윌리엄 터너, 「전함 테메레르」, 캔버스에 유채, 0.91x1.22m, 1838~1839년, 런던 내셔널 갤러리, 영국

6) 『브리태니커 백과사전』에서 인용함.

8장 시민이 사는 마을학교

* 속도와 관계의 고민

양평 서종면 문호리에는 함께 모여 '만들고, 놀고, 꿈꾸는' 장이 있다. 바로 문호리 리버마켓이다. 매월 셋째 주 토요일 문호리 북한강변에서 열리는 프리마켓 성격의 장터다. 리버마켓은 문화 예술인이 많이 거주하는 양평의 특성을 살린 핸드메이드 중심의 문화 예술 공간으로 전국적으로 인기가 높다. 작은 시골 마을의 기적과 같은 리버마켓은 마을 공동체에 관심가진 이들의 살아 있는 배움터가 되고 있다.

위와 같은 마을 공동체와 배움에 대한 관심은 교육계에도 뜨겁다. 경기도교육청에서 주관하는 '마을교육공동체'는 학교의 울타리를 벗어나 마을이 아이들의 배움터가 되고 삶이 곧 배움이 되는 공동체를 지향한다. 마을이 교육을 위해 발 벗고 나서고 아이들의 삶을 통해 배움을 추구하는 마을교육공동체는 분명 긍정적이다.

앞 장에서 논한 것처럼 교육이 학교의 전유물이고, 교육의 책임을 학

리버마켓에 참가한 아이들

교가 전적으로 지던 시대는 끝났다. 시대 흐름에 따라 전통적 학교의 위상과 역할이 바뀌고 있다. 이런 면에서 마을교육공동체는 학교 교육이 나아갈 변화의 방향을 제시하고 있는지 모른다. 그러나 그 방향을 잃지 않고 나아가기 위해서도 몇 가지 고민을 나눌 필요가 있다.

옛 경기도 교육청 북부청사 건물에 과감하게 입주한 청소년들이 있다. 바로 몽실 학교 아이들이다. 자치 배움터 '몽실 학교'는 몇 명의 교사와 아이들이 모여 무엇을 할 것인지 고민하면서 시작되었다. 학교 안팎의 아이들이 어우러져 프로그램을 짜고 마무리하는 과정까지 직접 만들어 가는 배움터 성격을 띠었다. 지금은 전국적으로 유명해져 벤치마킹의 대상이 되었고 많은 지역에서 몽실 학교 같은 아이들 배움터를 만들고자 한다.

만약 각 지역교육청에 몽실 학교 같은 청소년 활동을 추진하라는 공문이 내려온다면 어떻게 될까 상상해 보자. 각 교육청은 공간을 확보하고 학교와 청소년 단체를 통해 아이들을 모집할 것이고 과제를 부여할 것이다. 곧바로 예산이 투입되고, 예산이 투입된 이상 결과물이 나와야 하니, 이왕이면 보기 좋게, 어여쁜 결과물을 도출하려고 할 것이다. 간혹 내용물보다 포장지에 더 신경을 쓰느라 본질에서 벗어난 경우도 있을 것이다.

이런 현상은 교육청만의 문제가 아니다. 많은 공공 기관에서 예산이 투입되는 순간 특정 결과물이 나와야 한다. 특히 객관성을 신봉하는 우리 사회에서 수치로 드러나는 것이 매우 중요하다. 참여 인원, 참가율, 변화율을 생각하지 않을 수 없다. 그렇지만 수치를 강조할수록 내실이 떨어질 가능성을 염두에 두었으면 좋겠다.

교육청이 이것을 모르는 게 아니다. 그러나 이런 식으로라도 변화를 이끌어야 한다고 판단한다. 충분히 이해가 가지만 가만히 있을 수 없다는 책무와 강박은 오히려 현장의 문제를 악화시킬 수 있다. 조급함과 강제성으로 만들어진 아이들 공동체는 오래가지 못한다. 처음 하는 시도가 어려운 게 아니다. 중요한 것은 내실 있게 오래가는 것이다.

앞서 말한 문호리 리버마켓이 성공한 요인 중에는 군청이나 다른 기관의 도움을 받지 않았다는 점이 있다. 그래서 더디게 마켓이 만들어졌을망정 쉽게 흔들리지 않는다. 관에서 지원하는 전국의 수많은 야시장이나 프리마켓이 성공하지 못한 이유는 역설적이지만 막대한 지원 때문인지도 모른다. 지원 때문에 빠른 속도로 마켓이 만들어지지만, 관의 지원이 끊기면 마켓은 흐지부지된다. 자생력을 키울 시간과 땀이 절대적으로 부족했기 때문이다.

학교에도 교육부나 교육청 또는 지자체의 지원에 의존하는 프로그램이 많다. 예를 들어 오케스트라의 운영과 같은 경우 적지 않은 돈이 들기 때문에 학교 독자적으로 운영하기 어렵다. 초기 지원에 의해 오케스트라가 단기간에 만들어져도 지원이 삭감되거나 끊기면 언제든지 중단될 위험에 처한다. 역시 자생력이 문제다. 마을도 학교와 마찬가지다.

더군다나 마을은 생각보다 복잡한 곳이다. 학교처럼 어느 정도 일관성 있게 움직이는 곳이 아니고, 이해관계가 복잡하게 얽혀 있다. 이런 곳에서 급하게 프로젝트를 추진하다가는 실패하기 쉽다. 교육청은 교육의 흐름을 유도하고 표준을 만드는 등 할 수 있는 일이 많다. 다만 일 년 단위로 성과를 측정하지 말고 몇 년을 기준으로 평가하는 긴 호흡이 필요하다. 특히 마을학교 추진은 교육청이 주관하는 것보다 지원의 역할에 머무는 것이 더 좋을 수 있다.

마을학교는 기존 학교와 교육의 틀을 일부 깨는 것이기에 학교의 변화 없이 성공하기 힘들다. 따라서 학교와 마을이 마치 서로 발을 묶고 달리는 것처럼 완급 조절을 하며 나아가야 한다. 학교와 마을 어느 한쪽의 일방 독주로는 소기의 성과를 기대하기 어렵다. 혁신학교 중심으로 마을학교가 활발하게 진행되는 이유도 여기에 있다.

'속도'와 함께 '관계'의 문제도 중요하다. 보통 마을에서 마을 운동을 한다는 사람들을 보면 따로따로 모여 일을 하는 경우가 많다. 생각이 다른 사람들이 모이면 말이 통하지 않으니까 따로 모인다. 그러면 같은 목소리만 듣게 되니 기분도 좋고 일도 일사천리로 잘되는 것 같다. 당연히 힘도 덜 들고 만족도도 높다.

하지만 이런 경우 '그들만의 리그'에 그친다. 교육청에서 마을학교와 관련된 공모를 많이 한다. 그런데 이런 공모의 문제는 같은 생각과 기획력을 가진 주민 몇 명의 잔치로 끝날 수 있다는 점이다. 실제로 마을에서 각종 공모에 참여할 만한 기획력과 역량을 갖춘 주민은 많지 않다. 이런 사업의 성과는 그들만의 관계를 돈독하게 할 뿐 마을 사람들과의 관계를 강화하는 것은 아니다.

오히려 오래된 마을 사람들의 관계에 금이 가는 경우도 발생한다. 사람과 사람 사이의 관계에는 역사가 깃드는 법이다. 마을학교도 그렇다. 교육청 단위의 강력한 정책 집행이 마을과 학교의 소소한 관계를 무시할 수 있음을 지적하고 싶다. 특히 단기간의 성과를 내기 위해서 몇몇 사람들만의 의기투합으로 밀어붙일 때 마을의 오래된 관계를 무시하는 일이 벌어질 가능성이 높다.

마을학교도 결국은 사람 사이의 관계라는 삶 속에서 배움을 끌어내는 과정이기 때문에 '사업'이 아니라 '마을 사람'에 초점을 맞춰야 한다. 마을학교 관련 사업을 하지 말자는 것이 아니라 무리한 사업 추진으로 마을의 오래된 관계가 훼손되지 않도록 주의하자는 의미다. 마을은 학교와 달라서 한번 갈라진 이웃 간의 마음은 웬만해서는 회복하기 힘들다. 그래서 더 조심스럽다.

'마을이 학교다', '한 아이를 키우기 위해서는 온 마을이 필요하다'는 말에 전적으로 동의한다. 교육의 변화를 마을에서 찾는 프레임은 좋다. 역으로 생각하면 마을의 문제를 교육을 통해 풀 수도 있다. 다만 성급하게 결과를 내려는 관료주의적 발상은 접자. 마을학교가 자리를 잡기 위해서는 마을이 만들어지듯 오랜 시간이 소요되기 때문이다.

『어린왕자』에 나오는 글이다. "네 장미를 소중하게 만든 것은 네가 장미에게 쓴 시간 때문이야." 지금 마을교육공동체에 서로 이해하고 협력할 시간이 다른 무엇보다 필요하다.

* 마을은 있는가?

마을학교에 대한 고민을 이어가기 전에 '마을'에 대해 먼저 생각해 보자. 마을 없이 마을학교는 성공할 수 없는데 과연 지금 '마을'이 있는지 의문이 든다. 마을이란 단어를 쉽게 사용하는데 마을 하면 떠오르는 장면이 어떤 모습인가? 대부분 논과 밭이 있는 시골의 풍경이나, 함께 일하고 음식을 나누어 먹는 모습, 누군가는 도시의 아파트 단지에서 열리는 장터나 공원에서 열리는 축제를 생각하기도 할 것이다.

마을을 키워드로 마인드맵을 해보면 보통 이런 말이 나온다. 공동체, 정감, 연대, 협력, 정, 친밀함 등 대개의 단어가 전통사회의 마을 공동체를 연상케 한다. 이처럼 작은 단위의 공동체이며 대면 접촉이 이루어지는 마을이 과연 산업사회를 거쳐 정보사회, 4차 산업혁명을 논하는 지금 과연 어떤 의미로 다가오는가? 우리가 살고 있는 곳을 한번 둘러보자. 연상한 단어는 현실과 너무 다르다.

도시의 경우 그 정도가 더 심하지만 농촌도 별반 다르지 않다. 농산어촌의 경우 젊은층이 진학이나 취업을 위해 도시로 떠나는 데 반해 마을로 이주해 오는 주민은 없고, 출생아는 줄고 고령화는 심화되면서 인구 감소를 넘어 인구 소멸로 치닫고 있다.[1] 이처럼 전국적으로 소멸을 걱정하는 지역이 증가하는 실정이다. 아이들이 없고, 젊은 사람들이 없고, 연대할 사람은 더더구나 없고, 생기도 없다.

어느 정도 사정이 좋은 농촌의 경우에는 다른 고충이 따른다. 혁신학교를 중심으로 또는 도시와 가까운 농촌의 경우 젊은층도 유입되고 학생 수도 증가한다. 그러나 이런 지역의 경우 선주민과 이주민의 갈등, 세대 간의 갈등과 진보와 보수의 가치관 대립, 땅 때문에 생기는 민원 발생, 개발과 생태계 파괴의 문제 등 만만치 않은 난제들이 얽혀 있다.

중요한 점은 이런 난제와 갈등을 어떻게 조정하는가[2]에 있다. 예전 전통 사회의 마을은 강력한 리더 - 대개 나이 많은 어르신, 촌장-가 있어 위엄과 권위로 갈등을 해결하거나 조정했다. 더불어 관습과 윤리라는 사회 규범이 공동체의 결속을 강화하고 유지하는 힘으로 작동하기도 했다.

그러나 지금 그런 마을을 기대하기는 힘들다. 우선 마을이 자체 정화의 힘을 상실했다. 자체 정화는 외부의 힘을 빌리지 않고 내부의 문화와 전통, 관습, 정서적 유대 등을 통해서 해결되는 것을 의미하는데 지금 모든 갈등은 법으로 귀결된다. 학교 폭력이 학교나 학급 자체의 교육적 정화 능력에 의해 해소되는 것이 불가능해진 것처럼 작은 일에도 소송을 불사하는 게 다반사다. 예전 촌장과 같은 갈등 조정의 리더를 기대하는 것은 고릿적 시절이나 가능했다.

상황이 이러한데 마을 공동체란 말을 너무 쉽게 쓴다. 공동체는 꽤 부담스런 단어다. 다른 생각이나 행동을 인정하지 않는 일사분란하게 움직이는 조직을 공동체라고 생각하기 쉽고 특정한 종교적 신념이나 가치를 갖고 모여 사는 사람들을 떠올리기도 한다. 구성원 간의 동질성과 결속력을 내포하고 있는 '공동체'는 자칫 집단주의의 위험을 안고 있다.

집단주의는 개인의 권리와 다양한 목소리보다 극단적인 한 방향의 목소리가 부각되기 쉽다. 물론 공동체를 강조한다고 다 문제시되는 것은 아니다. 공동체라는 소속감과 유대감을 통해 다른 구성원을 이해하고 존중할 수 있다. 공동체 정신은 서로 공감하고 연대하는 힘의 원천이 되기도 한다. 다만 이런 정신이 왜곡되거나 극단적인 배타주의로 흐르지 않도록 주의해야 한다.

마을 공동체는 배타적인 모습이 아니라 다양한 사람들이 자유롭게 목소리를 내는 열린 공간이 되어야 한다. 마을이나 공동체라는 말이 중요한 것이 아니라 그 안에서 사람들이 어떻게 살아가는가의 삶이 중요하다. 특히 교육과 관련지어 생각한다면 아이를 어떻게 바라보고 아이들과 어떤 관계를 맺고 있는가를 들여다봐야 한다.

몇 년 전 학교 울타리를 없애는 열풍에 휩싸인 적이 있다. 멀쩡한 담을 허물고 경계를 없앴다. 누구든지 학교에 들어올 수 있음을 전제했다.

학교는 주민들이 운동하고 쉬는 공간으로 탈바꿈했다. 그러나 지금은 다시 담을 세우고, 교문을 닫고 학교 보안관이 외부인의 출입을 통제한다. 마을에 낯선 사람이 나타나면 경계하라고 가르친다. 이런 상황에서 학교와 마을은 어떻게 연대할 수 있을까?

닫힌 사회에서 마을은 아이들 교육을 위해 할 게 없다. 마을과 학교를 연결하고 마을의 삶을 통해 아이들의 배움을 추진하는 일도 불가능하다. 공적 가치를 함께 고민하고 실천하는 열린 공론의 장이 마련되지 못한 현실에서 배움을 위한 '마을'은 찾아보기 힘들다. 서로가 단절되고 고립된 곳에서 마을교육공동체는 신기루에 불과하다.

여기서 양평 서종면의 상황을 살펴보자. 서종면에는 초등학교 3개, 중학교 1개가 전부지만, 모두 혁신학교다. 그리고 서울과 가까운 지리적 특성과 자연 환경이 좋아 전원주택을 찾는 사람들이 많다. 자연스럽게 땅값도 많이 올라 양평에서는 뜨거운 지역이다. 이곳에는 선주민과 이주민의 비율이 역전된 지 오래다. 이주민이 80%를 넘는다. 그로 인한 개발과 가치관의 갈등도 만만치 않다.

그러나 서종면의 경우 조건이 좋다. 우선 혁신학교 중심으로 꾸준히 학생이 늘고 있고 혁신 철학에 공감하는 주민들이 많다. 그리고 마을을 발전시키고 변화하고자 하는 의지를 가진 주민들이 관과 협력하는 문화가 조성되어 있다. 마을 만들기 사업을 위해 주민자치위원회와 이장협의회, 노인회, 새마을협의회, 청년회가 선주민과 이주민의 구분 없이 서로 협력한다. 주민들이 함께 마을 디자인을 고민하고 간판을 교체하고, 마을 놀이터와 쉼터를 만든다.

주말이면 수만 명이 찾는 리버마켓이나 십 년 이상 이어지는 작은 클

래식 음악회도 마을의 힘이다. 마을 이곳저곳을 찾아다니며 봉사하는 아이들과 보호자의 활동 또한 소중한 마을의 에너지다. 그러다 보니 자연스럽게 학교와 마을이 서로 관심 갖고 여러 활동을 함께 추진하고 있다. 이런 문화는 하루아침에 만들어진 것이 아니라 수년 간 꾸준하게 노력하고 있기 때문에 가능한 일이다.

적어도 마을학교에서 말하는 마을은 '사는 방식'의 차원이며 네트워크처럼 연결된 열린 곳이다. 그래서 마을학교가 잘되는 곳이 반드시 시골일 필요는 없다. 아파트 단지라도 그곳 사람들이 사는 방식이 공공성에 기초한 협력과 연대의 시민으로서의 삶을 지향한다면 얼마든지 가능하다.

* 삶이 다른 마을과 네트워크

오래전 고등학교에서 2학년 담임을 할 때 우리 반 한 아이의 아버지가 돌아가셨다. 우선 아이를 병원으로 보낸 후 잠시 일을 정리하고 달려갔다. 큰 슬픔과 상실감에 주저앉은 어머니와 두 형제는 경황이 없어 보였고, 나는 무언가 도와드려야겠다고 생각해 빈소 차리는 문제부터 물었다.

그런데 아이의 어머니는 빈소를 차리지 않겠다고 담담하게 말했다. 보통 빈소를 차리고 삼일장을 치르는 것이 일반적인 절차인데 하루만에 장례를 끝내는 이유를 이해할 수 없었다. 결국 다음날 병원에서 간단한 절차를 마친 뒤 화장하면서 장례는 마무리되었다.

며칠 뒤 아이의 집을 찾아갔다. 아버지가 돌아가신 후 마음을 잡지 못하는 아이 문제로 이야기를 나누기 위해서였다. 아이는 학교 근처 영구임대아파트에 살고 있었는데 그곳은 내가 생각한 주거 공간이 아니었다. 비좁은 공간마저 짐으로 가득차 발을 디딜 틈조차 없어 한동안 서 있어야 했다. 욕실도 급한 볼일만 간신히 해결해야 할 만큼 열악해 목욕이나 샤워는 꿈도 꾸기 어려워 보였다.

그동안 네 식구가 어떻게 생활이 가능했는지 받아들이기가 힘들었다. 아이는 수년째 그렇게 살아왔는데 담임이라는 인간은 아이의 어려운 환경을 눈치도 못 챘다는 사실이 부끄러워 한동안 고개를 들지 못했다. 그때 비로소 빈소를 차리지 않는 이유를 알 수 있었다.

그곳에 사는 주민들에게는 하루만에 장례를 치르는 게 이상할 게 없다고 했다. 빈소를 차린다고 누가 찾아올 리도 없고 찾아와도 넉넉히 부조할 사람이 없으니 삼일장을 치르는 것은 허례허식이었던 것이다. 그때 나는 내가 경험한 세상이 전부가 아님을 알았다. 오랫동안 나를 힘들게 했던 기억을 어렵게 꺼낸 이유는 우리가 살고 있는 세상이 다 같지 않다는 현실을 말하기 위해서다. 위 아이의 상황과는 정 반대의 세상이 존재하기도 한다.

우리가 사는 세상이 다르고 불평등하다는 사실은 마을에도 적용된다.[3] 마을은 그만큼 다양한 가치관과 빈부의 차이와 생각의 격차를 포함한다. 이런 차이는 전혀 다른 세상을 의미한다. 사는 방식이 다르면 생각도 달라진다. 단순히 먹고 자는 일상적인 생활 모습의 차이가 아니라 생각과 행동의 근본 틀이 다른 세상이 존재한다는 점에서 '삶이 다르다'는 참 무서운 말이다.

일정한 사회 경제적 능력이 뒷받침되는 사람들이 모여 사는 곳이 있다. 마치 영주가 사는 성(城)처럼 높은 담을 쌓아 계급이 다른 사람들의 출입을 제한하고 그들만의 지위와 경제적 문화적 여유를 공유하면서 전혀 다른 세상을 구축한다. 만약 그런 곳에서 마을학교를 추진한다면 생각이 비슷하기 때문에 잘될 것 같지만 반드시 그렇지는 않다. 동질성을 강조하는 순간 공공성을 기대하기 어렵고 배타적으로 흘러 네트워크를 해칠 위험성이 있기 때문이다.

앞서 말한 것처럼 마을은 단순한 지리적 공간이나 사회적 개념에 머무는 것이 아니라 사람들이 사는 방식을 포함한 유기적인 네트워크와 같다. 네트워크는 사통팔달을 뜻해 개방이 기본이다. 따라서 배타적인 공동체는 같이 어우러져 사는 마을이기보다 동질성에 얽매인 폐쇄적 집단에 불과하다.

앞서 말한 서종면의 리버마켓은 마을 사람들을 기본 축으로 이루어진 네트워크다. 이 장터에는 부자 어르신도 나오고 가난한 마을 어르신도 나온다. 진보적인 사람도 보수적인 사람도 촛불도 태극기도 나온다. 이런 일이 가능한 이유는 열린 공간을 지향하기 때문이다. 네트워크는 개방성이 생명인데 이 점이 리버마켓의 또 다른 성공 비결이다. 이런저런 이유로 제한을 하고 소외를 시키는 순간 관계망은 깨진다. 배타와 단절은 불신만큼 무섭다.

그래서 임대아파트 주민의 출입을 막기 위해 담을 높게 쌓고 택배기사의 출입이나 승강기 사용을 제한하는 아파트 단지가 진정한 공동체가 되기는 어렵다. 좋은 노인복지시설은 일부러 개방형 구조를 갖는다. 어린아이의 놀이터가 되고 주민들이 자유롭게 출입하는 실버타운이 진짜 생명력이 있는 커뮤니티이기 때문이다.

기술과 가정 시간에 쑥버무리와 떡을 만든 적이 있다. 선생님과 아이들은 보호자의 협조를 얻어 북한강변으로 나가 쑥을 뜯었다. 여러 교과가 함께 설계한 융합 수업으로 아이들은 강변에서 기타 반주에 맞춰 노래도 하고 글로 봄의 아름다움을 표현하기도 했다. 뜯어온 쑥을 씻고 버무리며 떡을 만드는 활동은 자연스럽게 마을과 연계했다. 이장협의회에서 떡에 필요한 쌀을 보내 주셨고 아이들이 만든 떡은 동네 마을회관과 노인회관에 전달되었다.

　　마을 노인대학 입학식에 아이들이 꽃을 전달하고, 초등학교 운동회에 마을 어르신들이 참여해 함께 즐거운 시간을 보내기도 한다. 아이들은 마을 음악회나 축제와 같은 마을 행사에 참여하고 봉사하며, 마을 시낭송회에서 어른들과 함께 시를 낭송하기도 한다. 북한강을 뗏목을 타고 건너는 마을 초등학교 교육 활동은 마을 주민과 기관이 모두 관심을 갖고 지원하기 때문에 가능하다. 이렇게 단절되지 않고 서로 소통하고 협력하는 사람들이 사는 곳이 바로 살아 있는 마을의 모습이다.

　　마을의 생명력은 열려 있는 구조에서 각자의 삶이 연결될 때 더 커지는 법이다. 유기적으로 연결된 삶이 다시 교육과 연결되면 최근 주목받고 있는 사회적 자본[4]이나 교육 생태계가 된다. 교육 생태계의 열린 네트워크에서 공적 관계를 바탕으로 마을의 지원을 받고, 마을을 이해하고 마을의 주인으로 자리하는 것이 바로 마을학교의 핵심이다.

앞서 말한 것처럼 농촌 초등학교 운동회에는 마을 어르신들이 많이 오신다. 아이들과 함께 즐거운 시간을 갖는 모습을 보면 마을에 미치는 학교의 힘을 느낄 수 있다. 매년 학교에서 열리는 동문회 행사는 마을의 역사이며 마을 안팎을 연결하는 기능을 담당한다. 도시에 나간 동문이 대거 고향을 찾아 성사되는 선후배 간의 만남은 학교 안의 관계뿐 아니라 마을의 시간을 잇는 소중한 고리가 된다. 이처럼 학교는 도시와 농촌, 고향과 추억을 연결하는 중요한 축을 담당하고 있다.

농촌 마을에서 학교는 교육 기관 이상의 의미를 갖는다. 동문과 선후배라는 연결고리는 시간을 거슬러 마을을 유지시키는 힘이다. 그리고 학교는 문화를 공유하고 소속감과 소통을 강화하는 공간이다. 주민이 감소하고 황폐화되는 농촌 마을에 학교가 문을 닫는 곳이 증가하고 있다. 학교가 사라지면서 마을은 힘을 상실하고 공동화되는 악순환이 반복된다. 작은 학교를 통폐합하는 정책이 위험한 이유도 여기에 있다.

최근 마을과 학교 모두 살리기 위한 대안으로 '마을학교 만들기'가 인기다.[5] 앞서 말한 것처럼 이런 마을학교 추진에서 중요한 것은 공동체의 크기가 아니라 그 안에서 살고 있는 주민들의 가치관과 문화를 포함한 삶의 방식이다. 마을 주민의 가치관이나 삶의 방식이 아이들을 포용하지 않는다면 아이들은 상처를 받을 것이고 배울 기회조차 얻을 수 없을 것이다.

몇 년 전 아이들 통학로에 인도를 설치하기 위해 마을 주민들이 애쓴 적이 있다. 마침내 인도를 설치하기는 했지만, 20미터 가량은 땅주인이 허락하지 않아 확보하지 못했다. 결국 아이들이 인도를 걷다 그 구간에서는

리버마켓과 마을이 함께한 학교 체육대회 모습

차도로 내려와 걸어야 했다. 땅주인을 찾아가 몇 번 사정을 하고 관계 기관에 민원을 내도 해결책은 나오지 않았다.

9시 등교를 위해 마을버스 시간을 조정하는 과정에서도 약간의 민원이 들어왔다. 버스는 주민 모두의 이동 수단인데 아이들 편의를 위해 버스 시간을 조정하는 것은 문제라는 일부 주민의 항의였다. 물론 어른들이 일방적으로 피해를 봐야 한다는 것은 아니다. 그러나 항의한 분에게 평소에 얼마나 마을과 아이들을 생각하고 행동했는가를 묻고 싶다. 자신에게 조금의 손해라도 생기면 목소리를 높이면서 마을 공동체의 공적 가치에는 고개를 돌리는 주민이 많다.

예전에는 부모의 사랑과 마을 주민의 관심이 아이들의 성장을 도왔다. 아이들이 집밖에서 아무리 뛰어놀아도 걱정하지 않은 이유는 마을 어른들이 있었기 때문이다. 대가족 형태가 부모와 스승의 역할을 담당했고 마을 주민들도 마을 아이들의 성장과 돌봄에 중요한 구실을 했다. 그러나 지금 아이들에 대한 마을의 관심과 소임은 크지 않은 것 같다.

학교와 가정 간의 소통은 보호자회를 통해서도 가능하고 학교는 정기적으로 수업을 개방해 언제든지 소통할 창구를 마련하고 있다. 이처럼 가정과 학교의 협력 시스템은 마을과 학교의 협력보다 사정이 훨씬 나은 편이다. 반면에 아직 학교와 마을 사이에는 거리가 있다. 물론 학교운영위원회[6]에 지역위원을 두고 있지만 형식적인 경우가 많다. 이제라도 지역과 학교가 아이의 성장과 교육을 위해 힘을 모아야 할 때다.

서종중학교는 2012년부터 마을과 함께 아이들의 교육을 고민하는 마을학교를 추진해 왔다. 시골의 작은 학교가 다양한 교육 활동을 전개하기 위해서는 마을의 지원과 협조가 절실했다. 마을의 인적, 물적 자원을 아이들의 배움에 접목하는 일은 매우 유익한 일이다. 현재 아이들은 마을에서 문화예술이나 진로 및 봉사 활동을 하고 마을 주민들은 학교 수업과 교육 활동에 적극적으로 참여한다.

이와 같은 학교와 마을의 협력은 마을의 인적, 물적 자원을 학교에 지원하고 학교가 마을 행사에 참여하는 것으로 시작하지만 결국 아이들의 성장을 위해 같이 책임진다는 동반자 정신으로 귀결되어야 한다. 마을과 학교가 동반자의 자세로 나아가기 위해서 필요한 것이 신뢰인데 그 믿음을 얻기까지는 '어느 곳'에서 '어떻게 사는가'의 문제가 중요하다.

사실 서종중학교는 과거 불미스런 사건 때문에 마을 주민과 보호자들이 학교에 대한 적지 않은 불신과 거부감을 가지고 있었다. 그래서 교장 부임 초기에 보호자와 마을 주민을 만나는 일에 나서야 했다. 마을회관이나 식당, 또는 논밭으로 찾아가야 할 때도 있었다. 그러나 주민들과 거리를 좁히고 이야기를 나누는 일이 결코 쉽지 않았다.

막걸리를 한잔하면서 중학교 교장이라고 소개하면 마을 어르신들은 약간의 거리를 두었다. 젊고 낯선 사람이 교장이라고 소개하니 경계하는 게 당연했을 것이다. 하지만 어색한 자리도 내가 마을에 산다는 사실을 말하는 순간 분위기가 달라지는 것을 느낄 수 있었다. 중학교 교장이 같은 동네 사람이거나 옆동네 사람이라니 친근함을 느꼈는지도 모를 일이다. 동네 어르신들이 내게 신뢰를 보냈다면 가족 모두 서종면으로 이사를 해 동네 사람이 되었다는 것도 한몫했을 것이다.

내 경험에 비추어 보면 주민들과 소통하고 공감하는 데 학교장이라는 지위보다 같은 마을 사람이라는 지위가 더 강력한 것 같다. 서로 이해하는 데 같은 공간에서 함께 살아가는 시간만큼 유리한 조건도 없다. 그래서 시간과 공간의 공유는 신뢰의 원천이 된다. 이런 측면에서 보면 마을 주민들은 서로 공감하고 신뢰할 수 있는 기본 조건을 갖추고 있는 셈이다.

그러나 단지 같이 산다고 해서 저절로 공감과 믿음이 생기는 것은 아니다. 같은 공간에서 함께 사는 물리적인 시간의 양만큼 어떻게 사는가라는 질적 측면도 중요하기 때문이다. 상대를 존중하고 이야기를 들어 주는 자세와 마을을 위해 발 벗고 나서는 모습을 보여 준다면 신뢰는 자연스럽게 쌓일 것이다. 공적 가치를 고민하고 실천하는 시민으로서의 삶을 살아야 하는 이유다.

나중에 들은 이야기지만 매일 정문에서 아이들을 맞이하는 신임 교장을 보고 '쇼'라고 생각한 주민이 많았다고 한다. 심지어 며칠이나 가나 내기를 걸거나 대부분 길어야 한두 달 정도 갈 것이라고 생각했던 모양이다. 그러다 몇 년이 지나도 변함 없자 이야기가 달라졌다는 것이다. 어쨌든 처음 부임했을 때보다는 학교와 마을 간의 소통이 수월하고 협력할 일이 있으면 발 벗고 나서 도와주려고 하는 편이다.

앞서 말한 통학로와 버스 시간표 문제도 약간의 어려움이 있기는 했지만 서로 신뢰가 쌓이면서 원만하게 해결되었다. 아이들의 안전한 통행로가 몇 차례의 공청회를 거쳐 만들어졌고, 등하교의 불편함을 없애기 위한 버스 시간도 여러 관련 단체와 주민들의 협의를 통해 조정되었다.

마을과 학교가 아이들을 위해 서로 공감하고 협력하기 위해서는 신뢰를 쌓기 위한 노력이 먼저다. 그러나 신뢰는 절대로 거저 생기지 않는다. 신뢰는 단순하게 도덕적인 요구나 개인적인 덕성에 불과한 것이 아니라 실질적인 일과 공동체의 관계를 통해 만들어지는 것이다. 사람이든 학교든 일관성이 없고 지속적으로 변화하지 않는다면 신뢰 회복은 공염불로 끝나 버릴 것이다.

* 공공성의 마을학교

내가 사는 집은 산 중턱에 자리하고 있다. 살기 좋은 양평의 전원주택이지만 겨울만큼은 만만치가 않다. 춥기도 하지만 가장 힘든 것은 내린 눈을 치우는 일이다. 겨울에 열 번 이상은 아침 일찍 모여 눈을 치워야 한다. 눈 치울 때도 일정한 방식이 있다. 우선 마을 입구부터 길게 이어져 있는 공용 도로의 눈을 함께 치운 뒤 각자 자기 집으로 들어가는 연결 도로를 치운다.

어찌 생각하면 아침 일찍 눈을 치우는 일은 고단하고 귀찮다. 그러나 시골에 살면서 이런 고생은 색다른 경험이기도 하다. 일 년 내내 좋은 풍경을 아우르고 사는데 삼백육십오 일 중 열 번 눈 치우는 게 뭐 어려울까 생각하면 고생이라는 생각이 안 든다. 생각하기 나름이겠지만 눈을 치우며 공동체의 연대의식이 생긴다. 입으로만 떠들던 공동체 의식이라는 것을 실감할 수 있어 뿌듯하기까지 하다. 땀으로 옷이 젖을 정도가 되면 기분도 상쾌해진다. 가끔 눈 치우고 삼삼오오 이웃과 모여 차를 같이 마시며 이야기하는 시간을 갖기도 한다.

그렇다고 마을 주민들의 행동이 다 같은 것은 아니다. 밤새 눈이 와도 마치 집에 아무도 없는 것처럼 코빼기도 비추지 않는 주민도 있다. 그리고 공용 도로에 쌓인 눈을 먼저 치우는 것이 아니라 자기 마당의 눈만 치우고

쏙 들어가는 주민도 있다. 그런 사람은 늘 그렇게 행동하는데 몰라서가 아 닐 것이다. 당장은 편할지 모르지만 이런 주민은 결국 마을에서 소외된다.

여기서 마을 입구부터 이어지는 공용 도로를 공공의 도로라고 하고 자기 집에 연결된 도로를 사적인 도로라고 가정해 보자. 자기 집과 연결된 작은 길만 치우는 주민은 사적 이익만 추구하는 사람과 같다. 자기 집으 로 통하는 길만 치운다고 통행 문제가 해결되는 것이 아니다. 도시에서는 자기 집 앞만 쓸어도 아무 문제가 생기지 않지만 시골은 아니다. 공공의 가치인 공용 도로의 눈이 치워지지 않으면 아무도 외부로 나갈 수 없다.

사적인 이익과 공적인 이익은 함께 움직인다. 결코 따로 노는 것이 아 니다. 자기가 편하게 다니기 위해서는 자기 집과 연결된 작은 도로도 치 우고 마을 입구까지의 공공 도로도 치워야 한다. 그럼 왜 자기 집 앞 길만 치우고 공공의 도로는 치우지 않는 걸까? 우선 내 일이나 책임이 아니라 여기고, 내가 아니어도 누군가는 치우겠지 하는 마음이 있기 때문이다.

자기 집 앞의 눈을 치우지 않으면 지자체에서 치워 주고 그 대신 고지 서를 발부하는 나라가 있다.[7] 이렇게 하는 이유는 그 일이 사적인 선택의 문제가 아니라 공동체의 시민으로서 반드시 해야 하는 공적 의무로 보기 때문이다. 그래서 부득이 그 책무를 다하지 못하면 그에 대한 책임을 묻 는 것이다.

자기 마당의 눈을 치우는 일과 마을 공용 도로의 눈을 치우는 과정 을 공공성과 관련해서 생각해 볼 수 있다. 두 가지 영역 모두 충족해야 개 인도, 공동체도 행복하다. 사익과 공익을 대립하는 것으로 이분화하지 말 자. 만약 모두 공공의 것에 관심을 갖지 않고 서로 미루기만 한다면 눈 쌓 인 도로로 인해 누구도 밖에 나가지 못할 것이다. 길을 치우고 편안하고 안전하게 갈 수 있게 만드는 일은 주민 모두의 몫이다.

우리는 학교와 마을에서 어떤 인간을 키우고자 하는가? 아이들은 마을에서 같이 살고 있는 어른들의 삶을 보며 배운다. 학교에서 배우는 것에 덧붙여 마을에서 보고 느낀 것을 추가한다. 어느 아이는 자기 집 마당만 치우는 부모를 보며 이기적인 행동을 배우지만, 다른 아이는 부모와 함께 눈을 치우며 시민으로 사는 법을 배운다.

휴일에 아버지의 부재로 눈을 치우지 못하는 상황이 생기면 대신 아이가 나와 어른들과 공용의 도로를 치우기도 한다. 누구도 안 나왔다고 욕할 사람은 없지만 아이는 공용 도로를 쓸고 자기 집 마당은 나중에 쓴다. 염치를 제대로 아는 시민으로 성장하는 아이를 보며 참 대견하다는 생각이 든다. 이렇게 아이를 보며 배운다.

시민으로 사는 법은 교육의 본질이며 혁신의 이유다. 최근 혁신학교가 한계에 다다른 것 아니냐는 우려의 목소리가 많다. 혁신학교 초창기 추진력의 원천은 교사의 자발성이었다. 교사들 스스로 교육과 학교를 변화시켜 보겠다고 모였고 이런 힘이 혁신학교로 결실을 맺었다. 그러나 지금 혁신의 동력도 많이 떨어졌고 여기저기서 혁신에 대한 우려 섞인 목소리도 나온다. 경기도의 경우도 겉모양만 혁신이라는 비난을 듣는 학교도 생겨나고 혁신학교를 원점에서 다시 시작해야 한다는 지적도 많다.

그러나 혁신학교는 진행 중이다. 알게 모르게 현장에 혁신 철학이 녹아들어 가면서 학교 문화가 많이 바뀌었다. 혁신학교로 인해 학교 간 편차와 격차가 많이 줄어든 것이 사실이라면 발전이라고 평가할 수 있다. 이제 이런 긍정적 변화를 더 강화하는 노력이 필요한 때다. 이런 측면에서 마을학교는 중요하다.

혁신학교는 각각의 학교가 처한 상황이나 여건 등 특수성을 바탕으로 보편적인 교육의 본질을 고민하는 과정이다. 초기 혁신학교가 공교육의 문제를 해소하기 위한 실험적 시도였다면 지금의 혁신학교는 양적 확대와 질적 성장을 동시에 고민하고 있다. 특히 지역을 중심으로 하는 혁신학교의 추진은 학교만의 독특한 색깔을 강조한다.

그래서 혁신학교는 유사하면서 다 다르다. 마을과 함께하는 교육도 그런 면에서 유의미하다. 시기적으로도 그렇고 교육 혁신의 내용이나 형식으로도 맞다. 새로운 변화를 모색하는 때이기 때문이다. 교육의 혁신은 학교 안팎을 가리지 않는다. 나아가 마을은 아이들의 삶을 위한 살아 있는 교육 과정이 된다.

마을학교와 교육 혁신이 일치하는 지점은 바로 이 부분에 있다. 시민을 기르는 일은 학교만의 역할이 아니다. 사회와 단절된 폐쇄적인 학교 구조로 시민을 기르기 어렵다. 마을 일에 관심을 갖고 평화, 행복, 정의, 자유, 복지, 교육, 인권과 같은 공적 가치를 실천하는 사람이 시민이고 주인이다. 그래서 공동체의 시민으로 성장케 하는 교육 혁신과 마을교육공동체는 결국 같은 방향[3]으로 가야 한다.

---

1) 「파이낸셜 뉴스」(2018.2.12)의 기사 내용이다. 기사에 의하면 2017년 전남에서는 7,100명의 20대 청년들이 고향을 빠져나갔고, 출생아 수도 1만 2,532명으로 20여 년 동안 절반 이상 줄었다고 한다. 반면 65세 이상 고령 인구 비율은 21.5%로 전국 최고 수준이고 2040년 이후에는 전남 읍면동의 47%인 140개가 소멸할 것으로 예측하고 있다.

2) 학교 운동장 한 구석에는 대개 등나무 그늘이 있다. 기둥을 휘감고 올라간 등나무의 모습이 마치 칡과 비슷하다. 그런데 칡은 왼쪽으로 감아 올라가고, 등나무는 오른쪽 방향으로 감는다고 한다. 그래서 왼쪽, 오른쪽으로 복잡하게 얽혀 있는 상황을 칡 갈(葛)과 등나무 등(藤) 자를 사용해 갈등(葛藤)이라고 부른다. 갈등을 조정하는 행위는 등나무와 칡의 속성을 바꾸는 것이 아니라 서로의 속성을 인정하고 출발해야 한다.

3) 옛날 학창 시절 미술 시간, 얼굴을 그리기 위해서 주저 없이 살색 크레파스를 찾았다. 이처럼 그 당시에는 살색이라는 색이 있었지만 지금은 찾아볼 수 없다. 살색은 이제 살구색이라고 부른다. 흰색, 살구색, 검은색 크레파스 그림을 나란히 보여 주고, 그 위에 큼지막하게 '모두가 살색입니다'라고 쓴 공익 광고를 본 기억이 있다. 다르다고 마치 틀린 것처럼 보지 말아야 한다는 소중한 메시지가 담겨 있다. 마을도 그렇다.

4) 사회적 자본이란 지역 구성원이 서로 협력하고 실천할 수 있는 마을의 규범이나 제도를 총칭하는 말이다. 결국 사회적 자본은 물적, 인적 자본과 함께 마을을 발전시키는 힘이다. 그 힘은 구성원의 신뢰 관계를 바탕으로 하는 네트워크, 즉 열린 공간에서 나온다.

5) 마을학교는 훼손되고 있는 지역성이란 가치를 살리는 길이기도 하다. 역사적으로 국가와 개인은 협력 관계이기보다는 대립 관계였다. 국가는 개인을 구속하고 지배하려 했고, 개인은 그 구속과 지배에서 벗어나기 위해 몸부림 친 게 역사다. 국가는 중앙집권화되었고 개인은 국가의 일방적 로드맵에 따를 수밖에 없었다. 그래서 교육이나 복지를 개인이나 가정에 떠넘기는 국가의 무책임한 행동을 막기 위해서도 지역이 다시 살아야 한다. 국가와 개인의 대립을 중재할 지역의 부활은 공공성과 시민을 키우는 마을학교의 길에 달려 있다.

6) 학교민주화가 강조되고 경제 논리가 교육에 반영되면서 지역사회와 보호자의 비중이 높아졌다. 보호자와 주민이 학교 교육 활동의 주체로 대접받고 제도적인 장치가 뒤따랐다. 학교운영위원회가 대표적이다. 학교운영위원회는 교사, 학부모, 지역사회 구성원 등으로 구성해 학교장 중심의 독재를 막기 위한 장치의 기능이 있다. 그러나 지금 교장의 권한을 견제하기 위한 최소한의 역할도 제대로 수행하지 못하고 들러리로 전락한 것은 아닌가 의구심이 든다. 민주주의는 제도만큼이나 의식이 중요하다. 많은 고민 없이 도입된 제도는 현장에서 정착하기 어렵다.

7) 캐나다에서 살다 온 지인의 경험담이다. 밤새 눈이 많이 내린 다음날 아침 일찍 밖에 나가 보니 벌써 여러 주민들이 나와 자기 집 앞과 도로의 눈을 치우고 있었다고 한다. 이 모습을 보고 이웃을 배려하고 솔선수범하는 시민의 모습에 역시 캐나다는 선진국이라는 생각을 했다고 한다. 그런데 나중에 알고 보니 집 앞의 눈을 치우지 않으면 당국으로부터 고지서를 받게 된다고 한다.

8) 공동체가 건강하고 학교 교육과 연결되기 위해서는 반드시 두 집단을 연결하는 고리가 있어야 한다. 그 고리는 바로 시민성이다. '시민다움'의 시민성을 기르는 교육은 학교와 마을의 교집합이다. 학교 교육으로 대변되는 공교육의 목적은 예전부터 시민의 양성이다. 이 목적이 현실에서 가볍게 여겨질 뿐이지 목적이 바뀌지는 않았다. 그리고 공동체를 유지 발전시키는 힘 또한 시민이다. 시민 없는 공동체만 강조하면 새마을 운동과 같은 관주도의 일방적 행사만 남을 뿐이다.

9장 학교민주주의가 희망이다

* 교장하기 힘들다?

아이들이 쉬는 시간이면 삼삼오오 교장실에 몰려와 이야기를 나눈다. 아이들을 맞이하기 위해 과자와 비타민을 준비해 놓고 쉬는 시간이나 점심시간에는 아예 교장실 문을 활짝 열어 두기도 한다. 가끔 수업을 하지만 아이들과 만나는 시간 대부분은 등교할 때와 점심시간뿐이다. 그래서 교장실로 찾아오는 아이들이 반갑고 귀하다. 이런저런 이야기를 나누다 보면 어느새 수업종이 울리고 아이들은 와자지껄 교실로 돌아가지만 그 여운은 꽤 오래 남는다.

그리고 교장실은 장난꾸러기 아이들의 놀이터가 되기도 한다. 자주 방문하는 아이들 중에는 말썽꾸러기가 많다. 아이들은 때로 교장실을 안전한 아지트[1]같다고 한다. 적어도 교장실에 있는 동안에는 선생님의 잔소리는 듣지 않아서일 것이다. 쉴 곳이 마땅치 않은 학교에서 교장실은 아이들에게 좋은 안식처이자 놀이터가 되고는 한다. 나는 기꺼이 교장실을 내어 준다.

그러나 교장이 아무리 맛있는 먹거리를 준비해도 반드시 아이들이 찾아오는 것은 아니다. 교사나 아이들이 맘 편하게 찾아올 수 있는 교장실은 교장하기 나름이다. 평소 교장이 권위만 내세우고 거들먹거리면 누가 교장실을 찾겠는가. 권위는 내가 만들고 내세우는 것이 아니라 다른 이에 의해 만들어지는 것이다. 이런 관점의 권위는 필요하지만 권위적이거나 권위주의는 피하는 게 좋다.

교장 연수에서 '교장은 교직의 꽃이다'라는 말을 종종 듣는다. 연수 담당자가 추켜세우기 위해 던지는 말인데 듣는 사람은 거북하다. 꽃이 가장 아름다운 시간을 의미한다면 교직 생활 최고로 아름다운 순간이 왜 교장 재직 기간인지 모르겠다. 교장은 직장 만족도에서 항상 높은 순위를 차지한다. 이렇게 높은 교장의 만족도는 교장의 절대적인 권력과 권위와도 연결된다.

최근 공모교장이 늘고 있고 그중에는 평교사 출신도 제법 된다. 그런데 평교사 출신의 공모교장은 교장 세계에서 좋은 대접을 받지 못한다. 교장이라는 최고의 자리에 오르기까지 그 지난한 과정을 생각하면 교장 자격증[2]도 없는 일개 평교사가 교장이 된다는 것을 쉽게 받아들이기 어려울 수 있다. 그만큼 교장의 자부심은 강하고 권한은 막강하며 대개 권위적이다.

이런 상황에서 최근 불어오는 학교민주주의의 바람은 많은 교장을 더 불편하게 한다. 혁신학교의 추진과 학교민주주의의 흐름은 자연스럽게 교장에 집중된 권한의 분산을 이야기하기 때문이다. 일선의 교장은 권한을 내려놓는다는 의미의 '권한 위임'에 대해 얘기할 때 민감하게 반응한다.

"내려놓을 것도 없는데 무엇을 자꾸 내려놓으라고 하느냐."는 식이다.

사실 '내려놓음'이라는 시각 자체에 문제가 있다. 이 말은 가지고 있던 것을 위에서 아래로 내려 준다는 의미를 깔고 있다. 교장의 자리는 윗자리고, 그래서 아래 자리인 교사에게 자신의 것을 넘기는 것에 대한 부당함과 불편함, 나아가 억울함이 혼재된 반응이다. 불만을 토로하는 교장의 입장이 이해되기도 한다. 생각보다 교장이라는 자리는 외롭고 힘든 자리이기도 하다. 법적으로나 도의적으로나 학교에서 일어나는 모든 교육 활동의 책임은 교장에게 있다. 그만큼 어깨가 무겁고 항상 긴장해야 하는 자리다. 특히 변혁의 시기에 교장은 여기저기서 많은 비판과 질책의 대상이 되기도 한다. 그러나 다소 불편하고 억울할 수 있을지 모르지만 권한 위임이 학교 책무성으로 이어진다는 점을 생각하면 받아들여야 할 일이다.

교장이 갖는 권한은 아이들을 위해 학교가 해야 할 일과 관련된다. 그리고 학교의 일과 책무는 교장 혼자가 아닌 학교 구성원 모두에게 있다. 이런 측면에서 교육을 위한 모든 권한은 학교 전체 구성원이 나누어 갖는 권한으로 봐야 한다. 그래서 권한위임이란 말보다는 각자의 역량과 지위에 맞게 골고루 분산하는 의미의 '권한 분산'이란 말이 적합하다.

학교에 40명의 교사가 있는 경우, 40명이 각자의 권한과 책임을 다한다면 학교장 한 명에게 권한과 책임이 집중되는 것보다 학교 전체의 역량은 높아질 것이다. 권한에는 책임이 동반되고 함께 일을 추진하면서 집단 지성과 같은 시너지 효과가 발생하기 때문이다. 그래서 권한은 분산할수록 학교 역량의 총합은 커진다. 학교장이 권한을 독점할 때, 교사는 학교의 책임에 대해 깊게 고민하지 않는다. 이런 이유 때문에 권한의 분산에는 반드시 책임도 동반되어야 한다.

이런 면에서 더욱 교장에게 집중된 구조를 개선할 필요가 있다. 모든 책임을 교장에게 부여하는 법 역시 개정을 통해 바로잡아야 한다. 권한과 책임은 동전의 앞뒤 면과 같다. 구성원들에게 권한과 책임이 골고루 분산될 때 조직은 합리적으로 운영될 수 있으며 교사의 자존감을 회복시킨다. 이렇게 본다면 교장과 교사는 수직적인 구조가 아니라 상호보완과 협력의 관계가 맞다.

교장으로 근무하면서 여러 학교를 방문한 경험이 있다. 어느 학교든 교장은 자기 학교를 자랑하게 마련이다. 그런데 어느 교장은 학교 자랑과 함께 자기 자랑을 늘어놓는다. 교장 자신의 생각과 비전[3]에 따라 변화하는 학교를 숨기지 않는다. 그러나 진짜 리더인 교장은 자기가 드러나는 것을 두려워한다. 그저 선생님과 학생 자랑만 하고 모든 게 교사 덕분이라고 한다. 과연 누가 리더의 자격을 갖고 있을까?

* 일하며 만드는 협의 문화

서종중학교는 매주 교무회의를 열고 있다. 매주 월요일 오후에는 어김없이 선생님들이 모여 학교 전반에 대해 협의하고 결정을 내린다. 학교가 돌아가기 위해서는 반드시 거쳐야 하는 의사결정의 장(場)이다. 초기에는 내가 직접 논의할 협의안을 만들고 회의를 진행했다. 그러다 어느 정도 자리를 잡으면서 교무부에서 회의 진행을 맡고 있다.

2012년 초창기 교직원 회의는 다소 낯설었던 회의 문화 때문에 침묵[4]

의 시간이 길기도 했다. 그러나 점차 익숙해지면서 지금은 교직원 모두 편한 분위기에서 실질적인 논의를 하고 있다. 아이나 교사나 누구든 성장하기 위해서는 일정한 시간을 필요로 하듯이 민주적인 협의 문화가 만들어지기 위해서도 어느 정도 시간이 필요하다.

더불어 어느 조직이든 민주적인 협의 문화가 자리잡기 위해서는 자율적이며 주체적인 구성원의 목소리가 있어야 한다. 그런데 목소리는 권력과 비례한다.[5] 학교 회의 시간도 비슷하다. 교장이나 교감의 발언이 많고 부장교사가 그 다음으로 많은 게 일반적이다. 신임 교사의 발언이 적은 이유는 권력과 관계가 있다. 회의가 민주적으로 진행된다는 의미는 강자가 아닌 약자가 자기 목소리를 낼 수 있어야 한다는 것이다.

어느 날 교직원 협의회에서 교장인 내가 제안한 안이 부결되는 일이 생겼다. 회의가 끝난 후 교감을 비롯한 몇 선생님이 난감해하는 표정을 지었지만 사실 난 전혀 불쾌하지 않았다. 오히려 기분이 좋았다. 그동안 민주적인 교직원 협의 문화를 만들고자 노력했는데 노력이 헛되지 않았음을 확신할 수 있었다. 그래서 그날 선생님들과 기분 좋게 술자리를 가진 기억이 난다.

여러 안건을 다루는 교직원 회의가 민주적인가 그렇지 않은가의 문제는 중요하다. 교장의 말 한마디에 의해 모든 것이 결정되는 구조라면, 회의는 요식 행위에 불과하다. 어느 학교의 경우 교장이 교직원 회의에 잘 참석하지 않는다고 한다. 교장은 자기가 있으면 불편해하니 편하게 의견을 나누라고 한다. 그래 놓고는 회의에서 결정된 안이 마음에 들지 않으면 없던 것으로 만든다고 한다. 교사의 불만이 많을 수밖에 없다.

교직원이 모여 의견을 나누고 결정하는 자리에 교장은 반드시 참석해야 한다. 교장이 참석해야 하는 이유는 같은 학교 구성원으로서의 지위 때문이다.[6] 교장은 최종 결정권자이기는 하지만 학교 구성원이라는 점에서 교사와 동등하다. 학교 구성원이 모여 협의하는 자리에 교장이 참석하지 않는 것은 일종의 권위주의적 발상이며 악습이다. 의논 따로, 결정 따로 하는 방식은 민주주의와 거리가 멀다.

민주적인 협의 문화를 위해 중요한 것이 실질적인 협의[7]다. 위의 사례처럼 결정된 사안이 교장에 의해 번번이 뒤집히는 학교에서 민주적인 회의는 불가능하다. 회의가 민주적이 되기 위해서는 의사 결정권이 중요하다. 모두가 참여하는 회의에서 실질적인 결정이 이루어진다는 점 하나만으로 회의 자체에 무게를 더할 수 있다.

그리고 협의를 거쳐 결정된 제안은 반드시 실천되어야 한다. 결정된 결과가 교장의 뜻과 다를 수 있다. 그러면 마음 한편으로 불편하거나 불안할 수 있다. 그러나 이때도 교직원의 집단지성을 믿어야 한다. 경험에 비추어 보아도 나 혼자의 생각보다는 여럿의 생각이 더 합리적이고 좋은 결과를 가져왔던 것 같다. 그 대신 결정하기 전에 충분히 논의하고 검토하는 과정을 거쳐야 한다. 원칙을 지킨다면 교장이 교직원의 결정에 대해 걱정할 이유가 없다.

회의도 일을 하는 과정이다. 침묵하는 교사를 회의에 참여하게 하는 방법은 일을 통해 가능하다. 자신의 업무를 처리하기 위해서는 발언을 할 수밖에 없고 동료와 공유하면서 협력한다. 민주적인 협의 과정을 통한 의사결정과 실천의 경험은 교사의 책무성과 자존감을 높이는 가장 좋은 방법이며 교육 활동의 정당성을 확보하는 가장 효과적인 수단이다.

* 영웅이 필요 없는 민주주의

학교는 교육 주체들이 민주주의를 경험하는 곳이며 교육의 지향점은 시민으로 성장하는 과정에 있다. 최근 학교민주주의와 시민 교육에 대한 관심이 높아지고 있는 교육계의 변화는 반갑다. 그런데 민주주의만큼 다양하게 쓰이면서 다의적으로 해석되는 단어도 없을 것이다. 시민과 시민성에 대한 인식도 명확하지 않다.

그래서 학교민주주의에 대한 논의를 펴기 전에 민주주의와 시민에 대해 먼저 이야기해 보려고 한다. 민주주의(democracy)의 어원을 따져 보면 다수를 의미하는 데모스(demos)와 힘을 의미하는 크라토스(cratos)가 결합된 말이다. 그런데 민주주의가 시작한 아테네의 민주정치나 근대의 민주정치를 보면 단순하게 다수가 지배한다는 말에 의문이 생긴다. 아테네의 경우 성인 남자만 아고라에 모여 국정을 논의했을 뿐 여성, 외국인, 노예에게는 자격이 주어지지 않았다. 그 당시 다수를 차지한 노예의 노동 없는 아테네의 직접민주주의는 불가능했음에도 그들은 철저히 소외되었다.

근대 시민혁명으로 주도권을 쥔 부르주아는 아테네의 민주정치를 부활시킨다. 왕권을 견제하고 시민이 참여하는 정치 형태가 자리잡는다. 참정권은 대표적인 시민의 권리다. 그러나 이 당시 여성이나 노동자는 참정권에 제한을 받았다. 온전한 참정권은 재산 기준에 의한 소수 부르주아의 차지였다. 이런 면에서 근대 민주주의 역시 다수의 지배가 아니었다.

참정권이 제한된 노동자나 여성이 시민으로서의 권리를 찾기까지는 그후로 오랜 기간 많은 희생이 따라야 했다. 시민으로서의 권리는 권력을 가진 자의 시혜로 얻어진 것이 아니라 서로 어깨 걸고 함께 목소리를 낸 약

http://blog.naver.com/snapple1

오귀스트 로댕, 「칼레의 시민」[8]

자들의 투쟁을 통해 획득했다. 이런 역사적 사실을 기반으로 해석한다면 민주주의는 다수의 지배가 아니라 '시민의 참여와 지배'라고 할 수 있다.

그렇다면 시민이란 어떤 존재인가? '시민' 하면 유럽의 시민혁명이나 우리나라의 6월 항쟁이 떠오르기도 한다. 시민혁명과 6월 항쟁 모두 절대 왕정이나 독재 권력으로부터 시민의 권리를 회복하고 확대한 투쟁의 역사이다. 시민은 공동체의 자유와 평등, 평화, 정의 등 공적인 가치에 관심을 갖고 참여하는 개인을 말한다. 그래서 시민으로서의 의식을 가지고 참여하며 실천하는 '시민다움' 즉, 시민성(Citizenship)이 중요하다.

로댕의 작품 「칼레의 시민」은 칼레 시의 의뢰로 만들어진 작품이다. 이 작품은 영국과 프랑스의 100년 전쟁 중 영국의 공격을 온몸으로 막다 함락된 칼레의 영웅 6명을 형상화한 조각이다. 영국의 진격을 11개월 동안이나 막아 낸 칼레에 화가 난 영국 에드워드 3세는 6명의 목숨을 요구하게 되고 시장을 포함한 6명의 시민이 죽음의 길을 자원한다.

칼레 시는 이 역사적 사건 100주년을 기념하기 위해 로댕에게 작품을 의뢰하는데, 이 작품이 좀 특이하다. 영웅의 모습을 전혀 영웅답지 않게 표현했기 때문이다. 6명의 형상은 죽음에 의연한 영웅의 얼굴이 아니라 고통스러워하며 괴로워하는 보통 사람의 얼굴을 재현하고 있다. 게다가 로댕은 다른 동상에서 세우는 높은 단을 이 작품에 세우지 말 것을 요구한다.

작품을 감상하는 시민이 같은 눈높이에서 바라볼 수 있는, 우러러보지 않는 '시민'의 형상을 작품으로 구현한 것 같다. 광화문의 이순신 장군 동상이나 세종대왕 동상과 비교하면 쉽게 납득할 수 있을 것이다. 로댕의 생각처럼 시민은 특별한 존재가 아니다. 공동체에 관심을 갖고 참여하는 평범한 우리 이웃인 것이다.

사회는 소수의 영웅에 의해 변하는 것이 아니라 다수의 소소한 시민들의 힘으로 변하는 것이다. 우리는 광장민주주의를 경험했다. 촛불을 든 시민들의 목소리는 남녀노소, 직업과 지역을 뛰어넘는 역동성을 발휘했다. 광장을 가득 메운 다양한 시민들이 한결 같은 목소리로 요구한 것은 주권자로서의 권리였다. 대통령과 권력자들의 반 헌법적인 행위에 대한 분노를 평화로운 축제로 장으로 승화시켰다는 역사의 평가가 있을 것이다.

역사의 한 페이지를 장식할 그곳에는 우리 아이들도 제법 눈에 들어왔다. 부모와 함께 나온 아이들도 많지만, 친구끼리 나온 아이들도 많았다. 학생들은 교복을 입었을 뿐이지 모두 당당한 시민[9]으로서 제 목소리를 담아내는 데 참여했다. 대의민주주의를 보완하는 국민주권의 실천은 직접적인 참여에 의해 보장된다. 따라서 학교를 넘어 펼쳐지는 광장민주주의는 공공성의 가치를 실현하는 민주주의와 시민 교육의 실질적인 현장이 된다.

아이들이 시민으로 성장하는 민주적인 학교는 우리 사회의 민주주의를 지탱하는 버팀목이다. 그런데 공동체에 참여하고 결정하기 위해서는 귀한 시간과 에너지를 쏟아야 하기 때문에 시민은 피곤하다. 만약 피곤함을 핑계로 시민의 참여가 저조했다면 우리 사회의 민주주의 스토리는 매우 빈약했을 것이다.

* 시민 교육은 정치 교육이다

「헌법 1조」에 '대한민국은 민주공화국이고, 모든 권력은 국민으로부터 나온다'고 명시되어 있다. 자연스럽게 대한민국 공교육의 목표는 개인의 자아를 실현하고 민주사회를 유지 발전시키는 시민을 양성하는 데 있다. 이처럼 시민의 양성은 사회과만의 교육 목표가 아니라 우리나라 교육이 지향해야 하는 방향이기도 하다. 그렇다면 해방 이후 민주주의를 천명하면서 시작된 우리나라의 시민 교육은 과연 어떻게 진행되어 왔을까?

해방 이후 1980년대 후반 민주화의 바람이 불기 전까지 우리 사회의 시민 교육은 국가에 충성하고 반공 이데올로기를 강화하는 성격이 강했다. 특히 군사정권 시절 시민 교육은 정권안보 차원의 성격이 농후했다. 당시 시민 교육이라는 것은 국가가 방향을 결정[10]하고 지침을 하달하는 하향식 교육일 수밖에 없었다. 겉으로는 시민 교육이라고 포장했지만 그 실질적 내용은 민주시민의 자질 함양보다 국가 질서의 유지나 준법[11]과 순응을 종용하는 수준에 머물렀다.

6시 국기 하강식에 애국가가 흘러나오면 모든 국민이 동작을 멈추고 국기를 향해 가슴에 손을 얹어야 했다. 준법은 시민이 갖추어야 할 최고의 덕목이었다. 이런 교육이 시행된 이유는 시민 교육을 개인과 국가의 수직적이고 종적인 관계로만 인식했기 때문이다. 이웃과 어떻게 살 것인가를 생각하고 공적인 가치를 서로 논의하는 횡적인 시민 교육은 생각조차 할 수 없는 분위기였다.

그리고 학교의 시민 교육은 주로 개별 교과 - 사회과나 도덕 - 차원에서 획일적인 암기 위주의 교육으로 진행되었다. 이 교과에서 학생들이 배우는 주된 내용은 시민이 갖추어야 할 자질을 열거하고 이를 지식으로 습득하는 과정에 머물렀다. 이런 방식은 마치 시민 교육이 특정 교과의 교육 목표로 축소 인식되어 학교나 교육 전반적으로 시민 교육에 대한 무관심과 무책임을 야기했다.

중학교 교육 과정과 교과서를 살펴보면 현실에 대한 사실적인 정보를 제공해서 사회 문제 해결에 나서기보다는 지나치게 원론적이며 이상적인 수준에서 시민의 자질을 언급하고 있다. 학교에서 이런 식의 시민 교육은 사회에 대한 관심과 참여, 합리적 의사결정으로 나아가지 못하게 만든다. 즉 공적 시민을 길러 내는 데 한계를 가질 수밖에 없다.

따라서 사회 참여적이고 실질적인 시민 교육을 위한 교육 과정의 재구성이 매우 중요하다. 우선 특정 교과의 틀에서 벗어나야 한다. 학교 생활과 연계된 교과 간 통합주제 수업이나, 토론과 사회참여 프로젝트 수업의 활성화를 통해 학생들이 시민으로서의 삶을 학교에서 경험할 수 있는 교육 과정이 마련되어야 한다. 더불어 학교의 교육 활동은 학교 밖 현실과 연계되어야 한다.

한편 민주주의를 이론적으로만 인식하는 관성과 함께 현실 참여와 비판을 마치 순수하지 못한 시각으로 보는 사회 분위기는 학교에서 두드러진다. 학교를 마치 사회와 단절된 순수해야 할 공간인 것처럼 한정한다면 학교의 시민 교육은 왜곡된다. 이런 분위기에서 교사와 학생이 사회에 관심을 가지고 참여하는 교과 교육과 다양한 활동은 제한된다.

촛불을 들고 수백만의 시민이 모일 때 어느 대학교 학생회가 정치적 중립을 이유로 참여하지 않겠다고 선언했다는 기사에 답답함을 느낀 적이 있다. 여기서 말하는 정치적 중립은 아무것도 하지 않겠다는 구차한

변명이며 '시민권'의 포기에 불과하다. 사실 교육의 정치적 중립은 정치 권력으로부터 부당한 억압이나 개입을 방지하기 위함이지 정치에 관심을 갖지 않고 참여하지 말라는 의미가 아니다.

그동안 정치적 중립이란 말이 교사와 학생의 정치적 자유를 제한하는 올가미로 작동했다. 그러한 결과 교육에서 '정치'를 부정적으로 인식하게 하는 원인이 되었다. 정치적 중립이라는 말이 교육의 정치성을 부정하고 마치 학교에서는 정치 교육을 해서는 안 되는 것처럼 학교를 탈정치화하는 수단이 되기도 했다. 그러나 정치는 인간다운 사회를 만드는 시민의 중요한 활동이기 때문에 시민 교육은 결국 정치 교육과 다르지 않다.

정치 교육은 시민으로서 정치에 관한 올바른 지식과 태도를 갖추고 민주적으로 행동할 수 있도록 시민성을 키우는 과정을 말한다. 학생들의 정치 교육을 위한 독일의 「보이텔스바흐 협약」[12]은 세 가지 원칙을 핵심으로 하고 있다. 첫 번째는 강제성의 금지로 주입식 교육과 같이 학생들을 강압적으로 교화하거나 교육하는 행위를 금지하는 원칙이다. 두 번째 원칙은 수업 시간에 사회에서 벌어지는 실제 상황과 같은 논쟁을 피하지 않는다는 것이다. 오히려 현실의 논쟁적인 상황을 유지하고 강화하는 교육 원칙이다. 마지막 원칙은 학생들이 자신을 둘러싼 정치 상황을 올바르게 인식하고 이를 바탕으로 실천하는 정치 능력을 강화해야 한다는 것이다. 이는 우리 학교의 시민 교육에도 그대로 적용된다.

서종중학교 현관에는 「작은 소녀상」이 자리하고 있다. 아이들은 역사 수업을 하면서 일제 강점기 가슴 아픈 일을 알게 되었고, 학생회를 중심으로 소녀상을 건립하는 프로젝트를 시작했다. 친구들에게 모금을 하고 마을 마켓에도 나갔다. 교사와 보호자의 참여를 유도하고 아침마다 교문

서종중학교 현관에 아이들이 설치한 「작은 소녀상」

에서 캠페인을 열었다. 아이들은 소녀상 건립을 준비하며 소중한 경험을 했다고 뿌듯한 심정을 내비쳤다. 아이들한테 이런 경험은 시민으로 성장하는 밑거름이 될 것이다.

민주사회의 공적 가치는 국가로부터 그 방향과 내용이 일방적으로 제시되고 집행되는 것이 아니라 시민성을 토대로 한 공공의 광장에서 만들어진다. 시민 교육은 정해진 내용을 암기하고 복종하는 신민을 길러 내는 것이 아니다. 최종 목적지는 이웃과 함께 공공의 문제를 함께 고민하고, 그 방향과 내용을 만들어 가는 시민으로 성장하는 것이다.

많은 학교에서 민주시민 양성을 비전과 교훈으로 삼는 것처럼, 시민 교육은 이제 세계시민 교육으로까지 확대될 정도로 인기가 높다. 하지만 실상은 폐쇄적이고 배타적인 학교 틀에 갇혀 있는 것은 아닌가 하는 걱정이 앞선다. 학생들의 관심 영역이 자신과 가정은 물론, 마을과 국가를 넘어 전 세계 사람들과 연대하는 글로벌한 시민 교육으로 확대되었으면 하는 바람이다.

* 학교민주주의의 길

영화 「부산행」의 두 장면이 기억에 남는다. 첫 번째는 영화에서 인정사정 없는 역을 연기한 김의성이 화장실에 숨어 있는 노숙자를 가리키며 "너도 공부 안 하면 저렇게 된다."라고 수안에게 훈계하는 장면이다. 그러자 수안은 분명한 눈빛으로 "그런 말 하는 사람은 나쁜 사람이다."라고 말한다.

맞다. 공부는 나의 성공만이 아니라 사회 구성원의 행복을 위할 줄 아는 사람으로 성장하는 것이기 때문이다.

그리고 두 번째 장면은 좀비들에게 쫓기는 급박한 상황에서 나온다. 공유는 정신없이 도망가는 중에도 할머니에게 자리를 양보하는 딸을 걱정스럽게 바라보며 "그러지 않아도 된다. 너만 생각하라."고 한마디한다. 그러자 수안이는 울먹이며 이렇게 이야기한다. "아빠는 이기적이고, 아빠 생각만 한다고…. 그래서 엄마도 떠난 것 아니냐고."

영화의 두 장면을 꺼낸 이유는 개인과 공동체에 대해 말하고 싶어서다. 개인인 '나'는 소중하다. 그러나 한편으로 내가 사는 마을도 중요하고, 나아가 국가도, 세계도 소중하다. 『장자』'외물편'에 나오는 말처럼 내가 안정적으로 서 있을 수 있는 이유는 내가 딛고 있는 매우 작은 땅만이 아니라 넓게 펼쳐진 주변 땅이 있기 때문이다. 만약 내게 쓸모없어 보이는 그 땅이 없다면 가만히 서 있는 것조차 힘들 것이다.[13] 어찌 보면 함께 사는 공동체에서 내 옆 사람들에게 관심을 보이는 따뜻한 마음이 민주주의의 시작일 수 있다.

수많은 사회 문제도 개인과 공동체의 눈으로 볼 수 있다. 사회 문제는 결국 개인이 문제라고 생각하는 것의 확장이다. 내가 문제라고 생각하는데, 다른 사람들도 문제라고 이구동성으로 말하면, 그래서 사회 구성원 다수가 문제라고 말하는 순간 사회 문제가 된다. 즉 사회 문제는 공동체의 영역이기 이전에 개인의 영역이다.

이처럼 공동체와 개인은 함께 움직이는 것이지 대립되는 것이 아니다. 내가 공동체에서 살아간다는 것은 공동체의 공적 가치에 관심 갖고 공적인 일에 참여한다는 약속과 같다. 이와 같은 구성원과의 약속을 느슨하게 '관계'라고 말하기도 하고, 좀 더 선명한 어조로 '연대'라고 부르기도 한다. 어찌 되었든 이렇게 공적 가치를 함께 고민하는 시민의 삶이 공공성 실현의 장이다.

그런데 공공성(公共性)에 대한 몇 가지 오해가 있다. 우선 공공성이 개인의 이익을 훼손하고 공동체의 이익만을 추구하는 것 아니냐는 지적이다. 아마 개인과 공동체의 이익을 이분법처럼 나누고 서로 상반되는 것처럼 보기 때문에 생기는 오해라고 생각한다. 복지나 평화, 인권, 정의와 같은 가치는 개인의 안전과 행복을 위한 소중한 공적 가치다. 이처럼 공동체의 공적 가치는 곧 개인의 행복이나 이익과 별개의 것이 아니다.

더군다나 공공성은 참여하고 결정하는 주인의 자리에 서는 것이기 때문에 개인의 가치를 매우 존중한다. 개인이 자유롭게 자기 목소리를 낼수 있는 게 공공성의 매력이다. 앞서 말한 것처럼 개인과 공동체는 별개의 것이 아니기 때문에 개인이 행복하지 않은 공동체의 행복은 위선이다. 국가나 특정 집단에 의해 공공성이 약화될수록 개인의 권리나 이익이 침해될 가능성이 오히려 더 높아진다.

두 번째 오해는 공(公)적인 것을 국가의 영역이라고 생각하는 경우다. 그런 시각에서는 국가의 요구와 정책에 순응하는 것이 공공성이며 공적인 행동이라고 여긴다. 당연히 국가에 순응하는 신민양성 교육을 받아들인다. 그러나 공(公)은 국가가 아니라 공동체의 공적인 가치를 말한다. 국가만 강조하는 국가주의는 오히려 공적인 가치를 파괴할 가능성이 높다.

그리고 공공성의 공(共)은 함께 하는 과정을 말한다. 즉 시민들이 열려있는 공론의 장에서 자유롭게 토론하며 때로는 논쟁을 통해 대안을 찾아내고 실천하는 과정이 여기에 해당한다. 국가가 주도하는 하향식의 지시와 통제 방식이 아니라 시민들이 아래서부터 위로 올라가는 상향식의 민주적 과정이 공공성의 핵심이다.

이처럼 공공성은 주인으로 어떻게 사는가의 문제이기 때문에 학교민주주의와 연결할 수 있다. 아직은 낯설게 느껴지는 학교민주주의는 개념 역시 명확치 않다. 교육 현장을 보면 학교민주주의를 교육 주체의 자치와 의사결정 차원에서 바라보는 시각이 우세하다. 그러나 학교민주주의의 개념은 그것보다 더 확장되어야 한다는 것이 내 생각이다.

학교민주주의는 교과서의 지식에 머무는 것도 아니고, 단순한 의사결정 절차만을 뜻하지도 않는다. 다수결과 절차가 민주주의의 전부가 아님에도 불구하고 선거만으로 정치적 민주주의가 완성된 것처럼 오해한다. 다수결의 절차[14]를 거치면 공론화의 과정이나 숙의 과정을 생략해도 된다고 여기기도 한다. 학교민주주의는 절차와 의사결정의 민주화에 집중했던 80년대 학교 민주화와 다르다. 그보다 훨씬 폭이 넓은 개념이며 교육이 무엇을 추구하고 있는 가의 고민을 담고 있다.

학교민주주의는 크게 네 가지 영역에서 살펴볼 수 있다. 첫 번째는 학생과 교사, 보호자의 자기 결정권을 인정하는 자치 영역이고 두 번째는 학교장의 독단을 막고 민주적인 절차와 과정을 중시하는 의사결정의 차원이다. 세 번째 영역은 시민으로 성장하는 수업과 생활 교육에 해당하는 학교 교육 과정 부분이다. 마지막은 시설이나 공간의 물리적 환경과 학교를 지원하는 기관 단체와의 유기적인 네트워크를 포함하는 교육 생태계 영역이다.

대개 자치와 의사결정의 영역에서 학교민주주의가 멈춰 버리곤 한다. 그래서 학생 인권의 보장이나 혁신학교의 추진, 마을과의 연대와 협력, 교육 과정의 융합, 학교 공간의 재구성 등의 교육적 고민과 변화를 학교민주 주의와 연결시키지 않는다. 심지어 각 영역별로 서로 별개인 것처럼 정책을 수립하고 추진하기도 한다.

이런 문제는 학교민주주의를 제대로 이해하지 못했기 때문에 발생한다. 앞서 말한 네 가지 영역이 유기적으로 연결되어 있는 학교가 민주적인 학교이다. 교육의 목적은 시민 양성이며 학교는 시민 교육의 전당이다. 시민을 길러 내기 위해 학교 교육 과정을 고민하고 수업을 공유한다. 인권을 보장하고 구성원의 자치와 협력을 강조하고 공간을 바꾸는 이유도 같다.

학교민주주의는 사람과 사람이 만나고 시민으로 성장하는 플랫폼을 지향한다. 학교민주주의는 약자가 자기 목소리를 내고 공공의 가치를 함께 풀어 가는 시민이 주인인 사회를 꿈꾼다. 지금까지 장황하게 떠든 것은 결국 학교민주주의를 얘기하기 위해서다. 교육의 혁신은 교육의 본질을 찾는 노력이다. 교육의 본질은 사람이 되고 시민이 되는 길에 있으며 그 길이 학교민주주의다.

---

1) 강아지를 키우다 보면 개집이 갖는 의미를 다시 생각하게 된다. 밤늦은 시간 산책에 나선 고양이를 보고 너무 짖어대거나 낯선 사람에게 으르렁거릴 때 주의를 준다. 그러나 개집 안으로 들어가면 절대 야단을 치지 않는다. 집은 강아지에게도 현실의 위험으로부터 자신의 생명과 안전을 확보할 수 있는 마지막 보루이기 때문이다. 아이들에게도 교사로부터 숨을 수 있는 또는 자기들만의 작당을 할 수 있는 공간이 필요하지 않을까?

2) 사실 교장자격증제는 난센스다. 병원장에게 의사 자격 말고 원장 자격증을 요구하는 것 같다. 병원장은 의사고 법원장도 판사일 뿐이다. 학교의 장은 교사면 된다. 아니 교사가 아니어도 가능하다고 생각한다. 물론 이 점에 대해서는 아직도 논란이 많다. 교장 공모제를 둘러싼 논란도 그렇다. 교장 공모제는 보통 공모 대상 자격에 따라 내부형, 초빙형, 개방형으로 나뉜다. 내부형은 평교사도 교장이 될 수 있는 반면에 초빙형은 교장 자격증이 있는 교원만 응모할 수 있다. 반면에 개방형은 교사가 아니라도 일정한 기준만 충족하면 가능하다.

3) 대개 학교에 교장이 새로 부임하면 교육의 방향이 바뀐다. 교장의 평소 생각과 가치가 학교의 방향으로 자리잡는다. 교장이 바뀌면 학교 방향이 바뀌는 일은 한편의 코미디와 같다. 학교의 비전과 방향은 구성원이 함께 만들어 가는 것이다. 교장 개인의 철학이 결정하는 것이 아니라 각자의 철학이 만나 합의를 이루어 내는 길이 비전을 만드는 과정이다. 다만, 교장은 비전 공유를 위한 자신의 교육 철학이 있어야 하고, 혼자 앞서지 말고 동료들과 손잡고 협력하는 자세와 듣고 소통하는 태도를 갖추어야 한다. 교장의 중요한 역할은 방향의 혼들림을 경계하는 일이다.

4) 교사가 회의 시간에 침묵하는 이유는 다양하다. 우선 실효성 없는 형식적인 회의라고 생각하기 때문에 침묵한다. 이때 교사는 회의를 부정적인 요식 행위로 인식한다. 두 번째 이유는 학교의 비전이나 방향에 동의하지 않는 경우다. 이때 침묵은 냉소에 가깝다.

마지막으로 의사결정 과정 자체에 무관심한 경우인데, 이는 시민성의 결핍 때문이다. 이처럼 교사의 침묵은 부정과 냉소, 무관심을 깔고 있는 소리 없는 의사 표현이라고 할 수 있지만 어쨌든 침묵 뒤에 숨는 교사는 비겁하다. 특히 학교민주주의라는 가치와 시선에서 보면 더욱 그렇다.

5) 어느 모임이든 권력을 가진 사람이 말을 주도하고 말이 많다. 말은 권력에서 나오기 때문이다. 그래서 힘을 가진 사람이 말을 적게 하면 일단 리더의 자격이 있다고 생각한다. 믿음이 간다. 불평등한 권력 관계에서 소통은 제대로 되지 않는다. 권위적인 상사가, 권위적인 교장이 회의 시간에 아무리 편하게 이야기하라고 해도 아무도 하지 않는다. 소통하지 못하는 이유는 불평등한 권력 관계 때문이다. 그래서 소통을 위해서는 민주적이고 수평한 관계가 전제되어야 한다.

6) 교직원 회의에서 교장은 1/N인가에 대한 고민이 생길 수 있다. 실제로 논의의 과정이나 표결에서 교장도 교사와 차이가 없다. 그러나 실제 회의에서 모두 같다고 할 수는 없다. 개인적인 차원에서 교사는 나이와 경력이 다르고 조직의 차원에서도 맡은 일이 다르기 때문에, 또는 담당자인가 아닌가 여부에 따라 영향력도 달라진다. 교장과 교감도 마찬가지다. 같이 의견을 나누더라도 그 무게는 다를 수 있다. 그러나 딱 여기까지만 인정하면 된다.

7) 회의에서 소요되는 시간은 중요한 변수다. 대개 회의 시간이 길어지면 회의에 '회의적'인 태도를 보이기 쉽다. 그래서 가능하면 회의는 짧을수록 좋다. 혁신학교 초기 많은 학교에서 밤늦은 시간까지 회의가 이어지는 경우가 다반사였다. 중요한 안건을 논의하는 교직원 회의에서 결말이 나지 않고 계속 지체될 때 교장뿐 아니라 교사 모두 지치고 고민에 빠진다. 누군가 빨리 결정 내려 주기를 원하는 마음이 크다. 그러나 그 유혹을 이겨 내지 못하면 교사는 교장의 결정에 따르는 편함에, 교장은 결정권 행사의 단맛에 길들여지기 쉽다.

8) 오귀스트 로댕, 「칼레의 시민」, 청동상, 1884l~895,

9) 프랑스에서는 학생들의 시위가 낯설지 않다. 몇 년 전 프랑스에서는 '해고 여건 완화와 초과근무 연장'을 담은 「노동법」 개정에 반대하는 고등학생들의 시위가 있었다. 이때 100여 곳의 학교에서 수업을 중단했다고 한다. 우리나라도 학생들의 집회와 시위 참여는 사회 변화의 마중물과 같은 역할을 했다. 4·19 혁명의 역사가 그것을 말해 준다.
아이들의 표현의 자유와 권리는 법적으로도 보장되어 있다. '모든 국민은 언론·출판의 자유와 집회·결사의 자유를 가지며, 언론·출판에 대한 허가나 검열과 집회·결사에 대한 허가는 인정되지 아니한다.'(헌법 21조) '본인에게 영향을 미치는 모든 문제에 있어서 자신의 견해를 자유롭게 표시할 권리를 보장(유엔 아동권리협약 12조), 아동은 표현의 자유를 가지며(동 협약 13조), 아동의 결사의 자유와 평화적 집회의 자유에 대한 권리를 인정(동 협약 15조)'. 우리 「헌법」과 「국제법」에 명시된 권리다.

10) 1970년대 초 박정희 대통령은 「국민교육헌장」이라는 교육 방향을 제시했다. 「국민교육헌장」은 일본의 '교육칙어'와 비슷하다. 어린 시절, 학생들에게 「국민교육헌장」은 무엇보다 중요한 암기 대상이었다. 수업이 끝나도, 이것을 외우지 못하면 집에 가지 못했던 기억이 새롭다. 1990년대 사실상 폐기된 그 위대했던 「국민교육헌장」은 이렇게 시작한다. '우리는 민족 중흥의 역사적 사명을 띠고 이 땅에 태어났다. 조상의 빛난 얼을 오늘에 되살려, 안으로 자주독립의 자세를 확립하고, 밖으로 인류 공영에 이바지할 때다. 이에, 우리의 나아갈 바를 밝혀 교육의 지표로 삼는다(후략).' 이 글을 쓰는 순간도 저절로 그 문구가 떠오른다는 사실에 소름이 돋는다. 「국민교육헌장」에 의하면 국민은 국가를 위해 특별한 사명을 띠고 태어난 존재다. 국가가 정한 교육의 방향이었다.

11) 시민으로 법을 지키는 행동은 당연한 의무다. 그러나 시민은 때로 법에 저항할 수 있어야 한다. 미국의 사상가인 헨리 데이비드 소로는 「시민 불복종의 의무」라는 글에서 시민불복종의 개념을 주장했다. 시민 불복종이란 정부의 정책에 문제를 제기하는 것으로 고의로 법률을 위반하거나 정책에 반한 행동을 하는 정치 행위다. 이런 행위는 잘못된 정책이나 법률의 정당성에 문제를 제기하고 많은 사람들의 관심을 일으키기 위해 활용된다. 다수가 항상 옳고 정당한 것은 아니다. 다수는 힘이 있지만, 소수가 더 정당하고 옳을 수 있음을 인정해야 한다. 법도 마찬가지다. 소로는 법에 대한 과도한 존경심(?)을 우려했다.

12) 이 협약은 1976년 독일의 작은 도시인 보이텔스바흐에서 치열한 토론을 거쳐 만든 교육 지침이다. 이 자리에서 진보와 보수를 가리지 않고 모인 전문가들이 학교 정치 교육의 원칙에 합의한다. 이 원칙은 모든 공교육에 적용되는 독일 정치 교육의 헌법과 같으며 학교에서 학생들이 현실의 정치 상황을 잘 이해하고 합리적으로 정치 행위를 할 수 있도록 역량을 키워 주는 데 녹석이 있다. 우리 시민 교육은 물론 학교 교육 전반에서 참고해야 중요한 협약이다.

13) 『莊子』(안동림 역, 현암사) 雜篇, 第26篇 外物 第7章에서 정리함.
惠子謂莊子曰 子言無用. 莊子曰 知無用而始可與言用矣. 夫地非不廣且大也
人之所用容足耳. 然則廁足而廁之 致黃泉 人尙有用乎. 惠子曰 無用.
莊子曰 然則無用之爲用也 亦明矣.
혜자가 장자에게 말했다. "자네의 말은 아무 쓸모가 없다네." 장자가 말했다. "쓸모없음을 알아야만 비로소 쓸모 있음에 대해 말할 수 있다네. 무릇 천지는 넓고 크지 않은 것이 아니지만 실제로 사람이 필요로 하는 것은 발로 밟는 고만큼의 공간일 뿐이지. 그러나 그렇다고 해서 발 크기만큼의 공간만 남기고 주위의 나머지 땅을 깊이 파 황천까지 도달하게 한다면, 그리고서도 발 딛는 공간이 사람들에게 여전히 쓸모가 있겠는가?" 혜자가 말했다. "쓸모가 없겠지." 장자가 말했다. "그렇다면 쓸모없는 것이 쓸모가 있다는 것 또한 분명한 사실이 아닌가."

14) 합의가 되지 않을 때 우리가 쉽게 선택하는 다수결은 분명 민주적인 방법이다. 그러나 다수결이 진정 민주적이기 위해서는 다수의 횡포를 견제할 수 있어야 한다. 다수의 의견과 대립하는 소수의 의견이나 다른 주장이 숨 쉴 수 있어야 한다. 언제든지 결정이 바뀔 수 있다는 열린 광장에서 서로 협력하고 토의하는 과정이 있어야 한다. 이처럼 소수를 존중하고 개방적이며 협의와 연대를 토대로 하는 다수결만이 민주적이라고 할 수 있다.

정원 같은
학교를
꿈꾸며

지금 살고 있는 양평의 집 마당에는 고추, 상추, 오이 등 약간의 채소를 키우는 텃밭과 함께 각양각색의 꽃이 자라고 있다. 나는 마당에 핀 꽃나무 하나 제대로 아는 게 없는 식물 문외한이지만 아내는 그렇지 않다. 다 죽어 가는 식물을 용케 살려 내는 아내를 지켜보면서 놀랄 때가 많다. 특히 내 눈에는 그게 그것 같아 보이는 그 많은 식물을 구분하고 저마다의 이름을 정확하게 부르는 아내가 그저 부럽기만 하다.

어제는 마당에 핀 꽃을 보며 개성이 각기 다른 아이들의 모습을 보는 것 같았다. 아이들은 각자 자기 나름대로의 모양과 색과 특성을 가지고 있는 꽃과 같다. 수국이나 창포 꽃이나 시베리아 아이리스는 수변식물이라 물가 근처에 심지만 독일 아이리스는 물을 자주 주면 오히려 독이 된다고 한다. 진달래, 개나리, 벚꽃은 봄에 피지만 해바라기나 나팔꽃은 여름에 피고, 코스모스, 구절초, 쑥부쟁이는 찬바람이 불어야 꽃을 피운다. 화초마다 꽃피우는 시기도 습성도 다르듯이 아이들도 그렇다.

오늘은 정원에 피는 꽃을 보면서 시민으로 성장하는 아이들의 모습을 본다. 또 마당을 분주하게 오가는 정원사에게서 교사의 모습을 본다. 저마다의 특성에 맞는 방법에 따라 싹을 틔워 주고, 물을 좋아하는 식물에게는 적당한 물을 공급하고, 그늘을 좋아하는 식물에게는 그에 맞는 조건을 만들어 주고, 마당의 돌을 골라 주고, 배수로를 만들고, 적절한 때에 거름을 제공하고, 가끔은 벌레를 잡아 주며 진득하게 기다릴 줄 아는 정원사의 여유를 배운다.

이렇게 마당에 피고 지는 화초를 보면서 아이들 내면의 씨앗을 드러내는 과정이 교육이고 그를 도와주는 이가 바로 교사라는 생각이 든다. 물론 아이들은 내면의 가능성을 품고 있기 때문에 가만히 내버려두어도 저절로 성장하기도 한다. 그러나 정원사의 손길이 가지 않는 꽃이 제대로 자라기 어렵듯이 아이들도 마찬가지다. 물론 교사의 손길은 철저하게 아이들 내면의 가능성을 존중하는 데서 출발해야 한다. 가능성에 대한 존중은 인간에 대한 신뢰를 의미하며 이는 교육의 시작이며 기다림의 미학이기도 하다.

시민을 키우는 교사의 마음은 정원사와 같다. 식물에 대해 더 알기 위해 배우듯이 교사도 아이를 이해하기 위해 배우고 느껴야 한다. 찬찬히 아이를 지켜보면서도 세심하게 개입하고 열정을 담아 분주하게 움직여야 한다. 조급해한다고 잎이 나고 꽃이 피는 것은 아니다. 적당한 때, 적절한 격려와 응원이 있어야 화려하고 풍성한 결과를 기대할 수 있다는 것을 잊지 않았으면 좋겠다.

『타샤의 정원』은 미국의 동화 작가 타샤 튜더가 버몬트 주 시골에서 35년 넘게 가꾸어 온 정원의 사계를 소개한 책이다.[1] 영화로도 제작되어 많은 이들에게 감동을 선사한 바 있다. 타샤 역시 그 넓은 대지에 정원을 가꾸면서도 전혀 조급해하지 않았지만 부지런하게 움직이는 것을 삶의 지표로 삼았다. 자연과 식물에 대한 존중과 이해가 깊었다. 오랫동안 한곳에 집중하고 애정을 쏟으며 느긋하게 기다릴 줄 아는 철학자의 삶이 엿보이기도 했다.

요즘 우리 사회는 너무 쉽게 교사를 폄하하고 비난한다. 아이들에게 작은 문제라도 생기면 학교와 교사에게 책임을 묻는 데 주저하지 않는다. 그러나 하루에도 몇 번씩 변화하는 예측 불가의 아이들과 만나 배움과 성장을 고민해야 하는 교사의 직분은 결코 쉬운 일이 아니다. 조금이라도 너그러운 마음으로 교사의 어려움을 이해해 주었으면 좋겠다.

손길이 가지 않은 정원의 모습은 시민성이 사라진 사회와 같다. 각자 자기 모습대로만 사는 게 진리는 아니다. 우리 모두 이타적인 인간이 되기는 불가능하겠지만 이기적인 인간의 모습이 본능이라고 한탄하며 손놓고 있을 수는 없다. 자신의 이익을 갈구하더라도 적어도 자기가 사는 마을에서 이웃을 생각하고 행동하는 작은 몸짓 정도는 할 수 있지 않을까? 혁신은 거창한 게 아니다. 소박하지만 따뜻한 마음을 지닌 시민을 키우는 학교가 혁신학교다.

내일은 정원에서 무엇을 볼까? 학교는 나만 잘 먹고 잘사는 배불뚝이로 살자고 가르치지 않는다. 출발할 때는 어딘지 어설프고 불안하지만 언젠가는 메마른 사회에 한 줄기 빛이 되고 시원한 소나기가 될 수 있다는 아이들에 대한 믿음을 내려놓지 않을 것이다. 이웃과 나눌 줄 알고 이웃의 아픔을 공감할 줄 아는 시민으로 성장하는 것을 목표로 삼으며 그것을 우리 교육이 지향하는 최종 종착지가 될 것이라고 믿어 의심하지 않는다.

사람 관계 때문에 힘들어 쓰러졌다가도 결국 사람의 지지와 응원의 힘으로 일어설 수 있듯 우리는 관계를 떼어놓고 생각할 수 없다. 교사나 학생이나 인간에 대한 신뢰가 없다면 학교에 가는 일은 부질없는 짓이다. 믿음이 있기 때문에 우리는 만나 관계 맺고 교육을 한다.

학교와 교사에 대한 불신을 저변에 깔고 교육 혁신을 이야기하지 말자. 혁신이 교육의 본질을 찾고 인간과 시민으로 성장하는 과정이라고 믿는다면 그럴수록 신뢰를 보내야 한다. 마당에 정원을 가꾸는 일도 식물의 본성과 햇볕과 바람과 물과 땅에 대한 믿음 그리고 정원사의 땀과 정성이 있을 것이라는 신뢰를 저버리지 않기에 가능한 법이다.

학교민주주의와 공공성과 시민을 이야기하는 이유도 다르지 않다.

어제도, 오늘도, 내일도 꽃은 필 것이다. 아이들은 꽃이다!

---

1) 30만 평의 대지에 18세기 영국식으로 꾸민 타샤 정원은, 미국에서 가장 아름다운 정원 중의 하나로 손꼽힌다. 일 년 내내 꽃이 지지 않는 꽃들의 천국이자 '지상 낙원'이며, 자연을 존중하고 삶을 사랑하는 타샤 튜더의 낙천성과 부지런함이 고스란히 배어 있는 공간이다. 염소 젖을 짜고 꽃을 가꾸고 동물에게 먹이를 주고 차를 마시고 산책하고 손님을 접대하고 그림 그리는 거의 모든 일과들이 정원에서 이루어진다. 색의 향연을 펼치는 화려한 튤립, 눈밭에서 피어나는 수선화, 탐스러운 꽃잎이 복슬대는 작약, 품위 있는 자태를 뽐내는 돌능금 나무…, 그리고 자연에 깊이 뿌리내린 타샤 튜더의 소박한 삶이 생생하게 묘사되어 있다. (출처:알라딘의 책소개에서)

삶의 행복을 꿈꾸는 교육은 어디에서 오는가?

미래 100년을 향한 새로운 교육 | 혁신교육을 실천하는 교사들의 **필독서**

교육혁명을 앞당기는 배움책 이야기 혁신교육의 철학과 잉걸진 미래를 만나다!

한국교육연구네트워크 총서

01 핀란드 교육혁명
한국교육연구네트워크 엮음 | 320쪽 | 값 15,000원

02 일제고사를 넘어서
한국교육연구네트워크 엮음 | 284쪽 | 값 13,000원

03 새로운 사회를 여는 교육혁명
한국교육연구네트워크 엮음 | 380쪽 | 값 17,000원

04 교장제도 혁명
한국교육연구네트워크 엮음 | 268쪽 | 값 14,000원

05 새로운 사회를 여는 교육자치 혁명
한국교육연구네트워크 엮음 | 312쪽 | 값 15,000원

06 혁신학교에 대한 교육학적 성찰
한국교육연구네트워크 엮음 | 308쪽 | 값 15,000원

07 진보주의 교육의 세계적 동향
한국교육연구네트워크 엮음 | 324쪽 | 값 17,000원
2018 세종도서 학술부문

08 더 나은 세상을 위한 학교혁명
한국교육연구네트워크 엮음 | 404쪽 | 값 21,000원
2018 세종도서 교양부문

혁신학교
성열관·이순철 지음 | 224쪽 | 값 12,000원

행복한 혁신학교 만들기
초등교육과정연구모임 지음 | 264쪽 | 값 13,000원

서울형 혁신학교 이야기
이부영 지음 | 320쪽 | 값 15,000원

혁신교육, 철학을 만나다
브렌트 데이비스·데니스 수마라 지음
현인철·서용선 옮김 | 304쪽 | 값 15,000원

혁신교육 존 듀이에게 묻다
서용선 지음 | 292쪽 | 값 14,000원

다시 읽는 조선 교육사
이만규 지음 | 750쪽 | 값 33,000원

대한민국 교육혁명
교육혁명공동행동 연구위원회 지음 | 224쪽 | 값 12,000원

한국교육연구네트워크 번역 총서

01 프레이리와 교육
존 엘리아스 지음 | 한국교육연구네트워크 옮김
276쪽 | 값 14,000원

02 교육은 사회를 바꿀 수 있을까?
마이클 애플 지음 | 강희룡·김선우·박원순·이형빈 옮김
356쪽 | 값 16,000원

**03 비판적 페다고지는
세상을 변화시킬 수 있는가?**
Seewha Cho 지음 | 심성보·조시화 옮김 | 280쪽 | 값 14,000원

04 마이클 애플의 민주학교
마이클 애플·제임스 빈 엮음 | 강희룡 옮김 | 276쪽 | 값 14,000원

05 21세기 교육과 민주주의
넬 나딩스 지음 | 심성보 옮김 | 392쪽 | 값 18,000원

**06 세계교육개혁:
민영화 우선인가 공적 투자 강화인가?**
린다 달링-해몬드 외 지음 | 심성보 외 옮김 | 408쪽 | 값 21,000원

07 콩도르세, 공교육에 관한 다섯 논문
니콜라 드 콩도르세 지음 | 이주환 옮김 | 300쪽 | 값 16,000원

대한민국 교사, 어떻게 가르칠 것인가?
윤성관 지음 | 320쪽 | 값 15,000원

아이들을 어떻게 가르칠 것인가
사토 마나부 지음 | 박찬영 옮김 | 232쪽 | 값 13,000원

모두를 위한 국제이해교육
한국국제이해교육학회 지음 | 364쪽 | 값 16,000원

경쟁을 넘어 발달 교육으로
현광일 지음 | 288쪽 | 값 14,000원

독일 교육, 왜 강한가?
박성희 지음 | 324쪽 | 값 15,000원

핀란드 교육의 기적
한넬레 니에미 외 엮음 | 장수명 외 옮김 | 456쪽 | 값 23,000원

한국 교육의 현실과 전망
심성보 지음 | 724쪽 | 값 35,000원

비고츠키 선집 시리즈 발달과 협력의 교육학 어떻게 읽을 것인가?

생각과 말
레프 세묘노비치 비고츠키 지음
배희철·김용호·D. 켈로그 옮김 | 690쪽 | 값 33,000원

도구와 기호
비고츠키·루리야 지음 | 비고츠키 연구회 옮김
336쪽 | 값 16,000원

어린이 자기행동숙달의 역사와 발달 I
L.S. 비고츠키 지음 | 비고츠키 연구회 옮김
564쪽 | 값 28,000원

어린이 자기행동숙달의 역사와 발달 II
L.S. 비고츠키 지음 | 비고츠키 연구회 옮김
552쪽 | 값 28,000원

어린이의 상상과 창조
L.S. 비고츠키 지음 | 비고츠키 연구회 옮김
280쪽 | 값 15,000원

비고츠키와 인지 발달의 비밀
A.R. 루리야 지음 | 배희철 옮김 | 280쪽 | 값 15,000원

수업과 수업 사이
비고츠키 연구회 지음 | 196쪽 | 값 12,000원

비고츠키의 발달교육이란 무엇인가?
비고츠키교육학실천연구모임 지음 | 412쪽 | 값 21,000원

**비고츠키 철학으로 본
핀란드 교육과정**
배희철 지음 | 456쪽 | 값 23,000원

성장과 분화
L.S. 비고츠키 지음 | 비고츠키 연구회 옮김
308쪽 | 값 15,000원

연령과 위기
L.S. 비고츠키 지음 | 비고츠키 연구회 옮김
336쪽 | 값 17,000원

의식과 숙달
L.S 비고츠키 지음 | 비고츠키 연구회 옮김
348쪽 | 값 17,000원

분열과 사랑
L.S. 비고츠키 지음 | 비고츠키 연구회 옮김
260쪽 | 값 16,000원

성애와 갈등
L.S. 비고츠키 지음 | 비고츠키 연구회 옮김
268쪽 | 값 17,000원

관계의 교육학, 비고츠키
진보교육연구소 비고츠키교육학실천연구모임 지음
300쪽 | 값 15,000원

비고츠키 생각과 말 쉽게 읽기
진보교육연구소 비고츠키교육학실천연구모임 지음
316쪽 | 값 15,000원

교사와 부모를 위한 비고츠키 교육학
카르포프 지음 | 실천교사번역팀 옮김 | 308쪽 | 값 15,000원

살림터 참교육 문예 시리즈 영혼이 있는 삶을 가르치는 온 선생님을 만나다!

꽃보다 귀한 우리 아이는
조재도 지음 | 244쪽 | 값 12,000원

성깔 있는 나무들
최은숙 지음 | 244쪽 | 값 12,000원

아이들에게 세상을 배웠네
명혜정 지음 | 240쪽 | 값 12,000원

밥상에서 세상으로
김흥숙 지음 | 280쪽 | 값 13,000원

우물쭈물하다 끝난 교사 이야기
유기창 지음 | 380쪽 | 값 17,000원

선생님이 먼저 때렸는데요
강병철 지음 | 248쪽 | 값 12,000원

서울 여자, 시골 선생님 되다
조경선 지음 | 252쪽 | 값 12,000원

행복한 창의 교육
최창의 지음 | 328쪽 | 값 15,000원

북유럽 교육 기행
정애경 외 14인 지음 | 288쪽 | 값 14,000원

4·16, 질문이 있는 교실 마주이야기 통합수업으로 혁신교육과정을 재구성하다!

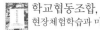

학교 혁신의 길, 아이들에게 묻다
남궁상운 외 지음 | 272쪽 | 값 15,000원

프레이리의 사상과 실천
사람대사람 지음 | 352쪽 | 값 18,000원
2018 세종도서 학술부문

혁신학교, 한국 교육의 미래를 열다
송순재 외 지음 | 608쪽 | 값 30,000원

페다고지를 위하여
프레네의 『페다고지 불변요소』 읽기
박찬영 지음 | 296쪽 | 값 15,000원

노자와 탈현대 문명
홍승표 지음 | 284쪽 | 값 15,000원

선생님, 민주시민교육이 뭐예요?
염경미 지음 | 244쪽 | 값 15,000원

어쩌다 혁신학교
유우석 외 지음 | 380쪽 | 값 17,000원

미래, 교육을 묻다
정광필 지음 | 232쪽 | 값 15,000원

대학, 협동조합으로 교육하라
박주희 외 지음 | 252쪽 | 값 15,000원

입시, 어떻게 바꿀 것인가?
노기원 지음 | 306쪽 | 값 15,000원

촛불시대, 혁신교육을 말하다
이용관 지음 | 240쪽 | 값 15,000원

라운드 스터디
이시이 데루마사 외 엮음 | 224쪽 | 값 15,000원

미래교육을 디자인하는 학교교육과정
박승열 외 지음 | 348쪽 | 값 18,000원

흥미진진한 아일랜드 전환학년 이야기
제리 제퍼스 지음 | 최상덕·김호원 옮김 | 508쪽 | 값 27,000원

폭력 교실에 맞서는 용기
따돌림사회연구모임 학급운영팀 지음 | 272쪽 | 값 15,000원

그래도 혁신학교
박은혜 외 지음 | 248쪽 | 값 15,000원

학교는 어떤 공동체인가?
성열관 외 지음 | 228쪽 | 값 15,000원

학교 민주주의의 불한당들
정은균 지음 | 276쪽 | 값 14,000원

교육과정, 수업, 평가의 일체화
리사 카터 지음 | 박승열 외 옮김 | 196쪽 | 값 13,000원

학교를 개선하는 교장
지속가능한 학교 혁신을 위한 실천 전략
마이클 풀란 지음 | 서동연·정효준 옮김 | 216쪽 | 값 13,000원

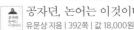

공자뎐, 논어는 이것이다
유문상 지음 | 392쪽 | 값 18,000원

교사와 부모를 위한
발달교육이란 무엇인가?
현광일 지음 | 380쪽 | 값 18,000원

교사, 이오덕에게 길을 묻다
이무완 지음 | 328쪽 | 값 15,000원

낙오자 없는 스웨덴 교육
레이프 스트란드베리 지음 | 변광수 옮김 | 208쪽 | 값 13,000원

끝나지 않은 마지막 수업
장석웅 지음 | 328쪽 | 값 20,000원

경기꿈의학교
진흥섭 외 지음 | 360쪽 | 값 17,000원

학교를 말한다
이성우 지음 | 292쪽 | 값 15,000원

행복도시 세종, 혁신교육으로 디자인하다
곽순일 외 지음 | 392쪽 | 값 18,000원

나는 거꾸로 교실 거꾸로 교사
류광모·임정훈 지음 | 212쪽 | 값 13,000원

교실 속으로 간 이해중심 교육과정
온정덕 외 지음 | 224쪽 | 값 13,000원

교실, 평화를 말하다
따돌림사회연구모임 초등우정팀 지음 | 268쪽 | 값 15,000원

학교자율운영 2.0
김용 지음 | 240쪽 | 값 15,000원

학교자치를 부탁해
유우석 외 지음 | 252쪽 | 값 15,000원

국제이해교육 페다고지
강순원 외 지음 | 256쪽 | 값 15,000원

교사 전쟁
다나 골드스타인 지음 | 유성상 외 옮김 | 468쪽 | 값 23,000원

 미래교육, 어떻게 만들어갈 것인가?
송기상·김성천 지음 | 300쪽 | 값 16,000원

인공지능 시대의 사회학적 상상력
홍승표 지음 | 260쪽 | 값 15,000원

 선생님, 페미니즘이 뭐예요?
염경미 지음 | 280쪽 | 값 15,000원

교과서 밖에서 만나는 역사 교실 상식이 통하는 살아 있는 역사를 만나다

 전봉준과 동학농민혁명
조광환 지음 | 336쪽 | 값 15,000원

 교과서 밖에서 배우는 역사 공부
정은교 지음 | 292쪽 | 값 14,000원

 남도의 기억을 걷다
노성태 지음 | 344쪽 | 값 14,000원

 팔만대장경도 모르면 빨래판이다
전병철 지음 | 360쪽 | 값 16,000원

 응답하라 한국사 1·2
김은석 지음 | 356쪽·368쪽 | 각권 값 15,000원

 빨래판도 잘 보면 팔만대장경이다
전병철 지음 | 360쪽 | 값 16,000원

 즐거운 국사수업 32강
김남선 지음 | 280쪽 | 값 11,000원

 영화는 역사다
강성률 지음 | 288쪽 | 값 13,000원

 즐거운 세계사 수업
김은석 지음 | 328쪽 | 값 13,000원

 친일 영화의 해부학
강성률 지음 | 264쪽 | 값 15,000원

 강화도의 기억을 걷다
최보길 지음 | 276쪽 | 값 14,000원

 한국 고대사의 비밀
김은석 지음 | 304쪽 | 값 13,000원

 광주의 기억을 걷다
노성태 지음 | 348쪽 | 값 15,000원

 조선족 근현대 교육사
정미량 지음 | 320쪽 | 값 15,000원

 선생님도 궁금해하는 한국사의 비밀 20가지
김은석 지음 | 312쪽 | 값 15,000원

 다시 읽는 조선근대 교육의 사상과 운동
윤건차 지음 | 이명실·심성보 옮김 | 516쪽 | 값 25,000원

 걸림돌
키르스텐 세룹-빌펠트 지음 | 문봉애 옮김
248쪽 | 값 13,000원

 음악과 함께 떠나는 세계의 혁명 이야기
조광환 지음 | 292쪽 | 값 15,000원

 역사수업을 부탁해
열 사람의 한 걸음 지음 | 388쪽 | 값 18,000원

 논쟁으로 보는 일본 근대 교육의 역사
이명실 지음 | 324쪽 | 값 17,000원

 진실과 거짓, 인물 한국사
하성환 지음 | 400쪽 | 값 18,000원

 다시, 독립의 기억을 걷다
노성태 지음 | 320쪽 | 값 16,000원

 우리 역사에서 사라진 근현대 인물 한국사
하성환 지음 | 296쪽 | 값 18,000원

 한국사 리뷰
김은석 지음 | 244쪽 | 값 15,000원

 꼬물꼬물 거꾸로 역사수업
역모자들 지음 | 436쪽 | 값 23,000원

더불어 사는 정의로운 세상을 여는 인문사회과학 사람의 존엄과 평등의 가치를 배운다

밥상혁명
강양구·강이현 지음 | 298쪽 | 값 13,800원

좌우지간 인권이다
안경환 지음 | 288쪽 | 값 13,000원

도덕 교과서 무엇이 문제인가?
김대용 지음 | 272쪽 | 값 14,000원

민주시민교육
심성보 지음 | 544쪽 | 값 25,000원

자율주의와 진보교육
조엘 스프링 지음 | 심성보 옮김 | 320쪽 | 값 15,000원

민주시민을 위한 도덕교육
심성보 지음 | 500쪽 | 값 25,000원
2015 세종도서 학술부문

민주화 이후의 공동체 교육
심성보 지음 | 392쪽 | 값 15,000원
2009 문화체육관광부 우수학술도서

교과서 밖에서 배우는 인문학 공부
정은교 지음 | 280쪽 | 값 13,000원

갈등을 넘어 협력 사회로
이창언·오수길·유문종·신윤관 지음 | 280쪽 | 값 15,000원

오래된 미래교육
정재걸 지음 | 392쪽 | 값 18,000원

동양사상과 마음교육
정재걸 외 지음 | 356쪽 | 값 16,000원
2015 세종도서 학술부문

대한민국 의료혁명
전국보건의료산업노동조합 엮음 | 548쪽 | 값 25,000원

교과서 밖에서 배우는 철학 공부
정은교 지음 | 280쪽 | 값 14,000원

교과서 밖에서 배우는 고전 공부
정은교 지음 | 288쪽 | 값 14,000원

교과서 밖에서 배우는 사회 공부
정은교 지음 | 304쪽 | 값 15,000원

전체 안의 전체 사고 속의 사고
김우창의 인문학을 읽다
현광일 지음 | 320쪽 | 값 15,000원

교과서 밖에서 배우는 윤리 공부
정은교 지음 | 292쪽 | 값 15,000원

카스트로, 종교를 말하다
피델 카스트로·프레이 베토 대담 | 조세종 옮김
420쪽 | 값 21,000원

한글 혁명
김슬옹 지음 | 388쪽 | 값 18,000원

일제강점기 한국철학
이태우 지음 | 448쪽 | 값 25,000원

우리 안의 미래교육
정재걸 지음 | 484쪽 | 값 25,000원

한국 교육 제4의 길을 찾다
이길상 지음 | 400쪽 | 값 21,000원

비판적 실천을 위한 교육학
이윤미 외 지음 | 448쪽 | 값 23,000원

왜 그는 한국으로 돌아왔는가?
황선준 지음 | 364쪽 | 값 17,000원

남북이 하나 되는 두물머리 평화교육 분단 극복을 위한 치열한 배움과 실천을 만나다

10년 후 통일
정동영·지승호 지음 | 328쪽 | 값 15,000원

선생님, 통일이 뭐예요?
정경호 지음 | 252쪽 | 값 13,000원

분단시대의 통일교육
성래운 지음 | 428쪽 | 값 18,000원

김창환 교수의 DMZ 지리 이야기
김창환 지음 | 264쪽 | 값 15,000원

한반도 평화교육 어떻게 할 것인가
이기범 외 지음 | 252쪽 | 값 15,000원

참된 삶과 교육에 관한
생각 줍기